KNAUR
BALANCE

JOCHEN SCHWEIZER

DIE BEGEGNUNG

Eine Geschichte über den Weg zum selbstbestimmten Leben

KNAUR BALANCE

Besuchen Sie uns im Internet:
www.knaur-balance.de

Aus Verantwortung für die Umwelt hat sich die Verlagsgruppe Droemer Knaur zu einer nachhaltigen Buchproduktion verpflichtet. Der bewusste Umgang mit unseren Ressourcen, der Schutz unseres Klimas und der Natur gehören zu unseren obersten Unternehmenszielen. Gemeinsam mit unseren Partnern und Lieferanten setzen wir uns für eine klimaneutrale Buchproduktion ein, die den Erwerb von Klimazertifikaten zur Kompensation des CO_2-Ausstoßes einschließt. Weitere Informationen finden Sie unter: www.klimaneutralerverlag.de

MIX
Papier aus verantwortungsvollen Quellen
FSC® C083411
FSC
www.fsc.org

Originalausgabe November 2021
Knaur Balance

Ein Imprint der Verlagsgruppe
Droemer Knaur GmbH & Co. KG, München

Redaktionelle Mitarbeit: Dennis Sand
Lektorat: Susanne Wallbaum
Covergestaltung: Isabella Materne
Coverabbildung: Katrine Glazkova; marukopum/Shutterstock.com
Satz: Daniela Schulz
Druck und Bindung: CPI books GmbH, Leck
ISBN 978-3-426-67606-6

2 4 5 3 1

PROLOG

Die Sonne war bereits untergegangen, als der Alte seine Waldhytte endlich erreichte. Er war völlig durchnässt. Erschöpft stellte er die Vorräte ab und ließ sich auf den kleinen Holzstuhl fallen. Seine Knochen schmerzten, die Glieder waren schwer. Er brauchte ein paar Minuten, um wieder zu Kräften zu kommen. Sich von dem langen Aufstieg zu erholen.

Nachdem er eine Weile still dagesessen hatte, griff er nach einem Handtuch und trocknete sich ab. Dann zog er die nassen Sachen aus und legte sie auf den Stuhl. Mit langsamen Bewegungen warf er ein paar Holzscheite in den Kamin und entfachte ein Feuer. Jede Bewegung fiel ihm schwer. Der raue Nordwind pfiff durch die Fugen. Der Alte dachte daran, dass dieser mühsame Aufstieg vielleicht sein letzter gewesen war.

Die Einwohner unten im Dorf hatten ihn gewarnt.

Sie hatten gesagt, es läge etwas in der Luft.

Sie hatten gesagt, diese Nacht würde nicht so sein wie andere Nächte.

Doch der Alte hatte längst gewusst, dass ein Sturm kommen würde. Er hatte viele Stürme gesehen und traute sich und seinen Kräften zu, den Aufstieg trotzdem zu schaffen. Wie so viele Male zuvor. Schließlich war ihm keine Wahl geblieben. Er brauchte die Vorräte, er musste ein paar Wochen über die Runden kommen. Vielleicht, hatte er gedacht, vielleicht schaffe ich es, bevor es richtig losgeht, bevor es ganz übel wird. Doch der Sturm kam ihm zuvor. Wie so oft in seinem Leben. Der Regen peitschte ihm waagerecht ins Gesicht. Mit ganzer Kraft musste er sich gegen die immer stärker werdenden Windböen lehnen. Am Horizont zerschnitten Blitze den düsteren Himmel, und er hatte noch einen mehrstündigen Marsch vor sich. Er ging einfach weiter. Und weiter. Und weiter. Wie schon so oft in seinem Leben.

Das Wetter war von Stunde zu Stunde schlechter geworden. Erst hatten sich dichte, graue Wolken zusammengezogen, dann hatte der Regen eingesetzt. Nicht einfach nur Regen. Nicht hier. Nicht in Norwegen. Hier gab es Wolkenbrüche. Unwetter von apokalyptischem Ausmaß. Regenfälle, die einem einen Vorgeschmack auf das Ende der Welt geben konnten.

Seine Hytte lag weit abgeschieden von jeder Zivilisation. Keine Straße führte hinauf, kein befestigter Weg erleichterte den Aufstieg. Nur ein paar schmale Holzstege führten über die blanken Felsen hoch auf die Steilküste. Zu diesem heiligen Ort. Da, wo seine Hytte stand, hatte sich einmal eine Tingstätte der Wikinger befunden. Ein Versammlungsort, an dem die alten germanischen Stämme Recht gesprochen hatten. Urteile gefällt, Gesetze erlassen, vielleicht auch Menschen zum Tode verurteilt hatten.

Von hier oben hatte man einen fantastischen Blick auf das Nordmeer. Auf den wilden Norden Norwegens. Auf die wunderschönen Wälder, die strenge Küste mit ihren Felsen, an denen sich Welle für Welle schäumend brach.

Und schließlich hatte er es geschafft. Nach drei Stunden Fußweg hatte er seine Zufluchtsstätte erreicht. War zu Hause, im Trockenen. Er betrachtete die Trossen, die seiner Hytte Halt gaben. Ohne die dicken Taue hätte sie den schweren Nordweststürmen nicht trotzen können, zu ausgesetzt und ungeschützt stand sie da.

Er zog den Holzstuhl ans Feuer und streckte die Hände aus, um sie zu wärmen. Bald fühlte er, wie das Blut wieder durch seine Glieder pulsierte. Wie das Leben in seinen Körper zurückkehrte. Die Wärme tat ihm gut. Kurz schloss er die Augen und verlor sich ganz in dem Moment. Lauschte dem Pfeifen des Windes in den alten Fugen. Dem Knistern in der Stille. Er atmete tief durch. Der Geruch von brennendem Holz stieg ihm in die Nase. Der Duft von brennender Föhre. Er zog die Schuhe aus und spürte das weiche Rentierfell unter seinen Füßen. Es war das Gefühl von Heimat. Das Gefühl, angekommen zu sein.

Der Alte liebte es, hier zu sein. In den Besitz der Hytte war er bereits vor sehr vielen Jahren gelangt. In seinem ersten Leben. Einem Leben, das ihm heute so weit entfernt schien, dass es nur noch eine blasse Erinnerung war. Die Hytte aber war geblieben. Eine physische Manifestation seiner Vergangenheit, ein Ankerpunkt. Die Hytte war zu einer Zeit in sein Leben gekommen, als er geglaubt hatte, keine Perspektive zu haben. Als er gänzlich ohne Hoffnung gewesen war. Bis heute war sie sein Refugium. Sein heiliger Platz. Der Ort, an dem er seinen inneren Frieden fand. Fern der Zivilisation, weit weg von der Außenwelt, von all den Dingen, die einen davon ablenkten, bei sich selbst zu sein. Es hieß, die Einsamkeit könne einen Mann an diesem Ort wahnsinnig machen. Zumindest, wenn er nie gelernt hatte, mit sich allein zu sein. Er aber kannte die Einsamkeit. Er verstand es, in ihr zu wachsen.

Einmal im Jahr suchte er sie ganz bewusst. Weil er sich selbst finden wollte. In Nächten wie dieser.

Während er vor seinem Kamin saß, verging Stunde um Stunde. Und als die Nacht am tiefsten war, da schreckte er kurz auf. Das Grollen des Gewitters kam bedrohlich nahe. Aber das war es nicht, was ihn aus seinen Gedanken gerissen hatte, es war etwas anderes. Er hatte es gesehen. Nur ganz kurz. Ein helles Licht. Ein Aufflackern draußen in der Dunkelheit.

Er schaute aus dem Fenster. Schaute hinaus in das Dunkel der Wälder. Da war etwas, ganz sicher. Es bewegte sich. Ein Tier? Wahrscheinlich. Ruhig bleiben. In solch nächtlichen Stunden konnte die Natur dem Geist Streiche spielen. Aber nein.

Das war kein Tier. Sicher nicht. Er hatte es genau gesehen, einen Lichtkegel im Wald. Das war kein Blitz, das war nichts Natürliches. Der Alte zog sich die Schuhe wieder an und öffnete die Tür. Sofort umwehte ihn der eiskalte Nordwind. Der peitschende Regen durchnässte ihn innerhalb weniger Sekunden erneut.

Es störte ihn nicht. Zu gebannt war er. Zu sehr wollte er wissen, was da draußen war. Er ging ein paar Schritte über den feuchten Boden, da sah er es wieder. Einen Lichtkegel, der suchend durch den dichten Wald zuckte.

»Hey«, brüllte er dem Sturm entgegen. »Wer ist da?«

Stille. Donnergrollen.

»Wer ist da?«, wiederholte der gebeugte, stolze Mann und ging tiefer und tiefer in den Wald hinein. »Hallo?«, rief er. »Hallo?« Vorsichtig tastete er sich voran. Vorbei an Föhren und Birken, schritt weiter und weiter voran, stapfte über den aufgeweichten Erdboden.

Plötzlich traf ihn der Lichtkegel einer Taschenlampe. Er kniff die Augen zusammen.

»Mach das aus«, sagte er.

Der Fremde schaltete das Licht ab. Der Alte brauchte ein paar Sekunden, um sich wieder an die Dunkelheit zu gewöhnen.

»Wer bist du?«, fragte er den Fremden, von dem er nur die Umrisse wahrnahm.

»Ich bin niemand.«

»Und wieso bist du hier draußen, Niemand?«

»Weil ich nicht weiß, wo ich sonst sein soll.«

Der Alte schwieg ein paar Sekunden. Die Stimme des Fremden klang merkwürdig vertraut, nur konnte er sie nicht zuordnen.

»Komm mit mir, Niemand«, sagte er schließlich. »Ich habe hier eine Hytte. Du holst dir doch den Tod bei diesem Wetter.«

Der Fremde zögerte einen Moment. Offenbar fiel es ihm schwer, Vertrauen zu fassen.

»Du brauchst keine Angst zu haben«, bekräftigte der Alte. »Komm schon, was hast du denn zu verlieren? Du willst doch nicht wirklich hierbleiben.«

Ein Blitzschlag erleuchtete den Wald. Das schwere Donnergrollen verschluckte die Antwort des Fremden.

Er atmete einmal tief durch. Dann stand er vorsichtig auf, richtete den Strahl der Taschenlampe auf sein Gepäck, griff nach dem Paddel, das am Boden lag, und dem gelben Seesack. Den wollte er sich über die Schulter wuchten, doch es gelang ihm nicht. Er schaffte es nicht, ihn hochzuheben, auch beim zweiten Versuch nicht. Merkwürdig, dachte der Alte. Es sieht so aus, als reise der Fremde mit Gepäck, das zu schwer für ihn ist. Er griff nach dem Seesack und packte mit an. Durch strömenden Regen kämpften sie sich bis zu der kleinen Hytte durch. Der feuchte Erdboden gab unter ihren Schritten nach, und sie mussten aufpassen, nicht das Gleichgewicht zu verlieren. Als der Alte schließlich die Tür öffnete und in die Stube trat, schlug ihnen eine Wärme entgegen, die sie sofort einzuhüllen schien. Der Alte reichte dem Fremden ein Handtuch.

»Hier, Niemand, setz dich ans Feuer, das wird dich wärmen.«

Erst jetzt sah er, wen er da vor sich hatte.

Der Fremde war noch jung. Fünfzehn, vielleicht sechzehn Jahre alt. Ein Junge noch. Ein Junge aber, der früh gealtert war. Er schien einiges hinter sich zu haben, denn er hatte eine große Narbe im Gesicht.

»Was hast du da gemacht?«, fragte der Alte.

»Nichts«, sagte der junge Reisende und drehte sein Gesicht weg.

Der Alte spürte, dass er nicht weiter fragen sollte. Nicht jetzt. Nicht hier.

Er ging zur Kochplatte und setzte einen Tee auf. Aber er konnte den Blick kaum von dem Jungen wenden. Er kam ihm so bekannt vor, so seltsam vertraut! Doch sosehr er auch versuchte, sich zu erinnern, er kam nicht drauf, woher er ihn kannte.

»Wo kommst du her, Niemand?«

»Von nirgendwo.«

»Kenne ich. Da komme ich auch her.« Der Alte dachte an seine Vergangenheit. Er dachte an die Schlachten, die er geschlagen, die Dinge, die er gesehen und erlebt hatte, die Narben, die ihm selbst geblieben waren. Seit 94 Jahren wandelte er nun schon auf dieser Erde. Er hatte viel gesehen. Für einen kurzen Moment dachte er an seine schwersten Stunden. Aber er vertrieb den Gedanken gleich wieder und brachte dem Jungen eine Tasse mit Kräutertee.

»Trink«, sagte er. »Das wird dir guttun.«

Der Junge zitterte, als er die Tasse entgegennahm. Er schaffte es nicht, ihm in die Augen zu schauen.

Der Alte setzte sich schweigend neben ihn.

Minuten vergingen.

Das Feuer knisterte. Der Alte beobachtete das Spiel der Flammen und verlor sich erneut in Gedanken.

Draußen hörte man ein lautes Krachen. Wahrscheinlich war irgendwo ein Blitz eingeschlagen. Immer heftiger prasselte der Regen auf das Holzdach.

»Danke«, sagte der Junge schließlich. »Danke, dass Sie mich hier aufnehmen.«

Der Alte nickte. »Du kannst bleiben, so lange du bleiben willst.«

Der junge Reisende setzte an, etwas zu sagen, brach aber ab. Was er wohl auf dem Herzen hatte? Was ihn wohl bedrückte? Wie mag seine Geschichte sein?, fragte sich der Alte und wunderte sich über sich selbst. Warum interessierte ihn das so? Was hatte dieser Junge so Außergewöhnliches, so Vertrautes an sich, dass er unbedingt mehr erfahren wollte?

Er fand keine Antwort. Darum beschloss er, die richtigen Fragen zu stellen.

»Nun gut, Niemand aus Nirgendwo«, sagte er und lehnte sich auf dem alten Holzstuhl zurück. »Du möchtest mir nicht erzählen, wer du bist, und du möchtest mir nicht erzählen, wo du herkommst. Dann erzähl mir doch zumindest ein wenig von deiner Reise.«

Der Junge zögerte einen Augenblick. »Ich heiße Sverir«, sagte er. »Aber ich wüsste nicht, wo ich anfangen sollte. Ich habe schon zu viel gesehen.«

Der Alte lächelte milde. Auch dieser Satz kam ihm mehr als vertraut vor. Genau diesen Satz hatte er selbst schon ausgesprochen.

»Ich bin Hakon« sagte er. »Vielleicht verstehe ich nicht viel von der Welt, aber von den Reisen, die ein Mensch auf sich nimmt, verstehe ich viel. Wieso fängst du nicht einfach beim Anfang an? Ich würde deine Geschichte sehr gern hören, Sverir.«

Der Junge trank noch einen Schluck Tee und schaute gedankenverloren in die Flammen. Draußen war tiefste Nacht.

»Also gut«, sagte er. Und begann zu erzählen.

ERSTER TEIL

Da war das alte Haus. Wenn Sverir zurückdachte, dann dachte er immer zuerst an dieses Haus. Das kleine Holzhaus am äußersten Rande der Stadt, die baufällige Unterkunft, die für ihn Heimat und Käfig zugleich gewesen war. Keinen Ort kannte er so gut wie dieses Haus, weil es keinen Platz auf dieser Welt gab, an dem Hoffnung und Leid für ihn so nahe beieinander gelegen hätten. Hier stand das Bett, in dem er sich an zahllosen Abenden in den Schlaf geweint hatte. Wo er zu den Göttern gebetet hatte, sein Leben möge doch endlich eine andere Wendung nehmen.

»He«, hörte er eine Stimme. »He, Sverir, komm schon, wach auf, wir sind spät dran!«

Sverir zog sich die Decke über den Kopf und drehte sich um. »Lass mich«, sagte er.

»Nein, komm schon, Bruder, wir sind wirklich spät dran. Du musst aufstehen.«

Sverir spürte, wie ihm die Decke weggezogen wurde. Er griff sein Kissen und presste es sich über den Kopf.

Aber auch das Kissen zog der große Bruder ihm weg. Er wusste, dass es sinnlos war, sich weiter zu sträuben. Sverir rieb sich den Schlaf aus den Augen. Langsam, ganz langsam öffnete er sie und sah Bjornson vor sich stehen. Erst nur als verschwommene Kontur, dann immer und immer deutlicher.

»Es ist jeden Morgen das Gleiche mit dir«, sagte sein Bruder und schüttelte den Kopf. »Jetzt mach schon, steh auf. Wenn wir wieder zu spät in die Schule kommen, wird es richtig Ärger geben.«

Sverir streckte sich. Und wenn schon, dachte er. Ärger in der Schule war ihm nichts Neues. Seine Lehrer fanden doch immer einen Grund, ihn zu bestrafen. Das machte ihm keine Angst mehr.

»Mama würde das nicht gefallen«, sagte Bjornson, und Sverir nickte, atmete einmal tief durch und wuchtete sich aus seinem warmen Bett in den kalten Alltag hinaus.

Sein Bruder hatte ja recht. Bjornson war nicht nur zwei Jahre älter als er, er war auch ein ganzes Stück vernünftiger. Während Sverir ständig Ärger mit allen und jedem hatte, gelang es Bjornson, sich geschmeidig durchs Leben zu lavieren. Bjornson war ein Musterschüler. Er hatte die besten Noten, war der Liebling der Lehrer und verbrachte die Nachmittage meist über seine Bücher gebeugt. Das komplette Gegenteil von Sverir, der ständig in irgendwelche Raufereien verwickelt war, abends zu spät nach Hause kam und von seinen Lehrern ebenso gehasst wie gefürchtet war. Bereits mit seinen zwölf Jahren galt er als schwierig. Als ein Junge mit eigenem Kopf. Doch niemand wusste, dass in diesem Kopf ein Krieg tobte. Denn eigentlich wollte Sverir keine Probleme haben. Und er wollte erst recht keine Probleme machen. Es war nur seine Art, mit dem Leben, in welches er geworfen wurde, umzugehen. Einem Leben, in dem er seinen Platz einfach nicht fand. Sosehr er auch danach suchte.

Sverir zog sich an und schaute sich noch einmal in dem Zimmer um. Es war klein. Außer einem Schreibtisch, einem Kleiderschrank und zwei Betten stand hier nichts. Durch das schmutzige Fenster fiel ein wenig Sonnenlicht. Sverir griff nach seinem Rucksack und zog die Tür hinter sich zu. Er ging durchs Wohnzimmer in die Küche, wo bereits zwei Teller standen. Wie jeden Morgen. Auf jedem Teller lag eine Scheibe Schwarzbrot, und neben dem Brot lagen eine kleine Butterflocke, eine Scheibe Käse und ein Stück Papier. Das hatte ihre Mutter vorbereitet. Es war eines der wenigen Rituale, die in ihrer Familie gepflegt wurden.

Sverir belegte das Brot, wickelte es in das Papier und steckte es in den Rucksack. Schließlich machten die Brüder sich auf den Weg zur Schule.

Es war ein langer Weg.

»Wie es wohl Gunnar geht?«, fragte er, als sie durch das alte Industriegebiet liefen.

»Bestimmt gut«, sagte Bjornson. »Wieso? Wie kommst du drauf?«

Sverir zuckte mit den Schultern. Gunnar war ihr großer Bruder. Er war einige Jahre zuvor aus dem kleinen Haus ausgezogen. Er hatte das Schweigen und die Stille nicht mehr ausgehalten, zumindest glaubte Sverir, dass es so war. Offiziell war Gunnar zu ihrem Vater gezogen, in eine andere Stadt, wo er Ingenieurwissenschaften studierte. Aber das, glaubte Sverir, war nur ein Vorwand. Er vermisste Gunnar. Er hatte den großen Bruder seit dessen Auszug nie wiedergesehen. Auch hatte er seinen Vater nie kennenglernt. Aber er vertrieb den Gedanken gleich wieder, der machte ihn nur traurig.

»Weißt du noch, wie Gunnar uns immer Geschichten erzählt hat? Vor dem Einschlafen?«

Bjornson zuckte mit den Schultern, aber Sverirs Augen leuchteten, als er an die Abenteuergeschichten dachte, die der große Bruder so lebendig erzählt hatte, Geschichten von großen Helden, Seefahrern und Wikingern, die in legendären Schlachten ruhmreiche Siege davontrugen. Sverir erinnerte sich, wie er damals davon geträumt hatte, die Welt zu umsegeln und gegen Kraken und Monster und mächtige Feinde zu kämpfen. Dann war er eingeschlafen und hatte geträumt, er sei der größte Abenteurer der Welt. Seit Gunnar weg war, hatten sich auch Sverirs Träume verändert. Es war besonders ein Traum, der immer und immer wiederkehrte. In diesem Traum stand er auf einer hohen Klippe, von der aus er das weite Meer überblicken könnte. Sverir wusste nicht, warum, aber jedes Mal, wenn er dort stand, überfiel ihn eine unendliche Traurigkeit. Er spürte die Einsamkeit in seinem Herzen mit fast physischem Schmerz. Er winkte, doch da war niemand. Dann breitete er die Arme aus und versuchte zu fliegen. Und es gelang. Es waren weite Flüge über die offene See und entlang rauer Küsten, unerreichbar schwebte er über allem. Aus diesem Traum wollte er nie erwachen, und wenn es schließlich doch geschah, fühlte er sich fremd in einer kalten Wirklichkeit. Meist schrieb er am Morgen auf, was er geträumt hatte; er schrieb es in das Tagebuch, das Oma Freya ihm zum zehnten Geburtstag geschenkt hatte.

Überhaupt war Oma Freya der einzige Mensch, der ihm, wenn er ein bisschen Zeit bei ihr verbringen durfte, Geborgenheit vermittelte.

»Also gut«, sagte Bjornson. Sie hatten die Schule erreicht. »Wir sehen uns später.«

Sverir nickte und betrat gedankenverloren das große Gebäude.

*

Die Schulglocke. Endlich. Sverir atmete auf. Er packte seine Bücher zusammen, warf sich den Rucksack über die Schulter, zwängte sich an seinen Mitschülern vorbei und ließ das Klassenzimmer hinter sich. Er konnte es kaum erwarten, hier rauszukommen. Sverir mochte die Schule nicht. In der Schule fühlte er sich, wie auch zu Hause, einsam. Sverir blieb ein Außenseiter. Die Lehrer lehnten ihn ab, weil er Widerworte gab, und die Mitschüler lehnten ihn ab, weil er als aufsässig galt. Er war weder der Klassenclown, noch der Streber, er gehörte einfach nicht dazu. Und dann war da noch der Unterricht selbst. Er hatte das Gefühl, dass die Dinge, die man ihm dort beibrachte, keinen Bezug zu seinem Leben hatten. Keine Bedeutung für seine Zukunft. Mit schnellen Schritten ging er über den Flur, öffnete die schwere Tür und trat hinaus auf den großen Hof. Er atmete einmal tief durch. Die Luft war eiskalt und klar. Am Himmel zogen sich graue Wolken zusammen, es würde Regen geben, aber das störte Sverir nicht. Hauptsache, raus aus dem Klassenraum-Muff. Während er quer über den Schulhof lief, bemerkte er, dass sich in einer Ecke eine große Gruppe von Schülern versammelt hatte. Sverir zögerte kurz. Sollte er schauen, was los war? Er winkte ab. Das hat sowieso nichts mit mir zu tun, dachte er sich. Warum sollte er sich aufdrängen? Sollten sie doch ihr Ding machen, er machte seins. Dann hörte er die Rufe.

»Schlag zu!«

»Na los, hau drauf.«

Sverir zögerte. Schaute noch einmal zu der Gruppe. Sie hatten einen Halbkreis gebildet und brüllten und feuerten sich gegenseitig an. Gut ein Dutzend Schüler standen mit dem Rücken zu ihm beisammen. Er ging weiter. Die Rufe wurden lauter.

»Gib es ihm!«

»Weiter, weiter, weiter.«

Er wusste selbst nicht, was es war, vielleicht nur Neugier, vielleicht aber auch das Gefühl, dass irgendetwas nicht stimmte – aus irgendeinem Grund aber wollte Sverir wissen, was da los war. Er ging auf die Gruppe zu, die Rufe wurden lauter und lauter. Sverir kämpfte sich vor. Die Jugendlichen standen eng beisammen, nahmen ihn gar nicht wahr. Er drängte sich in die erste Reihe, um besser sehen zu können. Und dann das! Für einen Sekundenbruchteil blieb ihm der Atem weg. Er traute seinen Augen nicht. Nein, das war keine einfache Rauferei, wie es sie beinahe täglich auf dem Schulhof gab. Dazu kam es immer wieder, die Jungs wollten einfach ihre Kräfte messen. Das hier aber war ein ungleicher Kampf: fünf Schläger, ein Opfer. Und das Opfer war Bjornson. Sein großer Bruder.

Sverir spürte eine ungeheure Wut in sich aufsteigen. Ohne nachzudenken, riss er sich den Rucksack von der Schulter, ließ ihn auf den Boden fallen und warf sich direkt ins Getümmel.

Er fixierte seine Gegner, mehrere Jungs, alle ein oder zwei Jahre älter als er, die wieder und wieder auf seinen Bruder einschlugen. Und Bjornson? Der ließ es einfach geschehen. Stand nur da, in gebückter Haltung, die Hände vor dem Gesicht, und ließ die Schläge über sich ergehen.

»Wehr dich, Bjornson«, brüllte Sverir, während er die Angreifer wegschubste und die Fäuste ballte. Er wusste, dass er in diesem Kampf keine Chance hatte. Natürlich nicht. Er war gerade einmal zwölf, aber das war ihm egal. Wenn er hier untergehen sollte, dann wenigstens nicht, ohne sich gewehrt zu haben. Die anderen Jungen ließen kurz von Bjornson ab. Sie waren verwundert. Sie hatten wohl mit vielem gerechnet, aber nicht damit, dass er sich ihnen in den Weg stellen würde. Ausgerechnet er.

Ein kleiner Junge.

Aber auch wenn Sverir noch ein Kind war, hatte er doch schon das Herz eines Kämpfers. Er nutzte den Überraschungseffekt, holte aus und schlug einem der Angreifer, so fest er nur konnte, in den Bauch. Der Hieb hatte gesessen. Der Junge schrie auf und krümmte sich vor Schmerzen. Bjornson nahm die Deckung runter. Sichtlich verwundert schaute er zu, wie sein kleiner Bruder es mit einer Handvoll Halbstarker aufnahm.

»Komm schon, Bjornson«, rief Sverir. »Hilf mir!«

Doch Bjornson konnte nicht. Sosehr er auch wollte, sosehr er auch die Fäuste ballen und zurückschlagen wollte, es war ihm unmöglich. Er hatte zu große Angst. Er war wie gelähmt, nicht fähig, sich loszureißen. Es war, als hielten unsichtbare Hände ihn einfach fest.

Und so stand er da und sah zu, wie sein kleiner Bruder sich in einen Kampf stürzte, den er nicht gewinnen konnte. Wo hatte er das nur her? Diesen Mut. Die Entschlossenheit. Den Kampfgeist. Wieso war Sverir so anders als er selbst? So anders als alle anderen in der Familie? Doch schon Sekunden später wurde er aus seinen Gedanken gerissen. Zwei der älteren Jungs packten ihn und hielten ihm von hinten die Arme fest.

»Dein kleiner Bruder ist mutiger, als du je sein wirst«, sagte der Anführer der Gruppe, Knut Knesebeck. Knut war ein großer, schlaksiger Kerl, in der ganzen Stadt dafür bekannt, dass er ständig Ärger machte. Man fürchtete ihn. Kam Knut einem entgegen, wechselte man vorsichtshalber die Straßenseite. Man wusste nie, was er im Schilde führte. »Schäm dich«, sagte er zu Bjornson, spuckte auf den Boden und boxte ihn in den Magen. Der Schlag hatte solche Wucht, dass Bjornson das Gleichgewicht verlor und anfing zu taumeln. Die anderen Jungs ließen ihn los. Bjornson wurde schlecht. Er spürte keinen Halt mehr unter den Füßen. Er krümmte sich, konnte aber das Gleichgewicht nicht halten und fiel in die Hecke, die das Schulgelände zur Straße hin abgrenzte. Dort blieb er hängen. In der Hoffnung, dass es nun endlich aufhören würde, versuchte er gar nicht erst, sich zu befreien. Er gab nach. Er wollte bloß, dass die Schläge ein Ende hatten.

Die, die das Schauspiel verfolgten, fingen an zu lachen. »Was für ein Feigling«, brüllten sie.

»Versager!«

»Weichei!«

Als er hörte, wie die anderen seinen Bruder verhöhnten, wurde Sverir nur noch wütender. Nein, Bjornson hatte sich nicht gewehrt. Aber es war auch kein fairer Kampf. Fünf gegen einen. Und niemand hatte ihm geholfen. Die Wut breitete sich in Sverirs ganzem Körper aus. Er hatte das Gefühl, in einem Tunnel zu sein, nahm die Hintergrundgeräusche gar nicht mehr wahr. Nicht das Grölen der Schaulustigen, nicht das Lachen der Schläger. Er blendete alles aus. Er musste jetzt für sie beide kämpfen, er konnte nicht anders. Er fokussierte sich auf Knut Knesebeck. Das ist ihr Wortführer, dachte er. Wie in Zeitlupe sah er, wie Knut die Arme hochriss. Wie er lachte. Wie er sich über Bjornson lustig machte und sich von den anderen feiern und anfeuern ließ. Schließlich riss er sich los, rannte direkt auf ihn zu, holte weit aus und schlug ihm mit aller Kraft aus vollem Lauf die Faust in sein Gesicht. Es war ein harter, es war ein überraschender Schlag. Und in diesem Schlag steckte all die wütende Verzweiflung, die Sverir in sich hatte. Die er seit vielen, vielen Jahren empfand. Knut ging mit blutender Nase zu Boden.

Auf einmal wurde es still. Niemand brüllte mehr. Die anderen starrten Sverir ungläubig an. Hatte er wirklich Knut Knesebeck zu Boden geschlagen? Den stärksten Jungen der Schule? Jahre älter, anderthalbmal so schwer wie er selbst? Sverir schnaufte. Der Kampf hatte ihn angestrengt. Er beugte sich vor, stützte die Hände auf die Oberschenkel und atmete schwer. Zugleich spürte er die bewundernden Blicke der anderen. In diesem Moment verstand er, dass man sich, wenn man schon nicht gemocht oder gar geliebt wird, zumindest Respekt verschaffen kann. Indem man sich wehrt und die Konsequenzen akzeptiert, die das zwangsläufig nach sich zieht.

Denn dass sein Schlag Konsequenzen haben würde, das wusste Sverir. Es dauerte nicht lange, da gingen die anderen Jungs auf ihn los. Dieses Mal alle gemeinsam. Er hatte keine Chance. Er spürte, wie die Fäuste seinen Kopf und seinen Körper trafen, wie die Schläge auf ihn niederprasselten. Er schlug zurück, wehrte sich, so gut er konnte, aber es war aussichtslos. Irgendwann sah er nur noch grelle Lichter, alles um ihn her drehte sich. Die Stimmen der Jugendlichen, die ihn verprügelten, nahm er nur noch als tiefe Bässe wahr. Alles lief wie ein verzerrter Film vor seinen Augen ab. »Jetzt kriegst du …« Er hörte nur Stimmfetzen, die er nicht zuordnen konnte. »… machen dich fertig …« Er wankte zwei Schritte nach links, zwei nach rechts, alles um ihn herum wurde unscharf, verlor seine Konturen. Dann fiel er. Blackout.

Als Sverir wieder zu sich kam, kniete Bjornson neben ihm und versuchte, ihm aufzuhelfen. Er lag in einer Pfütze aus geschmolzenem Schnee, Matsch und Blut.

»Geht's?«, fragte sein großer Bruder besorgt. Sverir betastete sein Gesicht. Es tat weh, aber es schien noch alles dran zu sein. Weder hatte er Zähne verloren, noch war die Nase gebrochen. »Ist schon in Ordnung«, sagte er und betrachtete seinen Bruder. Auch der hatte bis auf ein paar Kratzer keine Verletzungen. Sie hakten sich beieinander ein. Die anderen waren schon weitergezogen. »Lass uns nach Hause gehen«, sagte Sverir.

*

Den gesamten Heimweg über wechselten die Brüder kein Wort miteinander. Seltsam, dachte Sverir, eigentlich müsste so ein Erlebnis uns doch zusammenschweißen. Genau das Gegenteil war der Fall, es schien, als hätte ihn die Schlägerei eher noch mehr von seinem Bruder entfremdet. Sie gingen über die verschneiten Straßen der Stadt, vorbei an den vielen Häusern, aus deren Schornsteinen der Kaminqualm dampfte. Sverir konnte sich nicht erklären, woran es lag. Vielleicht, dachte er, vielleicht bilde ich mir das auch nur ein, vielleicht ist es Bjornson unangenehm, vielleicht will er einfach nicht darüber sprechen. Aber Bjornson sprach ja nie. Genau wie ihre Mutter nie über irgendetwas sprach. Sverir atmete tief durch. Als sie ihr baufälliges Haus erreicht hatten, blieb er vor der Eingangstür stehen.

»Was ist los?«, fragte Bjornson. »Komm mit rein. Du bist verletzt. Du bist voller Blut. Ich werde dir einen Verband anlegen.«

Sverir aber schüttelte den Kopf. Er brauchte keinen Verband. Und er wollte noch nicht nach Hause. So wie er nie direkt nach der Schule nach Hause ging. Er hatte eine starke Abneigung gegen die Enge der kleinen Unterkunft; sie schien ihn förmlich zu erdrücken. Viel mehr zog es ihn hinaus in die Wälder. Für Sverir war die Stille, die über dem Haus lag, wie ein Albtraum, aus dem er nie erwachte. »Ich gehe lieber noch in den Wald«, sagte er.

»Was hast du nur mit deinem Wald?«, fragte Bjornson. Er verstand seinen Bruder nicht. Weder er noch der große Bruder Gunnar, noch seine Mutter konnten etwas mit der Wildnis anfangen. Nichts zog sie hinaus. Sie waren lieber in der Stadt. Oder einfach zu Hause. Dort war doch alles, was er brauchte. Er las oder befasste sich mit technischen Dingen. Bjornson träumte davon, Funker zu werden. Für ihn gab es nichts Größeres, als in seinem Zimmer zu sitzen und an seinem kleinen Radio herumzubasteln. Das war seine Leidenschaft. Er bewunderte seinen Bruder Gunnar, der eines Tages Ingenieur sein würde.

»Ich mag die Wälder nun mal.« Sverir schaute seinen Bruder an, der nur verständnislos mit den Schultern zuckte. Sverir hatte das Gefühl, dass sein Bruder ihm noch nie so fremd gewesen war wie in diesem Moment, und das, obwohl sie so nahe beieinanderstanden. Es hatte sich an diesem Tag etwas zwischen ihnen verändert.

»Darf ich dich was fragen, Bjornson?«

Bjornson nickte.

»Wie ist unser Vater so? Ist er …« Sverir überlegte, wie er die Frage formulieren sollte, ohne dass sie allzu merkwürdig klang. »Ist er mehr wie du? Oder ist er mehr wie ich?«

Bjornson senkte den Kopf. Wie konnte er das fragen? Sie sprachen nicht über den Vater, das wusste Sverir doch. Das war ehernes Gesetz in der Familie.

Es war eines der Gesetze, die Sverir nie verstanden hatte. So wie er vieles nicht verstand, was den Vater anging. Über seinen Vater wusste er nichts weiter, als dass er die Familie verlassen hatte, während die Mutter mit ihm, Sverir, schwanger gewesen war. Irgendetwas Unerhörtes musste damals passiert sein, es war das große Familiengeheimnis, das nie geklärt wurde. Der Vater war tabu, über ihn durfte nicht gesprochen werden. Die

Mutter hasste ihn, und dieser Hass lag wie ein Schatten auf der Familie.

Sverir verstand das nicht, aber er hatte das Gesetz der Familie zu akzeptieren. Eines Tages, schwor er sich, eines Tages würde er herausfinden, was hinter dem großen Mysterium steckte. Wie gern hätte er mehr über seinen Vater erfahren! Er hatte so viele Fragen, aber es gab niemanden, der ihm die Antworten geben wollte. Auch Bjornson wollte das nicht.

»Ich muss jetzt rein«, sagte der nur. »Komm doch auch nach Hause.«

Sverir schüttelte den Kopf. »Später«, sagte er.

Die beiden schauten einander wortlos an, dann drehte Sverir ab und ging in den Wald. An einem stillen See wusch er sich das Blut aus dem Gesicht, riss einen Ärmel seines Hemdes ab und bandagierte seine schmerzende Hand.

*

Sverir stapfte durch den letzten Schnee des Winters im Schatten des Waldes. Der Wald war zu seiner eigentlichen Heimat geworden. Hier draußen hatte er alles, was er glaubte, im Leben zu brauchen. Hier hatte er seine Freiheit. Die Weite der Wälder half ihm, die Enge seiner Existenz zu ertragen, das strenge Korsett, das ihm so oft die Luft zum Atmen nahm. Egal, wo Sverir war, es schien immer, als sei er fehl am Platz. Er saß zwischen allen Stühlen, hatte das Gefühl, dass er es niemandem recht machen konnte, egal wie sehr er es versuchte. Er war nicht so, wie seine Brüder waren, und er war nicht so, wie seine Mutter ihn gern gehabt hätte. Er war nicht so, wie seine Lehrer ihn haben wollten, und unter seinen Mitschülern war er ein Einzelgänger. Was war es nur, das ihn so anders machte? Er hatte es ja versucht. Er wollte ja Teil von etwas sein. Er hatte versucht, sich anzupassen, sich einzufügen, so zu sein wie die anderen. Aber der Versuch, etwas zu sein, das er nicht war, blieb zum Scheitern verurteilt. Und da er es offenbar niemandem recht machen konnte, hatte er irgendwann beschlossen, sich von allem loszusagen. Hier draußen in der Natur gelang ihm das. Hier war er für sich. Hier war niemand, der ihm sagte, was er zu tun oder zu lassen habe, wie er sich zu verhalten habe. Hier draußen gab es keine Regeln des sozialen Umgangs, hier gab es niemanden, der ihn verstoßen konnte. Hier war er ganz für sich. Das war seine Art auszubrechen. Es gab ihm ein Gefühl von Unabhängigkeit. Und so wanderte Sverir umher, streifte durch den großen Wald, den er in- und auswendig kannte. Er ließ sich treiben. Er wich von den eingetretenen Pfaden ab, schlug sich durch das dichte Unterholz, vorbei an den großen, alten Bäumen. Der Geruch von Harz lag in der Luft. Sverir fuhr im Vorbeigehen über die Rinde der Bäume. Fühlte das alte Holz. Malte sich aus, wie lange diese Bäume hier schon standen. Sie müssten Hunderte von Jahre alt sein. Unwillkürlich lächelte er. Der Gedanke gefiel ihm. Egal, wie schwer sein Herz war, an diesem Ort relativierte sich alles. Schon viele tausend Jahre vor mir sind Menschen durch diesen Wald gestreift, dachte er sich. Und auch tausend Jahren in der Zukunft wird es bestimmt Menschen geben, die zwischen diesen Bäumen entlang wandern werden. Im Angesicht der uralten Wälder erschien ihm sein eigenes Schicksal klein und unbedeutend, das half ihm etwas. Er schloss die Augen und atmete die noch kalte Frühlingsluft ein.

Er lief, bis er die Anhöhe erreichte. Das Gelände hier war unwegsam, aber er kannte den Weg, und so stieg er Schritt für Schritt hinauf, umkletterte geschickt eine steile Wand und querte auf einem schmalen Felsband hinüber zu seinem ganz speziellen Platz. Weit oben über den Wäldern. Er hatte die Stelle vor zwei Jahren entdeckt. Ganz oben, da gab es einen grasbewachsenen Felsvorsprung, zwei kleine Föhren behaupteten sich da, an die konnte man sich anlehnen. Wenn die Sonne schien, wärmten die Stämme nachmittags seinen Rücken, und der kleine Grasfleck war warm wie ein Nest. Wie ein Adlerhorst. Die erste Frühlingssonne hatte das verdorrte Gras und die knorrigen Stämme der Föhren erwärmt. Der harzige Duft der Föhren war ihm vertraut. So vertraut, dass er sich hier mehr geborgen fühlte als in dem engen Haus, das er mit seiner Mutter und Bjornson bewohnte. Der Blick über die unberührte norwegische Fjordlandschaft war majestätisch. Sverir setzte sich hin und schaute auf die Welt hinab. Er liebte diesen Ort. Auch weil er wusste, dass außer ihm wahrscheinlich niemand diesen Platz hier kannte. Dass niemand ihn hier finden würde. Dass dies sein Rückzugsort war. Sein Refugium. Sein heiliger Platz.

Er schaute hinab, und sein Blick blieb auf dem tiefen blauen Fjord hängen. Das Gewässer erstreckte sich viele Meilen weit. Und so saß er einfach nur da und betrachtete das stille Wasser, das vor ihm lag. Er spürte eine heftige Sehnsucht, eine Sehnsucht, die er sich selbst nicht erklären konnte. Und dann sah er etwas. Er legte den Kopf schräg und kniff die Augen zusammen. Was war das? Ein schwarzer Punkt. Weit, ganz weit entfernt am Horizont. Aber er schien sich zu bewegen. Wurde größer und größer. Sverir fixierte den sich nähernden Punkt. Schließlich erkannte er, dass das ein Kanute war, der, aus der Tiefe des Fjordes kommend, Richtung Meer paddelte. Mit schwingenden, gleichmäßigen Schlägen trieb er sein Kajak über das Wasser. Das Bild beeindruckte ihn. Ein einsamer Mann und das große Wasser. Aber nein, dachte Sverir, der Mann wirkt nicht einsam. Er scheint vollständig bei sich zu sein, bei seinem Tun. Der Mann war in der ursprünglichen, wahren Bedeutung des Wortes All-Ein. Eins mit der Natur, die ihn umgab. Sverir wäre nicht in der Lage gewesen, das auszudrücken, aber er war in der Lage, es zu spüren, zu erkennen, dass dies mehr war als ein Mann, der mit seinem Kajak über den Fjord paddelte. Es war wie ein stiller Ruf, der ihn erreichte.

Sverir sah zu, wie der Kanute immer näherkam und schließlich hinter einer Landzunge verschwand. Er war komplett gefangen von dieser Szene. Er musste unbedingt mehr erfahren, musste erfahren, wer dieser Mann war. So schnell er konnte, kletterte er von seinem Felsen hinunter, lief zu der Stelle, an der der Mann aus seinem Blickfeld verschwunden war, und lief am Fjord entlang in Richtung Küste. Eine Biegung des Gewässers kürzte er über Land ab, und … da war er! Sverir hielt inne.

Scheu beobachtete er den großen Mann, der auf ein kleines, direkt ans Wasser gebautes Haus zu paddelte. Das Haus hatte eine Brygge – einen Steg, der frei hängend in den Felsen verankert war. So konnte das Eis in den harten Wintern die Anlaufstelle nicht beschädigen oder wegreißen. Der Kanute in seinem schlanken Kajak bemerkte den Jungen nicht. Er war ganz für sich, war eins mit dem Boot. Eins mit dem Wasser. Sein Gesicht strahlte eine Ruhe aus, die von den schwingenden Paddelschlägen nur noch verstärkt wurde. Als er aus dem Boot stieg, sah Sverir, dass der Mann die Statur eines Wikingers hatte. Er war vielleicht fünfzig Jahre alt, wirkte aber wie ein Krieger, der direkt der nordischen Mythologie entsprungen war. Über dem kleinen Haus hing ein Schild. Es war der lokale Kajak-Club.

Sverir wusste, dass es diesen Club gab, aber er hatte ihn noch nie gesehen, das Gebäude lag zu weit von seinem Zuhause entfernt. Langsam ging er auf den großen Mann zu, er wollte ihm helfen, das Kajak aus dem Wasser zu heben. Der Fremde betrachtete den Jungen, der sich wortlos neben ihn stellte und einfach mit anpackte. Es amüsierte ihn. Offensichtlich brauchte er keine Hilfe, aber er ließ das Kind gewähren. Als sie das Boot in den Schuppen gebracht hatten, nickte er, stemmte die mächtigen Hände in die Hüften und fragte ihn nach seinem Namen.

»Ich bin Sverir.«

»Und ich bin Olaf Olafson«, entgegnete der Wikinger. Sverir machte große Augen. Olaf Olafson! Jedes Kind in der Stadt wusste, wer Olaf Olafson war: der Besitzer von mehreren Sägewerken im Umkreis der Stadt. Ein Mann, der es mit harter Arbeit und klugen Entscheidungen zu außerordentlichem Wohlstand gebracht hatte. Aber das war nicht der Grund, warum jeder in der Stadt Olaf Olafson kannte. Der wahre Grund war das Leben, das er geführt hatte, bevor er ein erfolgreicher Unternehmer geworden war. In jungen Jahren war Olafson ein wagemutiger Abenteurer gewesen, um seine Vergangenheit rankten sich zahlreiche Legenden. Es hieß, er habe mit seinem Kajak schwerste Wildwasser in vielen Ländern befahren. Er habe das Unmögliche möglich gemacht und unzählige Male dem Tod ein Schnippchen geschlagen. Schon die tiefen Furchen, die sich in sein Gesicht gegraben hatten, erzählten von einem intensiven Leben. Und auch wenn er heute Unternehmer war, saß er doch immer noch fast täglich in seinem Kajak. Das war sein Ausgleich, sein Seelensport.

»Was suchst du hier?«, fragte Olaf Olafson. »Ich habe dich hier noch nie gesehen.«

Sverir schaute verlegen zu Boden. Was er hier suchte? Das wusste er selbst nicht genau. Er hatte Olafson in seinem Kajak gesehen, und dieses Bild hatte ihn in seinen Bann gezogen; fast schien es ihm, als sei es ein innerer Ruf gewesen, dem er gefolgt war. Aber das traute er sich nicht auszusprechen. Er blickte Olafson in die Augen.

»Ich will das auch lernen.«

Olafson betrachtete den Jungen, dem man ansah, dass er eine mächtige Prügelei hinter sich hatte; das Gesicht war verquollen, die eine Hand verbunden. Er wusste nicht genau, was ihn dazu veranlasste, aber er sagte: »Komm morgen wieder, und ich bringe es dir bei.«

*

Die Sonne war bereits untergegangen über dem kleinen Holzhaus am Rande der Stadt. Sverir hatte gute Laune, als er nach Hause kam, er verspürte Freude, Glück und auch ein wenig Stolz. Es war lange her, dass er so guter Stimmung gewesen war. Er konnte es kaum erwarten, seiner Mutter und Bjornson von seinem Tag zu erzählen. Von dem Kajak-Club. Von Olaf Olafson.

Doch dazu kam es gar nicht. Seine Mutter wartete bereits an der Tür, die Hände in die Hüften gestemmt.

»Wo warst du?«, fragte sie kalt.

Er überlegte. Dachte darüber nach, ob er ihr erzählen sollte, was er erlebt hatte. Dass er den großen Abenteurer Olaf Olafson kennengelernt hatte und dass der ihm angeboten hatte, ihn zu unterrichten. Ihm Kajakfahren beizubringen. Er setzte an, etwas zu sagen, doch noch bevor er dazu kam, zog seine Mutter ihn am Ärmel.

»Deine Jacke ist voller Blut und Dreck!«

Sverir schaute hilfesuchend zu seinem Bruder Bjornson.

Der saß schweigend am Wohnzimmertisch und schraubte an seinem Radio.

»Ihr habt euch geprügelt?«, fragte seine Mutter, doch eigentlich war es keine Frage. Es war ein Vorwurf.

Die Schlägerei. Sverir hatte sie schon fast vergessen. Zu sehr war er gefesselt von den Erlebnissen des Nachmittags. Von den Kajaks im Bootshaus, den vielen Möglichkeiten, die sich ihm nun eröffneten.

»Mama«, setzte er nun doch an. Nicht um von der Schlägerei abzulenken, sondern weil es ihn so beschäftigte. Weil er sie unbedingt an seiner Freude teilhaben lassen wollte. Und weil er vielleicht auch hoffte, ihren Zorn mit seiner Begeisterung besänftigen zu können. »Die Schlägerei, das war nichts Wildes, wirklich. Aber du glaubst nicht, wen ich heute getroffen habe!«

Seine Mutter hörte ihm gar nicht zu. Sie schüttelte nur den Kopf.

»Du prügelst dich. Du treibst dich rum. Was soll nur aus dir werden? Ist dir klar, wie du aussiehst?«

Sverir schaute an sich herunter. Seine Kleider waren tatsächlich mitgenommen, auf Hose und Jacke waren große dunkle Flecken. Dreck aus dem Wald.

»Du wirst noch ein Rumtreiber«, sagte seine Mutter. »Genau wie dein Vater einer war.«

Damit war alles gesagt. Sverir wusste, dass das Gespräch beendet war. Seine Mutter schimpfte indessen weiter, erklärte, wie enttäuscht sie von ihm sei. Wie gern hätte er ihr alles erklärt! Er hatte doch nichts Falsches gemacht, hatte doch nur seinen Bruder beschützen wollen. Und das Streunen im Wald? War das denn so schlimm? Er fühlte sich nirgendwo heimisch, also war die Wildnis zu seinem Zuhause geworden. Da gab es niemanden, der ihn kleinmachte, niemanden, den er enttäuschen konnte. Aber von alledem sagte Sverir nichts, er ließ nur die Beschimpfungen seiner Mutter über sich ergehen und gab keine Widerworte. Er wusste, das würde es nur noch schlimmer machen.

Als sie fertig war, ging er, ohne Abendbrot bekommen zu haben, in sein Zimmer, legte sich auf sein Bett und starrte die Decke an. Er fühlte sich sehr, sehr einsam. Schließlich griff er nach seinem Tagebuch, notierte, was er erlebt hatte, und las, als er fertig war, das Geschriebene noch einmal durch. Der weiße Mond, der durch das schmutzige Fenster schien, war seine einzige Lichtquelle. Am Ende setzte er noch zwei Sätze hinzu. »Ich muss stark werden«, schrieb er. »Ich muss alles dafür tun, stark zu werden.« Diese beiden Sätze umkringelte er mehrere Male, dann vergrub er das Tagebuch unter seinem Kopfkissen. Danach lag er wieder auf dem Rücken und starrte zur Decke.

Es dauerte ein wenig, bis Bjornson ins Zimmer kam und sich in das Bett neben seinem legte. Aber auch Bjornson sagte nichts, und so lagen sie nebeneinander und schwiegen. Die ganze Freude, die dieser Tag ihm beschert hatte, war verflogen. Er fühlte sich fürchterlich leer, fühlte nichts mehr, keine Trauer, aber auch weder Wut noch Hass auf seine Mutter. In ihm war nichts als eine große Leere. Auch wenn Sverir noch jung war, verstand er instinktiv, dass seine Mutter es nicht böse mit ihm meinte. Dass ihre Wut in Wahrheit seinem Vater galt, den er nicht kannte. Der unerreichbar war für seine Mutter. Dass ihr Zorn nur ein Ventil für die Verzweiflung war, die sich in ihr aufgestaut hatte. So wie die ausgedehnten Wanderungen durch die Wälder sein Ventil waren. Sie alle suchten einen Weg, mit der Armut umzugehen, in der sie lebten. Aber es war gar nicht so sehr die Armut, es war viel mehr der Mangel an einer Perspektive, der ihnen zu schaffen machte.

»Du musst Mama verstehen«, flüsterte Bjornson, als könnte er Gedanken lesen. »Sie hat es schwer.«

»Besonders mit mir, wie es scheint.«

»Du machst es ihr ja auch nicht leicht …«

Sverir drehte sich zur Seite. Natürlich hatte seine Mutter es schwer. Wie hätte es auch anders sein können? Allein mit zwei Kindern, ohne Geld, ohne Unterstützung und ohne die Hoffnung, dass es jemals besser werden könnte. Aus ihrer Erschöpfung wurde Verzweiflung, und aus der Verzweiflung wurde Wut. Immer wieder brach diese Wut aus ihr heraus und traf besonders ihn mit voller Härte. Er wusste nicht, was er schlimmer fand, die Wut oder die Stille. Die Stunden, in denen sie im Wohnzimmer saßen und einander anschwiegen. Wie gern hätte er seiner Mutter von dem Kajak-Club erzählt, von seinen Träumen und Hoffnungen. Von seinen Ängsten und seinen Dämonen. Aber dafür, so schien es ihm, war kein Platz in diesem Haus.

Ja, die Stille war für ihn das Schlimmste. Sie war schwer. Sie war erdrückend. Sie begrub alles unter sich. Und so entschied sich Sverir, alles, was er an diesem Tag erlebt hatte, für sich zu behalten.

»Bist du noch wach?«, flüsterte sein Bruder.

»Ja.«

»Danke, dass du heute für mich gekämpft hast.«

»Ist doch Ehrensache.«

»Ist es nicht.«

Sverir drehte sich auf den Rücken, schloss die Augen und schlief mit knurrendem Magen ein.

*

Am nächsten Tag machte er sich direkt nach der Schule auf den Weg zum Kajak-Club. Die Luft war klar. Er brauchte etwa eine halbe Stunde, um das Bootshaus zu erreichen, doch es war niemand da.

»Hallo?«, rief Sverir.

Nichts. Er schaut sich um. Kein anderer Kanute war hier, auch kein Olaf Olafson. War er zu früh? Er lief einmal um das Haus herum. Nichts. Er fand niemanden.

»Hallo?«, rief er noch einmal. »Hallo? Ist hier jemand?«

Keine Reaktion. Er ging zu der Scheune, in der weitere Boote gelagert wurden. Vorsichtig öffnete er die Tür und steckte den Kopf durch den Spalt. Er sah, wie der Staub in dem Lichtstrahl tanzte, der durch die geöffnete Tür in den dunklen Raum fiel. Auch hier war niemand. Aber Sverirs Neugierde war geweckt. Er suchte nach einem Lichtschalter. Eine kleine Glühbirne leuchtete auf und erhellte den hohen Raum. Sverir sah sich um. Es war düster hier drin, ein wenig muffig, doch das störte ihn nicht, im Gegenteil. Ehrfurchtsvoll durchwanderte er das Gebäude, betrachtete die Kajaks, die auf speziellen Halterungen an den Wänden gelagert waren. Sverir ging in die Hocke, legte den Kopf schräg, erfühlte das Material der Boote mit den Fingern. Was es wohl für ein Gefühl war, so ein Kajak zu besitzen? Was das einem Menschen doch für eine Freiheit ermöglichte! Er schloss die Augen und versuchte, sich vorzustellen, wie es war. Wie es sein musste, vom Wasser getragen zu werden, über den Wellen zu thronen, Herr über die dunkle Tiefe zu sein. Er lächelte. Ja, die Vorstellung gefiel ihm. Dann öffnete er die Augen wieder und streifte weiter durch die Scheune, bis sein Blick an einer Wand hängenblieb. Ehrfurchtsvoll verzog er das Gesicht und starrte auf ein besonderes Kajak, das dort hing. Es war sehr viel größer und sehr viel länger als all die anderen Boote hier. Er neigte den Kopf, um zu lesen, was auf den Bug geschrieben war. FRIHET stand dort. Sverir bekam Gänsehaut.

Er streckte die Hand aus, um das Boot zu berühren, doch in diesem Moment hörte er ein Geräusch. Er zuckte zusammen.

»Gefällt es dir?«

Das war Olaf Olafson. Schnell zog Sverir die Hand zurück und nickte.

»Das ist ein Ocean X-650. Ein Expeditionskajak.«

»Ein Expeditionskajak?«

»Es hat viel Stauraum. An Deck gibt es zusätzlich Netze für Gepäck und Ersatzpaddel. Und es hat eine Lenzanlage.«

»Was ist denn eine Lenzanlage?«

»Damit kannst du das Boot auf hoher See leerpumpen, wenn Wasser eingedrungen ist. Weißt du, mein Junge, mit einem Boot wie diesem kannst du weit über die offene See fahren.«

»Es ist wunderschön.«

Olaf Olafson lächelte, stellte sich vor das Kajak, berührte es beinahe zärtlich. Es schien, als verliere er sich in seinen Erinnerungen.

»Das ist es, mein Junge. Und es bedeutet mir wirklich viel.«

»Warum?«

Der Kanute schwieg für einen Moment. »Weil ich mit diesem Boot viele Abenteuer bestanden habe. Ich bin damit bis zum Polarmeer gefahren. Und beinahe hätte ich mit der FRIHIT das Unmögliche geschafft und die Nordwestpassage durchquert.«

Sverir hielt die Luft an. Die Nordwestpassage, davon hatte er gehört! Viele Abenteurer hatten versucht, diese Passage südlich des Nordpols zu finden und zu durchfahren. Alle waren gescheitert, sehr viele nie zurückgekehrt. Als Sverir hörte, was Olaf Olafson erzählte, regte sich in ihm eine unglaubliche Sehnsucht. Eine Sehnsucht nach Abenteuer! Was für ein Gedanke, das Polarmeer zu befahren! Was musste das für ein Leben sein? Frei und ungebunden!

Versunken in seine Erinnerungen, strich Olaf Olafson mit beiden Händen über die Bootswand.

In Sverir war ein Funke entstanden. Ein Funke, der seine Fantasie in Brand setzte. Ja, dachte er, das will ich auch. Ein Ocean-Expedition-Kajak besitzen und damit die Weltmeere erkunden! Tief in seinem Inneren wusste er, dass es ein absurder Gedanke war. Seine Familie war bitterarm, sie konnten sich ja nicht einmal warmes Wasser leisten. Und er träumte von einem eigenen Kajak? Ja, das tat er. Warum denn nicht träumen? dachte sich Sverir. Eines Tages werde ich ein solches Boot besitzen, koste es, was es wolle. Irgendwann. Irgendwie.

»Aber so ein Boot«, riss Olaf Olafson ihn aus seinen Gedanken, »ist was für Profis. Du bist ein Anfänger. Darum starten wir hiermit.« Damit führte er Sverir zu den kleineren Kajaks.

Sie waren alt, verbeult und heruntergekommen. Kein Vergleich zu der stolzen FRIHIT. Aber auch das war Sverir egal, denn er war nur begierig zu lernen. Und so lernte er.

*

»Es reicht nicht aus, wenn du dein Boot nur auf ruhigem Wasser eskimotieren kannst – das hast du schnell gelernt«, hörte Sverir die Stimme von Olaf Olafson durch das Tosen des Wildflusses. Er blickte nach vorn, war hoch konzentriert. Immer wieder spritzte ihm eiskaltes Wasser ins Gesicht. »Du musst in jeder Situation aufdrehen können, auch im schwersten Wildwasser oder im Sturm auf See. Das ist deine Lebensversicherung.«

Sverir kannte diesen Vortrag bereits: Ein Inuk eskimotiert in jeder Situation, denn er kann nicht schwimmen. Klar, dachte er, wo hätte er es auch lernen sollen? Im zwei Grad kalten Wasser bestimmt nicht. Also mussten die Inuit lernen, ihr Kajak wieder aufzurichten, wenn sie gekentert waren. Und er musste das jetzt auch lernen.

»Zur perfekten Eskimorolle gibt es keine Alternative«, brüllte Olaf Olafson ihm zu. »Sie muss zum Automatismus werden, und damit sie das wird, musst du trainieren. Hunderte Rollen, immer und immer wieder, damit es kein Denken braucht, um zu handeln. Und jetzt los!«

Mit einigen gezielten Schlägen trieb Sverir sein Boot aus dem Kehrwasser in den reißenden Strom und direkt auf die haushohe Wasserwalze zu, die ihn unweigerlich frontal überrollen würde. Vor der Walze zog es ihn hinunter in ein reißendes Loch, und dann traf ihn die Wucht des Wassers mit brachialer Gewalt. Eine weiße Wand aus Gischt brach über ihm zusammen. Verschluckte ihn. Die Strömung riss an seinem Paddel, seinem Helm, seinem Kopf und seinem Oberkörper, den er dicht auf das Vordeck seines Kajaks duckte. Das Wasser war eiskalt. Nach endlos erscheinenden Sekunden spuckte die Walze ihn wieder aus. Gekentert, mit dem Kopf unter Wasser. Dann war es so weit. Er zog sein Paddel über das Vordeck nah an seinen Körper, zog das vordere Blatt, wie hundertmal geübt, in einem weiten Bogen durch das wilde Wasser, machte eine kleine, aber lange trainierte Hüftbewegung – und das Kajak drehte auf. Er hatte es geschafft. Er war wieder Kopf über Wasser. Sverir spürte eine ungeheure Euphorie. Das war seine erste Rolle unter Extrembedingungen gewesen! Jetzt wusste er, dass er diese wichtige Technik wirklich beherrschte. Dafür hatte er eine lange, lange Zeit trainiert.

»Große Klasse!«, rief Olaf Olafson, der in die Hände klatschte und neben ihm her am Flussbett entlanglief.

Ja, er hatte es tatsächlich geschafft, das war nicht selbstverständlich. Nicht jeder Kanute beherrschte diese Technik, aber sein Boot eskimotieren zu können, konnte einem Kanuten das Leben retten. Wenn er kenterte, schaffte er es so aus eigener Kraft, sein Boot wieder manövrierbar zu machen. Sverir trieb sein Kajak in ein Kehrwasser hinter einem großen Felsen und stieg aus.

Sein Lehrer klopfte ihm auf die Schulter. »Das war wirklich, wirklich gut!«

Sverir strahlte. Erst seit er mit Olaf Olafson trainierte, wusste er, wie es sich anfühlte, gelobt zu werden. Es machte ihn süchtig, er wollte mehr davon. Wollte immer besser werden. Und seinen Trainer stolz machen.

Es waren einige Monate vergangen, seit Olaf Olafson begonnen hatte, den Jungen auszubilden. Er hatte ihm schnell klargemacht, dass es mit dem Kajakfahren sehr viel mehr auf sich hatte, als bloß in einem Boot zu sitzen und zu paddeln. Es galt, eine Vielzahl von Techniken zu lernen, Strömungen zu lesen und zu nutzen, dem Wetter und besonders der Kälte zu trotzen. Es war eine Herausforderung, aber Sverir nahm sie bereitwillig an. Er lernte schnell. Er zeigte Härte. Und er hielt durch. Auch dann, als Olafson das sowieso schon harte Trainingspensum und die Anforderungen immer weiter hochschraubte. Denn der erfahrene Kanute hatte Gefallen daran gefunden, den Jungen auszubilden. Ihn an seine Grenzen zu bringen. Es hatte sich beinahe so etwas wie ein Vater-Sohn-Verhältnis entwickelt.

Vielleicht hatte Olaf Olafson schon bei ihrer ersten Begegnung instinktiv gespürt, dass er ein sehr einsames Kind vor sich hatte, ein Kind, dessen Talente zu fördern sich lohnen könnte. Vielleicht imponierte ihm auch das Feuer in den Augen des Jungen, der unbedingte Wille, den er signalisierte; dass er etwas wollte, was er selbst als erstrebenswert erachtete.

Jedenfalls hatte Olaf Olafson mit seiner Entscheidung, ihn zu trainieren, eine Veränderung bewirkt. Sverir war ruhiger geworden, ausgeglichener. Der Sport schien für ihn ein gutes Ventil zu sein. Und ein Antrieb: Endlich hatte er einen Grund, morgens aufzustehen. Denn trotz des harten Trainings genoss er jeden einzelnen Augenblick, den er auf dem Wasser verbrachte. Mittlerweile hatte er sich die schwingende Technik angeeignet, mit der er das Boot nicht allein durch die Kraft seiner Arme über das Wasser trieb, sondern mit der gesamten Muskulatur seines Oberkörpers und der abwechselnd ausgleichenden, gegenläufigen Bewegung der Beine. So war er besonders schnell.

Sverir setzte sich neben sein Kajak ans Ufer und betrachtete seinen Lehrer. Vielleicht, dachte er, vielleicht wäre jetzt der beste Moment, es anzusprechen. Wenn es überhaupt so etwas wie einen richtigen Moment gab. »Olaf Olafson, ich habe eine Bitte an dich.«

Der große Mann schaute auf seinen Schüler herab.

Sverir suchte nach Worten. Es fiel ihm schwer. Dabei hatte er sich doch darauf vorbereitet. Hatte es geprobt. Wieder und wieder. Und doch zauderte er, denn er wusste nicht, wie er reagieren würde, sollte Olaf Olafson ihm seinen großen Wunsch abschlagen. Es war schließlich der zweite Gefallen, um den er gebeten würde. Immerhin trainierte er ihn schon. Vielleicht war es vermessen, mochte sein, aber Sverir wusste nicht, an wen er sich sonst wenden sollte. Also fasste er sich schließlich ein Herz.

»Ich will für dich arbeiten, Olaf Olafson«, sagte er bestimmt.

Überrascht schaute Olafson ihn an.

»Was sagst du da?«

»Ich will arbeiten. Egal, was es ist, ich übernehme jede Aufgabe, die du mir gibst.«

»Du bist zwölf Jahre alt. Mit zwölf Jahren solltest du in die Schule gehen und nicht arbeiten.«

»Ich gehe in die Schule, aber ich möchte trotzdem arbeiten. Ich weiß, dass dir die großen Sägewerke gehören. Und ich weiß, dass es im Wald mehr als genug Arbeit gibt.«

Olafson lachte. »Das stimmt. Aber das sind Arbeiten für Männer, nicht für Knaben. Du bist noch zu jung.«

»Bitte!« Sverir blieb beharrlich. »Ich mache alles, was nötig ist.«

Er war wild entschlossen. Ein Nein würde er nicht akzeptieren. Es musste einfach klappen. Olaf Olafson war seine einzige Chance. Sverir wollte unbedingt arbeiten und Geld verdienen, damit er sich eines Tages sein eigenes Kajak leisten konnte. Seit er die FRIHIT in der Scheune gesehen hatte, war er regelrecht besessen von dem Gedanken, er dachte an kaum etwas anderes mehr. Ein eigenes Kajak zu besitzen – das muss das schönste Gefühl der Welt sein, dachte er sich. Aber er wusste, dass es ihn nicht an sein Ziel führen würde, nur davon zu träumen. Er musste auch etwas dafür tun.

»Ich bin vielleicht jünger als die anderen«, sagte er, »aber dafür werde ich doppelt und dreifach so hart arbeiten.«

Olaf Olafson legte den Kopf schräg und betrachtete den Jungen, der durchnässt und frierend vor ihm saß. Er sah etwas in Sverir. Einen Schüler wie ihn hatte er noch nie kennengelernt. Kein Kind lernte so schnell, war so beharrlich, wie Sverir es war. Wie hart das Training auch war, er widersetzte sich nie. Er nahm alles an. Er hatte ein natürliches Talent, aber erst seine Bereitschaft, hart zu arbeiten, brachte dieses Talent zur Entfaltung. Olaf Olafson gefiel dieser unbedingte Wille, seine Ziele zu erreichen. Der Junge erinnerte ihn an ihn selbst. Daran, dass auch er in sehr jungen Jahren einen Menschen kennengelernt hatte, der etwas in ihm sah. Der ihm eine Chance gegeben hatte. Ohne die Hilfe dieses Mannes würde er heute nicht hier stehen.

»Also gut«, sagte er. »Vielleicht habe ich einen Job für dich. Aber das ist harte Arbeit. Sehr harte Arbeit. Nicht jeder ist dafür gemacht.«

»Ich werde es schaffen.«

Olaf Olafson schüttelte den Kopf. »Du weißt doch noch gar nicht, was du tun sollst.«

»Das ist mir egal«, sagte Sverir. »Ich werde es trotzdem schaffen.«

Olaf Olafson sah das Feuer in den Augen des Jungen, und es imponierte ihm. »Gut«, sagte er. »Dann zieh dich um. Wir haben einen kleinen Marsch vor uns.«

*

Ein gutes Gefühl, wieder hier zu sein, dachte Sverir, als er über den weichen Waldboden ging. In der Luft hing der Geruch von Föhren, dieser ganz eigene, typische Harzduft, den er so liebte. Der ihm genauso ein Gefühl von Freiheit vermittelte wie der salzige Geschmack auf der Zunge, wenn er sein Kajak über das Meer trieb. Olaf Olafson und er stapften nun schon seit einer halben Stunde durch das dichte Unterholz.

Plötzlich blieb sein Lehrer stehen. »Das hier«, sagte er und streckte die Arme aus, »ist ein künstlich angelegter Jungwald.«

Sverir betrachtete die Bäume, berührte die Stämme, ging vorsichtig um sie herum.

»Die Fichten werden angebaut, um nach zwanzig Jahren abgeholzt zu werden. Einige Bäume wachsen gut und gerade, andere nicht. Manche stehen einfach zu eng zusammen und nehmen sich gegenseitig das Licht.« Olafson zeigte auf einen Baum, der einen starken Verwuchs hatte. »Bestimmte Bäume müssen ausgefällt werden. Wir machen das, wenn sie etwa sieben oder acht Meter hoch sind.« Nun nahm er einen Wachskreidestift aus der Tasche und markierte den zu fällenden Baum.

Sverir musste lächeln. Er hatte die Zeichen an den Bäumen schon gesehen, aber nie verstanden, was sie zu bedeuten hatten. Ihm eröffnete sich gerade eine ganz neue Welt. Sein Leben lang war er in diesen Wäldern unterwegs, kannte ihre Pfade, ihre Hügel, aber jetzt, so kam es ihm vor, begriff er überhaupt erst, wie alles miteinander zusammenhing.

Olafson nahm eine Handsäge und eine Hakenmachete aus seinem Rucksack.

»Du stellst dich auf die Bergseite und sägst den Stamm ab. Mit der Machete entfernst du anschließend alle Äste. Du musst präzise schlagen, so, dass die Äste exakt am Stamm abgetrennt werden. Nichts darf herausstehen, und trotzdem darf der Stamm nicht beschädigt werden. Bis hinauf zur Spitze. Was übrig bleibt, ist eine glatte, nackte Stange.«

Sverir nickte.

»Die schleppst du dann runter zum Forstweg, wo du alle Stämme, die du gefällt und abgeastet hast, aufschichtest. Ich schaue sie mir dann an und klassifiziere sie. Je besser der Stamm, desto mehr Geld bekommst du dafür.« Damit gab er Sverir die Säge und die Machete. »Alles verstanden?«

»Alles verstanden.«

Sverir stellte sich auf die Bergseite, wie Olaf Olafson es ihm gezeigt hatte, setzte die Säge am Fuß des Stammes an und begann sie in schnellen Bewegungen vor und zurück zu ziehen. Vor und zurück. Vor und zurück. Vor und zurück. Doch es passierte kaum etwas. Sverir schaute Olafson fragend an.

»Ich hab dir gesagt, dass es harte Arbeit ist. Du brauchst Ausdauer. Und Geduld.« Er klopfte ihm auf die Schulter und ließ ihn allein.

Sverir sägte weiter. Weiter und immer weiter. Es fiel ihm zunehmend schwer. Sein Körper wurde müde, nach und nach verließ ihn die Kraft. Doch er sah auch, wie der Stamm langsam nachgab. Schweiß lief ihm über die Stirn. Er unterbrach seine Tätigkeit für einen kurzen Moment. »Nicht aufgeben, Sverir«, redete er sich selbst gut zu. »Du schaffst das. Du musst nur durchhalten.« Einmal atmete er tief durch, dann setzte er die Säge erneut an und bewegte sie zügig vor und zurück.

Schließlich spürte er, wie der Widerstand nachließ. Wie der Baum langsam kippte und leicht federnd auf dem Waldboden aufschlug. Sverir lächelte. Er legte die Säge auf den Boden und griff nach der Machete, um die Äste abzuschlagen. Die Arbeit mit der Machete war nicht weniger anstrengend. Als er damit fertig war, packte er den kahlen Stamm und schleppte ihn zum Forstweg.

Alles tat ihm weh. Am liebsten hätte er eine Pause gemacht. Oder einfach aufgehört. Aber das kam nicht in Frage. Olaf Olafson hatte ihm eine Chance gegeben, und er war fest entschlossen, sie zu nutzen. Also ging er zurück in den Wald und suchte nach einem weiteren markierten Baum, den er ebenfalls fällte und entastete.

Und so machte er weiter. Irgendwann war er so erschöpft, dass er die eigene Müdigkeit gar nicht mehr spürte. Als die Sonne unterging, kam Olaf Olafson und sah sich die acht Stangen an, die am Forstweg aufgeschichtet lagen. Dann ging er durch den Wald und markierte zwölf neue Bäume.

Sverir seufzte. Er erinnerte sich an eine Geschichte, von der er einmal gehört hatte, die Geschichte von Sisyphos. Einer mythologischen Figur, die gezwungen war, auf ewig einen Felsblock einen Berg hinaufzuwälzen, von wo er, fast am Gipfel, jedes Mal wieder ins Tal rollte. Ein Sinnbild für eine ertraglose und dabei schwere Tätigkeit, deren Ende nicht abzusehen war. Was er hier tat, war vergleichbar mühsam. Aber am Ende des Tages wusste er doch, dass er – im Gegensatz zu Sisyphos – etwas geschafft hatte.

»Das hast du gut gemacht«, sagte Olaf Olafson. »Wenn du willst, kannst du morgen wiederkommen.« Dann drückte er ihm einige Münzen in die Hand.

Stolz steckte Sverir das Geld in seine Hosentasche. Es war das erste Geld, das er verdient hatte. Das würde er Bjornson und seiner Mutter erzählen, bestimmt waren sie dann stolz auf ihn. Seine Mutter sagte doch immer, er müsse mehr aus sich machen, er solle nicht herumstreunen. Das tat er nicht mehr. Er war jetzt Sportler und hatte eine Arbeit. Eine richtige Arbeit. Mit zwölf Jahren. Sverir hatte das Gefühl, endlich seinen Platz gefunden zu haben. Er war mit sich im Reinen.

So stapfte er durch den abendlichen Wald und erreichte erschöpft, aber zufrieden das kleine Holzhaus. Schon von Weitem sah er, dass Licht brannte. Als er eintrat, saß seine Mutter am Küchentisch und massierte sich die Schläfen. Ihre Haare hingen ungekämmt herunter. Sie sah müde aus, erschöpft. Bjornson saß am Tisch und schraubte an seinem Radio herum. Sverir lächelte. Er ging zu dem großen Topf, der auf dem Herd stand, füllte sich eine Schüssel mit Suppe und setzte sich zu seiner Mutter an den Tisch.

»Hallo Mama.«

»Du bist spät«, sagte sie kühl.

Sverir nahm den mahnenden Unterton gar nicht wahr.

»Ich war arbeiten.«

»Arbeiten?«, fragte seine Mutter höhnisch und musterte ihren jüngsten Sohn. »Was weißt du denn schon von Arbeit?«

»Ich habe eine Arbeit«, sagte er stolz und hob an, ihr alles zu erzählen. Wie er im Wald die markierten Stangen fällte und entastete, dass jeder Baum einen Wert hatte, für den er bezahlt … Doch er konnte nicht ausreden. Seine Mutter stand auf und zog ihn ebenfalls von seinem Stuhl hoch. »Steh auf, steh auf«, sagte sie. »Na los, steh schon auf! Schau dich nur an, wie du wieder aussiehst! Deine Kleider sind voller Schlamm und Dreck. Und du redest mir von Arbeit? Die einzige Arbeit bist du selber.«

Sverir wurde rot. Er schaute zu Bjornson, aber der stellte sich taub. Er war in seiner eigenen Welt, oder zumindest tat er so, als wäre er das. Bjornson hielt sich immer raus, wenn es Ärger gab. Er hatte gelernt, dass er auf dem Weg des geringsten Widerstandes am vermeintlich weitesten kam. In Momenten wie diesen konnte Sverir nicht auf ihn zählen.

»Mama, ich war im Wald und habe dort Geld verdient.«

Es schien seine Mutter nicht zu interessieren. Vielleicht glaubte sie ihm auch einfach nicht. Vielmehr schimpfte sie immer weiter, steigerte sich regelrecht in ihre Wut hinein. Sverir überlegte, ob er ihr das verdiente Geld zeigen sollte. Er griff in seine Hosentasche und ertastete die Münzen. Aber er entschied sich dagegen. Nein, damit würde er es nur noch schlimmer machen. Er begriff, dass es egal war, was er sagte, dass es egal war, was er tat, es war immer das Falsche. Er konnte es seiner Mutter einfach nicht recht machen. Vielleicht, dachte er traurig, vielleicht bin ich selbst das Problem. Als sich dieser Gedanke in seinem Kopf festsetzte, schnürte sich ihm die Kehle zu. Wortlos räumte er seine Schüssel weg, ging in sein Zimmer und warf sich auf sein Bett. Er verfluchte dieses Leben.

Wenigstens, dachte er sich, habe ich jetzt etwas, worauf ich hinleben kann. Von nun an würde er jeden Tag in den Wald gehen und Bäume fällen, und eines Tages würde er sich das Kajak, das er sich so sehnlich wünschte, leisten können. Dann würde er hier ausbrechen und ein großes Abenteuer erleben. Mit diesen Gedanken schlief er ein.

*

Es fühlte sich noch immer an wie ein Traum. Sverir konnte nicht glauben, dass es wirklich wahr war. Er hob die Hand und strich über das Vordeck. Vorsichtig. Ehrfürchtig. Zu schön, um wahr zu sein, und doch: Es war kein Traum. Das war sein Boot. Sein eigenes Expeditions-Seekajak. Olaf Olafson stand neben ihm und half ihm, das Boot im Schuppen aufzuhängen. Gleich neben der FRIHIT.

»Eine gute Wahl«, sagte er. »Ein wirklich schönes Boot.«

Drei Jahre waren vergangen, seit Sverir und Olaf Olafson sich kennengelernt hatten. Drei Jahre hatte es gebraucht, bis Sverir sich seinen ganz großen Traum erfüllen konnte. Drei

Jahre, in denen sich für ihn beinahe alles verändert hatte. Er war nicht mehr der Junge, der er einmal gewesen war.

Sverir war jetzt fünfzehn Jahre alt, kräftig gewachsen und breiter als die meisten Jungen in seinem Alter. Durch die Arbeit im Wald war er stark geworden. Und das regelmäßige Training mit Olaf Olafson hatte einen routinierten Kanuten aus ihm gemacht. Sverir fuhr sicher auf jeder Strecke, selbst auf den schweren Wildflüssen, auf denen auch ein Olaf Olafson seine Probleme hatte. Verblockte Flüsse mit hoher Wasserwucht? Waren für ihn kein Problem, er war ein versierter Kanute geworden. Es gab keine Herausforderung, der er sich nicht gestellt, keinen Fluss in seiner Umgebung, den er nicht befahren hätte. Sein wilder Blick war in den vergangenen drei Jahren noch wilder geworden. Auf dem Wasser hatte er gelernt, dass er keine Angst mehr haben musste, vor gar nichts.

Sverir hatte sich verändert. Er hatte ein ganz neues Selbstbewusstsein. Er wusste jetzt, was er konnte. Und er wusste, dass er im Kajak besser war als viele andere. Zugleich war er von dem Ehrgeiz getrieben, noch besser, ja, der Beste zu werden. Und so begriff Sverir sein Leben als ein einziges Training. Jede Treppe, die er nahm, nahm er zwei Mal. Jeden Rucksack, den er sich packte, packte er so voll, wie es nur ging. Er fällte die Bäume im Fichtenwald schneller und sorgfältiger als die anderen Waldarbeiter. Das tat er, weil er nun endlich Ziele hatte. Gründe, für die er morgens aufstehen konnte. Er betrachtete sein wunderschönes Expeditions-Seekajak. Das erste Ziel, das er erreicht hatte. Ganz allein. Nur mit der Kraft seines Willens.

»Wie wirst du es nennen?«, fragte Olaf Olafson. »Du musst ihm einen Namen geben.«

Sverir überlegte. »SVALBARD«, sagte er schließlich, es war das alte nordische Wort für Spitzbergen. Und damit, dass er sein Boot so nannte, markierte er ein großes, Tausende Kilometer weit entferntes Ziel im Norden.

Dann strahlte er seinen Trainer an. Es ist schon merkwürdig, dachte er. In den dunkelsten Stunden meines Lebens habe ich zu den Göttern gebetet, dass sie mir eine Perspektive geben mögen. Und jetzt haben sie mir eine Heimat geschenkt.

*

Das würde schwer werden, so viel war absehbar. Sverir schloss die Augen und atmete durch. Zwei Mal. Drei Mal. Ganz ruhig bleiben. Es wird sehr unangenehm, sagte er sich, aber dann hast du es hinter dir. Wie wenn man sich ein Pflaster abzieht, kurz und schmerzhaft, und dann ist es vorbei.

Es stank fürchterlich nach Fisch. Das Gebiet war heruntergekommen, überall lagen kaputte Paletten herum, am Anleger dümpelten rostige Fischkutter, die ihre beste Zeit schon hinter sich hatten. Die alte Fischfabrik stand im Industrieviertel, einer Gegend, in der es sonst nicht viel gab. Sverir schreckte auf. Eine Sirene heulte los. Ein langer stumpfer Ton, durchdringend in der Stille. Das war das Zeichen. Schichtende. Er wartete und betrachtete die Menschen, die aus der alten Fabrik herauskamen. Ihnen war anzusehen, welche Knochenarbeit sie hier leisteten. Ihre Gesichter waren fahl und freudlos. Sverir saß auf einem kleinen Berg aus ausgemusterten Netzen. Es dauerte noch ein paar Minuten, dann erkannte er inmitten der Männer und Frauen seine Mutter. Er lächelte ihr zu. Sie quittierte seine Anwesenheit mit einer hochgezogenen Augenbraue.

»Was machst du denn hier?«, fragte sie.

»Ich muss mit dir sprechen«, sagte Sverir.

Sie nickte und gab ihm ein Zeichen, dass er mitkommen sollte. Es war ein langer Fußmarsch. Obwohl ihr baufälliges Haus genauso am Stadtrand lag wie das Industrieviertel, mussten sie eine gute Stunde laufen, um es zu erreichen. Sie ließen den alten Industriehafen hinter sich, stiegen eine kleine

Anhöhe hinauf und gingen über die vereisten Felder in Richtung des einfachen Holzhauses, in dem sie lebten.

Lange Zeit schwiegen sie. Sverir hielt einfach mit seiner Mutter Schritt und betrachtete die brachliegenden Flächen, die sich neben ihm erstreckten. Am Himmel zogen sich schwere, dunkelgraue Wolken zusammen. Groß und bedrohlich.

Sverir blickte über die schneebedeckten Felder. Dahinter sah er den großen Fjord. Er fixierte das blaue Gewässer, aus dessen Anblick er so viel Kraft und Energie ziehen konnte. Ein Fischkutter war unterwegs Richtung offene See. Sverir wäre jetzt gern auf diesem Kutter gewesen oder, noch lieber, in seinem Kajak auf gleichem Kurs. Er wusste nicht, ob es richtig gewesen war, seine Mutter abzuholen, aber er hatte das Bedürfnis, die Sache direkt mit ihr zu klären. Ohne Bjornson. Ohne die drückende Atmosphäre ihres Hauses. Vielleicht reagierte sie hier nicht ganz so schlimm, wie sie für gewöhnlich zu Hause tat. Vielleicht konnte die frische Luft ihr ein wenig von ihrem Zorn nehmen.

Auf dem sonst so ruhigen Fjord bildeten sich kleine Wellen. Ein Sturm zieht auf, dachte Sverir, und schon im nächsten Moment sah er das erste Wetterleuchten am Himmel.

Er schaute zu seiner Mutter, die mit starrem Blick voranschritt. Sie waren ganz allein auf der endlosen Straße, die an den Feldern grenzte. Seine Mutter fragte nicht, was sein Anliegen wäre. Er würde es schon erzählen, dachte sie wohl. Und so hielt das bleierne Schweigen an. Er musste es ihr sagen, musste die Stille durchbrechen. Sverir setzte an. Zögerte. Schwieg weiter. Er musste sich gut überlegen, wie er es sagte. Aber, dachte er, vielleicht versteht sie es ja auch? Diesmal. Nur dieses eine Mal. Er war doch im Recht. Das war er doch, oder?

Er hatte den Streit schließlich nicht begonnen.

Zwei Jungen hatten plötzlich auf dem Bootssteg gestanden, als er wie fast jeden Tag vom Training kam. Sie gehörten zu

Knut Knesebek. Offensichtlich hatten sie ihn auf dem Wasser erkannt. Als er aus seinem Kajak gestiegen war und es abgelegt hatte, versperrten sie ihm den Weg.

»Kennst du uns noch?«, fragte einer von ihnen.

Sverir erinnerte sich an die Schlägerei auf dem Schulhof. Diese Zeit lag hinter ihm. Das war sein altes Leben. Aber manchmal holte die Vergangenheit einen ein. Einer der beiden Jungen machte einen Schritt auf ihn zu und beförderte sein geliebtes Boot mit einem Fußtritt ins Wasser. Das war ein Fehler. Sekunden später flog der Junge hinterher, und als der zweite auf Sverir losging, landete auch der im Wasser. Sverir hatte geahnt, dass diese Aktion nicht folgenlos bleiben würde.

Am nächsten Tag auf dem Schulhof, in der großen Pause, war es so weit. Knut hatte endlich einen Vorwand, die alte Rechnung zu begleichen; er hatte es noch immer nicht verwunden, dass er damals einen Überraschungstreffer kassiert hatte und in die Knie gegangen war. Sverir, der damals nur seinem Bruder helfen wollte, hatte sich seitdem aus allem herausgehalten. Die Provokationen ignoriert. Er hatte anderes zu tun. Olaf Olafson wartete. Der Wald. Das Ocean-Kajak. Er brauchte sich nicht mehr auf dem Schulhof zu beweisen. Er hatte jetzt Ziele, die ihm wichtiger waren. So stand er an diesem Vormittag allein auf dem Schulhof, als plötzlich mehrere Jungen ihn umringten, darunter die beiden, die am Vortag im Wasser gelandet waren. Sie hatten sich abgesprochen. Es war eine feige Aktion. Sie fielen über ihn her, als er am wenigsten damit rechnete. Unvermittelt spürte er einen pochenden Schmerz.

Ein Fußtritt in den Rücken. Für einen kurzen Moment blieb ihm die Luft weg, ein ungünstiger Einstieg in einen Kampf. Er drehte sich um und sah Knut Knesebeck und seine Jungs. Plötzlich war die Erinnerung wieder da: sein Bruder in der Hecke. Er ohnmächtig am Boden. Im Schlamm. Sverir spürte keine Angst und keinen Schmerz. Aber er spürte eine ruhige, kalte Wut. Eine ungeheure Energie. Er hatte das Gefühl, dass die Zeit sich dehnte. Das spürte er zum ersten Mal im Leben: dass eine Sekunde, die einem bleibt, um in höchster Gefahr die richtige Entscheidung zu fällen, wie eine Ewigkeit erscheint. Eine Sekunde nur, um das einzig Mögliche zu tun. Das einzig Mögliche, von dem alles Weitere abhängt. Es war, als würde er sich von außen sehen. Als überblicke er die Situation wie ein Außenstehender. Er fixierte seine Gegner, schätzte ihre Stärke ein, und dann reagierte er. Schnell und druckvoll. Mit einer kraftvollen 180-Grad-Drehung seines Oberkörpers schlug er seine rechte Faust in die Magengrube des Angreifers links hinter ihm, um mit einer blitzschnellen Drehung in die andere Richtung die linke Faust auf der Kinnspitze eines anderen zu platzieren. Während die beiden zu Boden gingen, traf ihn eine ganze Serie von Schlägen, aber diesmal fiel er nicht. Er schlug zurück. Mit der gleichen Präzision, mit der er Tausende Äste abgeschlagen hatte. Härter als je zuvor. Das Training hatte ihn verändert. Die Arbeit im Wald hatte ihn stark gemacht. Die Wucht seiner Schläge kam nicht nur aus seinen Armen, sie kam vor allem aus seinem sich schnell und kraftvoll drehenden Oberkörper. Einer Bewegung, die in den vielen Trainingsstunden im Kajak zu einem Automatismus geworden war. Jede Sekunde ein Paddelschlag, 60 Schläge pro Minute. 3600 drehende Paddelschläge pro Trainingsstunde. Tausend Stunden im Boot. Das alles hatte Sverir stark gemacht. Er sah nicht mehr aus wie ein Fünfzehnjähriger.

Dennoch war es ein unfairer Kampf. Aber Sverir war nicht bereit, aufzugeben. Nicht bereit, wieder im Schlamm zu landen. Dieses Mal nicht. Er konnte sich halten. Obwohl er allein war, schaffte er es, zumindest nicht unterzugehen.

Und dann passierte etwas, womit Sverir nicht gerechnet hatte. Hagebak kam. Hagebak war der Konrektor der Schule, ein rauer, empathieloser Mann. Es war kein Geheimnis, dass er Sverir nicht ausstehen konnte, Sverir war für ihn ein lästiger

Schüler, einer, der es wagte, Autoritäten in Frage zu stellen. In der Welt von Hagebak war nur ein gehorsamer Schüler ein guter Schüler. Die anderen sahen den Konkrektor schon von Weitem kommen und ließen sofort von Sverir ab. Der Kampf war beendet.

»Was soll das hier werden?«, brüllte Hagebak die Jungen an. Er packte Sverir an der Jacke und stieß ihn weg. Sein Gesicht war rot vor Zorn. »Machst du wieder Ärger?«, brüllte er hasserfüllt.

Sverir war fassungslos. Er hatte nichts gemacht, er hatte sich nur gewehrt! Die anderen hatten ihn angegriffen, was hätte er denn tun sollen? Sich verprügeln lassen? Auf keinen Fall. Er war nicht Bjornson. Es empörte ihn, dass der Konrektor scheinbar nur ihn ins Visier nahm.

»Verschwindet«, fauchte Hagebak die Jungs um Knut Knesebeck an. »Aber du bleibst hier«, sagte er zu Sverir und schubste ihn noch einmal. »Es reicht mir mit dir. Ständig machst du nur Ärger.«

»Ich habe keinen Ärger gemacht«, sagte Sverir. »Ich habe mich nur geweh…«

»Schluss jetzt!«, unterbrach ihn der Konrektor. »Du hast mir nicht zu sagen, was ich gesehen habe!«

Sverir kochte vor Zorn. Es war, als würden seine sämtlichen alten Wunden aufgerissen. Viele Jahre lang war er kleingehalten worden. Nicht ernstgenommen. Abgestempelt. Das stieg alles wieder in ihm hoch, und er ertrug die Ungerechtigkeit nicht.

»Ich habe mich nur gewehrt! Sie können mir gar nichts!«, hatte er den Konrektor angebrüllt.

Da hatte Hagebak rot gesehen. Er hatte seinem Schüler eine mächtige, schallende Ohrfeige verpasst.

Es war der eine Schlag zu viel gewesen.

Noch einmal hatte Sverirs Oberköper sich gedreht, und Hagebak war zu Boden gegangen.

Sverir schaute noch einmal auf die weite Landschaft, durch die er mit seiner Mutter ging. Er atmete tief durch, nahm all seinen Mut zusammen und entschloss sich, es endlich hinter sich zu bringen.

»Mama«, begann er. »Ich muss dir etwas sagen.«

Seine Mutter blickte weiter starr auf die Straße vor sich. Sie reagierte nicht. Sverir wurde rot. Wie er dieses Schweigen hasste.

»Sprich«, sagte sie schließlich. Ihr Ton war noch kälter als sonst. Sverir schaute sie nicht an. Schaute nur auf die riesigen Felder, die mächtigen Wolken, die sich mehr und mehr zusammenzogen und schwer und dunkelgrau am Himmel hingen.

»Ich bin heute von der Schule geflogen.«

Jetzt war es raus. Jetzt hatte er es ausgesprochen. Es gab kein Zurück mehr. Er rechnete mit allem. Mit jeder nur möglichen Bestrafung. Aber neben all der Angst, die er in sich trug, hatte er auch einen Funken Hoffnung. Vielleicht würde sie ihn um eine Erklärung bitten. Und vielleicht würde sie sehen, dass er im Recht war. Dass er sich nur verteidigt hatte. Das wünschte er sich so sehr! Nichts wünschte er sich sehnlicher, als dass sie ihm einfach einmal zuhörte. Seine Sorgen ernst nahm. Ihn vielleicht in die Arme schloss und ihm sagte, dass es in Ordnung war, dass er seinen Weg schon gehen würde. Dass sie stolz auf ihn sei. Doch sie sagte nichts von all dem. Sie sagte gar nichts. Sie erdrückte ihn mit ihrem Schweigen. Sverir ertrug das nicht, es war zu viel für ihn. Er blieb stehen.

»Sag doch was!«, rief er ihr zu. »Schrei mich an. Beschimpf mich. Aber sag irgendwas. Ich halte dieses Schweigen nicht mehr aus! Bin ich dir denn so egal?«

Er erschrak über sich selbst. So hatte er noch nie mit seiner Mutter gesprochen, es war einfach aus ihm herausgebrochen.

Seine Mutter wurde rot, ging aber einfach weiter. Blieb nicht stehen. Drehte sich nicht nach ihrem Sohn um. Ging weiter,

Schritt für Schritt auf dieser langen Straße, den Blick starr nach vorn gerichtet.

Sverir bereute seine Worte. »Es tut mir leid«, rief er seiner Mutter hinterher.

Sie beachtete ihn nicht. Sverir merkte, wie sie innerlich kochte. Es war nur noch eine Frage der Zeit, bis sie ihrer Wut freien Lauf lassen würde. Er lief ihr nach. Wollte sie beruhigen, sich entschuldigen. Als er sie erreichte, fasste er sie am Arm.

»Mama«, sagte er. »Es tut mir leid. Es tut mir alles so leid …«

Das war zu viel. Als seine Mutter die Berührung spürte, brach es aus ihr heraus. Sie blieb stehen und riss sich von ihm los. Ihr Gesicht war immer noch rot vor Zorn. Tränen liefen ihr über die Wangen. Aus dem kalten Schweigen war eine heiße Wut geworden. Sverir erkannte sie kaum wieder. Es war, als würde der Druck, den sie all die Jahre verspürt hatte, übermächtig. Sie brach darunter zusammen. Brach in sich zusammen. Sie ballte die Hände zu Fäusten und schlug auf die Brust ihres Sohnes ein. Sverir überragte sie mittlerweile, ihre Schläge taten ihm nicht weh, vielmehr nahm er sie als Ausdruck ihrer Verzweiflung. Immer wieder schlug sie auf ihn ein. Hämmerte ihre Fäuste gegen seinen Brustkorb. Er ließ es geschehen. Schließlich ließ sie von ihm ab, raufte sich die Haare und brüllte vor sich hin. Als wäre sie wahnsinnig geworden, fing sie an, laut zu kreischen. Es war ein kompletter Zusammenbruch. Ihr Geschrei schreckte die Vögel auf. Dutzende schwarze Raben umkreisten die beiden.

»Mama, hör auf, bitte …«

Sverir hatte Angst. Was war nur los mit ihr? Es erschreckte und verletzte ihn, seine Mutter so zu sehen. Immer neue Tränen liefen ihr übers Gesicht.

»Als hätten wir nicht schon genug Probleme«, wimmerte sie. Dann brüllte sie ihn wieder an und schlug auf ihn ein. Sie war am Ende. Sie schwankte zwischen Aus- und Zusammenbruch, es war ein beängstigendes Schauspiel. »Was tust du mir nur an?«, sagte sie schließlich leise und senkte kraftlos den Kopf. »Was tust du mir nur an?«

Sverir wollte sie am liebsten einfach in den Arm nehmen, aber von einer Sekunde auf die nächste schlug ihre Stimmung wieder um, und sie geriet in einen Wahn.

»Wieso tust du mir das an? Wieso machst du mir nur Ärger?«, brüllte sie und steigerte sich immer mehr in ihre Wut hinein. »Wieso muss ich mir von dir mein Leben kaputtmachen lassen? Als hättest du nicht schon genug angerichtet!«

Die Worte trafen Sverir viel härter als die Schläge. Und sie wurden schlimmer und schlimmer.

»Es hat dich doch niemand gewollt!«, schrie sie auf dem Höhepunkt ihrer Wut.

Sverir hatte das Gefühl, als würde das Blut in seinen Adern gefrieren. Wenn Worte Schläge waren, dann war dies ein Knock-out gewesen.

»Niemand hat dich je gewollt«, wiederholte sie plötzlich ruhig und fixierte ihn mit zugekniffenen Augen.

Das hatte sie noch nie gesagt. Das war zu viel für Sverir. Er konnte sich nicht länger zusammenreißen. Er spürte, wie sich seine Kehle zuschnürte und warme Tränen über sein kaltes Gesicht liefen. Er wollte nicht weinen, er wollte stark sein, aber wie konnte er jetzt noch stark sein? Er konnte gar nichts mehr! Er konnte nur dastehen und geschehen lassen, was geschehen sollte. Alles über sich ergehen lassen. So wie Bjornson damals auf dem Schulhof. Jetzt wusste er, wie sich sein großer Bruder gefühlt haben musste. Der Schmerz lähmte ihn.

Hilflos sah er zu, wie seine Mutter ihrem Wahn verfiel. Sie lief umher, drehte sich im Kreis, raufte sich die Haare, brüllte, kreischte, schlug wieder auf ihn ein. Sie war völlig von Sinnen. Schließlich riss sie Sverir den Rucksack von der Schulter, öffnete ihn, zog seine Schulhefte heraus und begann sie zu zerreißen. Schmiss die Blätter in die Luft, wo sie vom Wind aufgenommen und weitergetragen wurden.

Sverir zitterte. Inzwischen hatte sich eine massive Wolkenfront aufgebaut. Die Raben kreischten. Seine Mutter kreischte. Papierfetzen wehten über das Feld. Einige trug der Wind auf den angrenzenden Fjord. Auf das schwarze Wasser, in dem sich die dunklen Wolken spiegelten. Ein tiefes Grollen kündigte schweres Unwetter an.

Sverir betete, dass es einfach aufhören möge. Dass seine Mutter einfach wieder normal würde. Dann sah er, dass sie sein Tagebuch in der Hand hatte und im Begriff war, auch das zu zerreißen. Nein, nicht das Tagebuch! Das konnte er nicht zulassen. Endlich löste er sich aus seiner Schockstarre, ging einen Schritt auf seine Mutter zu und versuchte, ihr das Buch aus der Hand zu reißen. Sie fing wieder an zu schreien. Die beiden rangelten miteinander. Sverir war vorsichtig, er wollte seine Mutter nicht verletzen, aber er wollte auch nicht, dass sie sein Tagebuch zerstörte. Hier hatte er all seine Ängste, all seine Träume und Gefühle festgehalten. Diese Blätter waren ihm heilig! Auf diesen Blättern hatte er sein ganzes bisheriges Leben aufgeschrieben.

Seine Mutter entriss ihm das Buch mit aller Kraft und schlug es ihm ins Gesicht. Sverir spürte einen stechenden Schmerz. Geschockt ließ er von seiner Mutter ab und hielt sich die Wange. Er hatte den Geschmack von Blut auf der Zunge. Der Metallbeschlag auf dem Einband hatte ihn erwischt. Geschockt taumelte er ein paar Schritte rückwärts. Seine Mutter riss das Tagebuch in viele kleine Einzelteile und warf sie in die Luft. Sverir sah, wie die Papierfetzen vom Wind auf den großen Fjord hinausgetragen wurden. Die Raben hatten sich in Sicherheit gebracht. Der Sturm brach los.

*

Sverir öffnete die Augen. Er brauchte ein paar Sekunden, um sich zu orientieren. Was war passiert? Ach ja. Er erinnerte sich. Wie im Zeitraffer zog alles an ihm vorbei. Die Schule. Der Schlag. Das Geständnis. Die Fetzen seines Tagebuches auf dem dunklen Fjord. Nein, das war kein Albtraum gewesen. Das war wirklich passiert. Vorsichtig strich er sich über die Wange. Die Wunde war noch frisch. Als er sie berührte, spürte er einen pulsierenden Schmerz. Er ließ die Hand sinken, atmete einmal schwer aus und richtete sich auf.

Er befand sich in einem schönen, lichtdurchfluteten Raum. Viel größer als das Zimmer, das er sich in dem kleinen Holzhaus mit seinem Bruder teilen musste. Und dennoch fühlte es sich falsch an, hier zu sein. Sosehr er die Enge seines kleinen Zimmers immer verflucht hatte, so sehr wünschte er sich jetzt, wieder dort zu sein. Aber auch diese Tür hatte sich für ihn geschlossen.

Nach dem Vorfall hatte seine Mutter ihn weggeschickt. Ein Zusammenleben sei nicht mehr möglich, hatte sie gesagt und ihm eine Stunde Zeit gelassen, seine Sachen zusammenzupacken. So lange hatte er nicht gebraucht. Er besaß ja nichts. Nach zehn Minuten hatte er sich auf sein Bett gesetzt und seinen Kopf in den Händen vergraben. Er wollte weinen, aber es war ihm nicht möglich. Er war einfach nur leer.

»Weißt du schon, was jetzt wird?«, hörte er eine Stimme.

Er schaute auf. Bjornson. Sverir schüttelte den Kopf. Räusperte sich. Er wollte vor seinem großen Bruder keine Schwäche zeigen. Obwohl er sich so schwach fühlte wie nie zuvor. Nein, er wusste nicht, wie es weitergehen würde, aber daran dachte er auch gar nicht. Die Verletzung, die seine Mutter seinem Herzen zugefügt hatte, war viel tiefer als die Wunde, die er im Gesicht trug. Sie hatte das letzte Band zu ihm zerrissen. Sverir hatte sich schon immer einsam gefühlt, aber jetzt war das mehr als nur ein Gefühl. Von jetzt an hatte er wirklich keine Familie mehr.

Bjornson setzte sich neben ihn auf das Bett. Er sagte nichts, saß nur mit hängendem Kopf da.

Da hatte Sverir schließlich doch angefangen, lautlos zu weinen. Warum jetzt? Warum zu einem Zeitpunkt, an dem es endlich so gut lief für ihn? Er hatte sich so angestrengt. Hatte so sehr versucht, es allen recht zu machen. Hatte es schließlich doch geschafft, so etwas wie ein halbwegs glückliches Leben zu führen. Und jetzt wurde dem ein Ende gesetzt. Einfach so. Was wurde jetzt aus dem Kajak-Club? Aus Olaf Olafson? Aus seiner Arbeit im Wald?

Bjornson hatte ihm die Hand auf die Schulter gelegt und ihn weinen lassen.

Sverir schüttelte die Erinnerung ab. Der Abschied von seinem Zuhause war gerade mal einen Tag her, aber es fühlte sich an, als seien die Erinnerungen schon Erinnerungen an ein ganz anderes Leben. Er setzte sich auf die Bettkante und schaute sich um. Das hier sollte also sein neues Leben sein. Er hatte immerhin Glück gehabt, war nicht in ein Heim gekommen, nicht zu irgendeinem entfernten Verwandten. Er sollte zu seiner Großmutter ziehen, zu Oma Freya. Er liebte diese Frau über alles, denn sie hatte ihn immer gut behandelt. Sie nahm ihn ernst. Hörte ihm zu und versuchte, seine Sorgen zu verstehen. Sie war die einzige Vertraute, die Sverir in seinem Leben gehabt hatte, und wenn er seine Ängste und Sorgen in sein Tagebuch schrieb, dann war es immer gewesen, als vertraue er sie seiner Oma an.

Oma Freya lebte auf einem Dorf in einem abgelegenen Landstrich Norwegens. Zu weit entfernt, als dass er von hier aus noch hätte zu Olaf Olafson gehen können. Er massierte sich die Schläfen. Was würde der wohl von ihm denken, wenn er heute nicht kam? Er war doch die letzten Jahre immer gekommen. Egal ob es regnete oder stürmte, nach der Schule war er pünktlich auf die Minute bei seinem Trainer erschienen.

Und jetzt hatte er sich nicht mal von ihm verabschieden können, es war alles viel zu schnell gegangen. Sverir fühlte sich einsam. Entwurzelt.

Es klopfte an der Tür.

»Ja?«

Vorsichtig trat Freya in den Raum. »Darf ich reinkommen?«, fragte sie.

»Natürlich, Oma.«

Die kleine, hagere Frau mit den gepflegten grauen Haaren kam zu ihm und streichelte ihm liebevoll das Gesicht. »Wie geht es dir denn?«, fragte sie.

Sverir zuckte mit den Schultern. »Ich bin froh, dass ich hier sein darf, Oma.«

Freya lächelte und setzte sich neben ihn auf die Bettkante. »Mir ist klar, dass das keine einfache Zeit für dich ist. Aber wir beide, wir kriegen das schon hin.«

Sverir zwang sich zu einem Lächeln und atmete schwer. Freya sah ihm an, dass ihn etwas belastete, das tiefer lag als der Ärger in der Schule, der Streit mit der Mutter oder die neue Wohnsituation. Sie strich ihm zärtlich übers Haar und sah ihn liebevoll an. Fragen stellte sie nicht, aber er wusste, dass er mit ihr über alles sprechen konnte. Sie betrachtete die Verletzung, die ihn jetzt für immer zeichnete. Und sie ließ ihm Zeit.

Nach ein paar Minuten öffnete sich Sverir. »Weißt du Oma, ich habe gerade gedacht, dass es bergauf geht. Dass ich meinen Platz in dieser Welt gefunden hatte.«

»Mein Junge«, sagte Freya, »das Leben ist eine ständige Reise. Das Schicksal trägt uns von Ort zu Ort. Von Situation zu Situation. Und wir müssen schauen, wie wir mit diesen Orten und Situationen umgehen, was wir daraus machen. Das ist die wahre Herausforderung in dieser Welt.«

Sverir dachte nach. Er war in einem inneren Zwiespalt. Auf der einen Seite wollte er das Leben genau so leben, wie Freya es beschrieb. Wie ein Abenteuer. Wie ein ständiges Auf- und

Ausbrechen. Darum hatte er sich ja sein Kajak erarbeitet, weil es ein Sinnbild dieser Freiheit war. Auf der anderen Seite aber hatte er sich sein Leben lang danach gesehnt, seinen Platz zu finden. Irgendwo dazuzugehören. Eine Familie zu haben.

»Wieso kann Mama mich nicht einfach nehmen, wie ich bin?«, fragte Sverir. »Egal, was ich tue, es ist einfach alles falsch. Es fühlt sich an, als wäre ich falsch.«

Es war Freya anzusehen, dass sie seinen inneren Schmerz verstand und mit ihm fühlte.

»Ich glaube, Mama hat mich immer nur als Belastung empfunden.«

»Sie liebt dich, das weiß ich«, erwiderte Freya. »Ich kenne meine Tochter. Alles was sie tut, tut sie für dich und deinen Bruder. Sie arbeitet hart, um euch ein halbwegs normales Leben ermöglichen zu können. Aber die harte Arbeit hat sie selbst hart gemacht. Sie hat sich einen Schutzschild zugelegt, damit das Leben sie nicht noch mehr verletzen kann.«

Wie sehr wünschte Sverir, seine Mutter hätte diesen Schutzschild wenigstens ein Mal ablegen können, um ihn in den Arm zu nehmen und ihm zu zeigen, dass er Teil dieser Familie war. Denn das bezweifelte er mittlerweile. Vielleicht war das der Grund, dass sie ihn so hart behandelt hatte.

Er überlegte einen Moment, dann nahm er die Hand von Freya.

»Oma, wie war mein Vater? Du hast ihn doch gekannt.«

Der Vater. Der kam ihm in den letzten Monaten immer häufiger in den Sinn. Vielleicht, weil er in Olaf Olafson eine Art Ersatzvater gefunden hatte. So hätte er sich seinen Vater gewünscht. Vielleicht war er ja auch ein Sportler. Oder ein Waldarbeiter. Oder ein Abenteurer, den es auf das Meer hinauszog. Er wusste nichts über ihn! Seine Mutter hatte alle Fragen abgeblockt. Aber jetzt, da das Band zu seiner Mutter endgültig zerrissen war, wollte er das große Familiengeheimnis endlich erfahren. Er wollte wissen, wer sein Vater war. Und warum er als einziger der drei Söhne keinen Kontakt zu ihm haben durfte.

»Dein Vater war ein ganz besonderer Mann«, sagte Freya. »Er war ein Lebenskünstler. Jemand, der sich von Tag zu Tag gehangelt hat. Das hat zwischen ihm und deiner Mutter, die immer sehr diszipliniert war, für große Probleme gesorgt. Aber deinen Vater hat das Morgen nie interessiert. Immer nur das Heute.«

»Immer nur das Heute …«, wiederholte Sverir. »Ich würde so gern wissen, warum er uns verlassen hat …«

Oma Freya schwieg. Sie hatte auf diese Frage keine Antwort. Aber sie hatte eine Idee, was sie jetzt tun konnte.

*

Kein Gefühl prägt uns Menschen so wie das der Angst. Und keine Angst ist so mächtig wie die Angst vor dem Verlust. Die Angst, die Dinge zu verlieren, die uns etwas bedeuten. Oder Dinge, von denen wir glauben, dass sie uns etwas bedeuten. Ob es Menschen sind, Gegenstände oder Status. Wir definieren uns über das, was wir haben. Aber was sind wir noch, wenn wir das alles verlieren? Dabei lässt sich jeder Verlust auch als Chance begreifen. Als eine Chance, sich selbst neu zu definieren. Neue Wege einzuschlagen und eine neue Seite an sich selbst kennenzulernen. Viel zu selten begreifen wir das von allein. Meistens ist es das Schicksal, das uns zwingt, die Perspektive zu wechseln.

Der Tag, der das Schicksal des Jungen für immer verändern sollte, war ein auffallend kalter Sonntag. Dennoch stand die Sonne an einem beinahe wolkenfreien Himmel, als Sverir vorsichtig nach der Hand seiner Oma suchte. Sie hatten das große Haus erreicht. Es war eine weite Fahrt gewesen, sie hatte ihn wieder ganz nahe an die Stadt geführt, in der er aufgewachsen war. Oma Freya ergriff seine Hand.

»Mach dir keine Sorgen«, sagte sie.

Sverir war aufgeregt. Er versuchte, ruhig zu atmen. Vielleicht fand er hier die Antworten auf all die Fragen, die er sich schon so lange stellte. Er zitterte. So aufgeregt war er schon lange nicht mehr gewesen. Er erkannte sich selbst nicht.

»Wollen wir?«, fragte Oma Freya.

Sverir nickte.

Nur die Hoffnung machte die schweren Schritte ein wenig leichter. Hand in Hand gingen sie auf das große Haus zu. Es war ein schönes, weiß getünchtes Haus mit einem gepflegten weitläufigen Garten. Es hatte rein gar nichts mit dem schäbigen Holzhäuschen zu tun, in dem Sverir aufgewachsen war.

Er spürte, wie sein Herz immer schneller schlug. Oma Freya klopfte drei Mal gegen die schwere Holztür.

Nichts passierte. Sverir schaute sie fragend an, aber Oma Freya blieb gelassen.

»Alte Leute«, sagte sie, »brauchen ihre Zeit.« Und dann klopfte sie noch einmal.

Es dauerte eine kleine Weile, aber dann hörten die beiden Geräusche aus dem Inneren des Hauses. Jemand öffnete die Tür. Nur einen kleinen Spalt. In diesem Spalt erschien das Gesicht eines glatzköpfigen Mannes. Es war von tiefen Falten und Furchen gezeichnet.

»Hallo Roloff.«

»Freya …«

Der Mann schien überrascht. Er öffnete die Tür und musterte Freya von oben bis unten. »Es ist lange her, dass wir uns gesehen haben.« Sverir blickte er nur flüchtig an. »Greta«, rief er seine Frau herbei. »Komm, schau, wer da ist. Freya.«

Nun erschien auch eine Frau in der Tür. Auch sie war schon sehr alt, wirkte aber freundlich und aufgeschlossen. Sie lächelte Freya an. »Schön, dich wiederzusehen.«

Sverir betrachtete die Alten. Das waren sie also. Seine Großeltern. Er hatte nie ein Bild von den beiden gehabt.

»Ich habe euch jemanden mitgebracht«, sagte Freya und wies auf Sverir. »Jemanden, der euch sehr gern kennenlernen würde.«

Erst jetzt betrachteten die beiden Alten ihn, ließen den Blick prüfend auf ihm ruhen. Doch es war kein liebevoller Blick, keine Neugierde. Ihr Blick war kühl und abschätzend.

»Das ist euer Enkel Sverir«, sagte Oma Freya schließlich. »Der Sohn eures Sohnes.«

Nun war es ausgesprochen. Nun war er hier. Seinem Vater so nahe wie niemals zuvor. Obwohl seine Mutter das immer hatte unterbinden wollen. Hier hoffte er nun all die Antworten zu finden. Er wollte erfahren, wer sein Vater war. Vielleicht würde der ihn verstehen, vielleicht würde er bei ihm endlich die ersehnte Akzeptanz finden.

Doch der Empfang war nicht so, wie Sverir es sich erhofft hatte. Seine Großeltern ignorierten ihn. Das Gespräch zwischen ihnen und Oma Freya war zwar höflich im Ton, aber es blieb kühl und sachlich.

»Wollt ihr uns nicht hereinbitten?«, fragte Oma Freya.

Die beiden gingen nicht darauf ein. Sie blieben einfach mit verschränkten Armen in der Tür stehen. Als seien sie Torwächter.

»Es ist kein guter Zeitpunkt«, sagte Roloff.

»Vielleicht ein anderes Mal?«, fragte Sverir nun. Es war das erste Mal, dass er etwas sagte. Er wollte die Initiative ergreifen, auf sich aufmerksam machen. Seinen Großeltern zeigen, dass er auch noch da war.

Roloff schaute ihn an. Musterte ihn wie ein exotisches Tier. »Da passt es auch nicht«, würgte er ihn ab.

»Roloff …« Die Stimme von Oma Freya klang brüchig. »Er ist dein Enkel!«

Roloff antwortete nicht. Sverir lief ein Schauer über den Rücken.

Schließlich sagte der Alte einen Satz, der Sverir noch sehr

lange verfolgen sollte: »Ich glaube nicht, dass er mein Enkel ist.«

Sverir verstand es nicht. Er verstand nicht, welche tiefe Bedeutung diese Worte hatten. Er verstand nicht, dass sich hinter ihnen der Schlüssel zum Geheimnis seiner Familientragödie verbarg. Das Einzige, was er diesem Satz entnahm, war die Botschaft, dass er hier nicht willkommen war. Dass nun auch der letzte Teil seiner Familie ihn verstoßen hatte. Nichts mit ihm zu tun haben wollte.

Er spürte, dass sein Herz in tausend Teile zerbrochen war.

Der Schmerz brachte ihn beinahe um den Verstand. Er konnte nicht mehr. Er musste weg, einfach nur weg. Er riss sich von Oma Freya los und fing an zu laufen. Er wusste nicht, wohin. Er wusste nur, dass er wegmusste. Weit, weit weg.

*

Stundenlang war Sverir herumgeirrt, ohne ein klares Ziel zu haben. Er hatte die kleine Stadt hinter sich gelassen und war in den angrenzenden Wald gelaufen. Er konnte keinen klaren Gedanken fassen, lief querfeldein, Stunde um Stunde, ohne Plan, ohne zu wissen, wie es jetzt weitergehen sollte, er lief einfach weiter und weiter. In seinem Kopf waren tausend Gedanken gleichzeitig, aber er konnte keinen einzigen greifen.

Vielleicht wollte er das auch nicht.

Er lief, als sei er auf der Flucht. Vielleicht war er das. Vielleicht floh er vor sich selbst, vor der Erkenntnis, die die Begegnung mit seinen Großeltern mit sich gebracht hatte. Der Erkenntnis, dass nun alle Bänder zerschnitten waren. Die Bänder zu seiner Mutter und die zu seinem Vater. Er hatte keine Familie mehr. Er war allein auf dieser Welt. Sosehr er seine Oma Freya auch liebte, er wusste doch auch, dass er dort nicht für immer bleiben könnte. Er wollte ihr nicht zur Last fallen.

Irgendwann war er völlig außer Atem, setzte sich auf einen Stapel Holz und vergrub das Gesicht in den Händen. Dann kamen die Tränen. Es waren bittere Tränen der Verzweiflung. Wohin sollte er jetzt gehen? Was sollte er machen? Er hatte keine Perspektive für die Zukunft mehr. Der ganze Schmerz, der ihn sein Leben lang begleitet hatte, brach erneut aus ihm heraus. Und so saß er da und weinte, bis er sich schließlich beruhigt hatte. Dann richtete er sich auf, atmete einmal tief durch und machte sich auf den Weg.

Nach einer Weile stieß er auf einen Fluss. Alle Flüsse führen zum Meer, dachte er, und am Meer war auch der Kajak-Club, wo sein Expeditionskajak lag. Dort muss ich hin, dachte er.

Jetzt hatte er ein Ziel.

In Gedanken versunken lief er weiter, immer an dem großen Fluss entlang, bis dieser in dem großen Fjord mündete. Das war er, das wusste Sverir gleich. Er erkannte die Gegend, diese Landschaft aus Fels und Wald und Wasser. Hier war er aufgewachsen. Sein innerer Kompass hatte ihn hierhergeführt. Nach Hause.

Er näherte sich dem Kajak-Club. An der Brygge stand ein Mann, der gerade sein Boot aus dem Wasser hob. Sverir erkannte nur die Silhouette, die sich gegen die untergehende Sonne abhob, doch er war sich sicher, dass der Mann Olaf Olafson war. Er erkannte die mächtige Wikingerstatur. Kurz überlegte er, ob er mit Olaf Olafson sprechen sollte. Ihm erklären, was passiert war, schließlich war er ihm das schuldig. Aber er konnte nicht. Die Wunden waren noch zu frisch, als dass er jetzt darüber hätte sprechen können. Also versteckte er sich hinter einem Gebüsch und wartete ab, bis Olaf Olafson alles zusammengepackt hatte und gegangen war. Erst als er sich sicher war, dass niemand mehr anwesend war, setzte er seinen Plan in die Tat um. Er schlich sich in den Bootsschuppen, zog sein Seekayak hervor und legte es auf die Brygge.

Dann ging er in den Club und packte alles zusammen, was er sich von seinem Lohn für weite Fahrten zusammengekauft hatte. Dazu all das, was Olaf ihm aus ehrlicher Freundschaft an Ausrüstung für die gemeinsamen Fahrten geschenkt hatte. Er packte alles ein, was er für eine lange Reise brauchte. Taschenlampe, Kompass, ein kleines Zelt, Schlafsack, Kocher, Proviant und eine wasserdichte Paddeljacke sowie eine Hose. All das verstaute er sorgfältig unter den Ladeluken im Unterschiff seines Kajaks, wie er es von Olaf gelernt hatte. Schob die wasserdichten Seesäcke unter die Gepäcknetze an Deck. Dann griff er nach der wärmsten Jacke, die er hier finden konnte, stopfte sie in einen der Seesäcke, suchte sich ein Blatt Papier und einen Stift und schrieb Olaf Olafson eine Nachricht: »Danke für alles! Sverir«. Das Blatt legte er in die Luke von Olafsons Kajak. Dann verabschiedete Sverir sich von seiner Vergangenheit.

Er stieg in sein Boot, zog die Spritzdecke über den Süllrand und machte sich mit leisen Paddelschlägen über das nachtschwarze Wasser davon.

Weg aus seinem bisherigen Leben. Weg von dem kleinen Holzhaus am Rand der Stadt. Dieser baufälligen Hytte, die für ihn Heimat und Käfig zugleich gewesen war.

Von dem dunklen Wasser stieg ein leichter Nebel auf. Er spürte die ersten Bewegungen der See, die in den Fjord hineinliefen. Die Lichter der letzten Häuser spiegelten sich auf der Oberfläche.

Er blickte sich nicht mehr um. Viele Wochen paddelte er so die raue Küste entlang. Nach Norden. Bis der Sturm kam.

ZWISCHENSPIEL

Schnitze das Leben aus dem Holz, aus dem du gemacht bist

Von draußen drang ein lautes Donnergrollen in die Waldhytte. Der Junge zuckte zusammen. Während er von seiner Vergangenheit erzählt hatte, war er so in seine Erinnerungen vertieft gewesen, dass er für einen Moment, für einen kurzen Moment, vergessen hatte, wo er eigentlich war. Doch das Gewitter, das nun genau über ihnen hing, und das Pfeifen des Sturmes brachten ihn zurück in die Realität.

Er zog sich die schwere Wolldecke über die Schultern. Das Feuer hatte ihn mittlerweile erwärmt, und dennoch fühlte er in seinem Inneren eine große Kälte aufsteigen. Die Strapazen der vergangenen Wochen hatten seinem Körper zugesetzt. Sein Geist aber war noch immer hellwach. Er griff nach seinem Glas und trank den verbliebenen Tee mit nur einem Schluck aus. Dann betrachtete er den Alten.

Der hatte während der Erzählungen von Sverir kein Wort gesprochen. Er hatte nur dagesessen und ihn aufmerksam angesehen, hatte sich kaum geregt, vielleicht mal genickt, mal den Kopf schräggelegt. Nur als er von seinen Kajakfahrten erzählte, hatte er sich eingebildet, dass ein Leuchten in die Augen des Alten trat.

»Das war meine Geschichte«, sagte Sverir. »Und jetzt …«, er hielt einen Moment inne, »jetzt bin ich hier.« Er schaute zu Boden.

»Jetzt bist du hier«, bestätigte Hakon.

Es entstand eine lange Pause. Sverir öffnete den Mund, wollte etwas sagen, aber er fand keine Worte. Er rang mit sich. Mit all den Gedanken, die in seinem Kopf waren. Den Dämonen, die ihn aus seiner Vergangenheit bis hierher verfolgt hatten. Sein Blick streifte unruhig durch die kleine Hytte und blieb schließlich am Kamin hängen. Er schaute ins Feuer und verlor sich für einen Moment im Spiel der Flammen, sah zu, wie sie das Holz fraßen. Dann schaute er Hakon an.

»Ich habe alles verloren ...«, sagte er. »Alles!« Als er es aussprach, spürte er, wie eine große Traurigkeit in ihm aufstieg. »Ich habe nichts mehr in meinem Leben. Auch mein Kajak habe ich verloren. Ich bin vollkommen allein.« Erst jetzt wurde ihm wirklich bewusst, was in den vergangenen Monaten, Wochen und Tagen geschehen war. Erst jetzt wurde ihm bewusst, wie vollständig entwurzelt er war. Er hatte das auf seiner langen Reise einfach ausgeblendet. Seine Fahrt war eine Flucht gewesen, Tag für Tag hatte er mit all seiner Kraft gegen diese Erkenntnis angepaddelt, gegen die Erkenntnis, nichts und niemandem mehr zugehörig zu sein. Erst jetzt, da er zum Stillstand gekommen und zur Reflexion gezwungen war, begriff er, in was für einer Situation er sich befand.

Und aus der Traurigkeit wurde eine tiefe Verzweiflung.

»Ich weiß nicht, wie es weitergehen soll«, sagte er und musste gegen die Tränen ankämpfen.

Hakon zog eine Münze aus der Tasche und stellte sie vor sich auf den Boden. In die Münze war eine Kerbe geritzt.

»Das Leben«, sagte er, »ist wie ein Rad, das immer in Bewegung ist.« Dabei rollte er die Münze langsam über den Holzboden der Hytte. »Wie ein Rad, das sich weiter und weiter dreht. Und du bist ein Teil von diesem Rad.« Er zeigte auf die Kerbe. »Mal bist du oben, mal bist du unten, aber es geht immer weiter. Nur eine Sache musst du begreifen«, sagte er und schaute Sverir an. »Es ist egal, wo du stehst, egal, ob du oben oder unten bist, auf einem Höhe- oder Tiefpunkt deines Lebens.« Er hielt die Münze kurz fest. »Der Punkt, an dem du stehst, ist immer nur der Ausgangspunkt dafür, wo du von nun an hingehen wirst.« Dann ließ er die Münze weiter rollen.

Der Junge verstand nicht, was der Alte ihm damit sagen wollte.
»Das Leben ist eine ständige Reise«, fuhr der Alte fort. »Du magst ein kleines Stück deines Weges schon hinter dich gebracht haben, aber das Eigentliche, das liegt noch vor dir. Und das Heute, das Hier, ist wieder dein Ausgangspunkt.«
»Ich bin mir nicht sicher, ob noch so viel Gutes vor mir liegt«, sagte Sverir, griff nach der Münze und ertastete mit dem Zeigefinger die Kerbe. »Alles, was bisher geschehen ist, lief auf eine Katastrophe hin. Und die ist nun eingetroffen. Ich bin hier mitten im Nirgendwo. Ich bin allein. Völlig mittellos. Hättest du mich nicht gefunden, dann hätte ich die Nacht vielleicht nicht überlebt.«
»Es ist kein Zufall«, erwiderte Hakon, »dass du hier bist. Es ist die Konsequenz aus deiner Vergangenheit. Dieser Moment ist das Resultat vergangener Entscheidungen. Anfangs sind die meisten Entscheidungen von anderen für dich getroffen worden, aber du hast schon früh angefangen, für dich selbst zu entscheiden.«
Er legt dem Jungen die Hand auf die Schulter. »Und die Entscheidungen, die du getroffen hast, waren ein Ergebnis deiner Erfahrungen. Diese Erfahrungen haben Gefühle in dir bewirkt, die deine Geisteshaltung geprägt haben. Und deine Geisteshaltung beeinflusst nicht nur dein Denken, sie prägt die Entscheidungen, die du fällst, die dann wiederum zu Erfahrungen führen, die bestimmte Gefühle verursachen. Und diese Gefühle prägen wiederum deine Geisteshaltung, die zu Entscheidungen führen. Es ist ein Kreislauf, den du durchbrechen kannst, wenn du eine Vorstellung davon hast, welche Erfahrungen du im Leben machen und was du dabei empfinden möchtest. Aber all das, was in deinem Leben bisher passiert ist, hat dich in dieser stürmischen Nacht hierhergeführt.«
Ein greller Blitz erhellte den Raum. Wenige Sekunden später folgte ein ohrenbetäubendes Krachen.

»Das mag ja alles sein«, sagte Sverir. »Aber es hilft mir nicht weiter. Ich weiß nicht, wie es weitergehen soll. Was aus mir werden soll. Wo ich hingehen soll.«
»Deinen Weg findest du, mit jedem Schritt, wenn du ihn gehst«, gab Hakon zurück. »Darüber musst du dir keine Gedanken machen. Doch um auf den für dich richtigen Weg zu kommen, musst du verstehen, wer du eigentlich bist. Du musst erkennen, aus welchem Holz du geschnitzt bist.«
»Aus welchem Holz bin ich denn geschnitzt?«, fragte Sverir, selbst überrascht, wie sehr diese Frage ihn herausforderte.
Wieder erhellte ein greller Blitz die tiefschwarze Nacht und die Hytte. Der Regen prasselte immer heftiger aufs Dach. Die Müdigkeit und Erschöpfung, die er eben noch verspürt hatte, schienen von ihm abgefallen. Neugierig lauschte er den Worten des Alten, der nun etwas lauter sprechen musste, um gegen den Lärm des tosenden Sturmes anzukommen.
»Zum einen«, sagte er, »bist du Teil einer langen Kette vieler Vorfahren. Du bist der Sohn deiner Eltern. Und deine Eltern wiederum sind die Kinder ihrer Eltern. Allein in den letzten zehn Generationen hast du eintausendvierundzwanzig direkte Vorfahren. Das Erbe deines genetischen Stammes liegt in dir.«
Sverir dachte an seinen Vater, den er nie kennengelernt hatte. Er dachte an seine Mutter, die ihn verstoßen hatte. Er dachte an seine Großeltern, die ihn nicht in ihr Haus lassen wollten, und an seine Brüder, die so ganz anders waren als er.
»Ich habe keine Familie«, sagte er.
Der Alte schwieg. Er ging zu seiner kleinen Kochstelle und füllte dem Jungen noch ein Glas mit Tee. Dann setzte er sich wieder neben ihn.
»Was deine Vorfahren dir mitgegeben haben, ist ein Teil von dir, ob du es willst oder nicht, aber zugleich bist du auch mehr als das. Du bist auch das, was das Leben bisher aus dir gemacht hat. Und am Ende deines Lebens wirst du das sein, was du selbst aus dir gemacht haben wirst.« Er drehte die

Handflächen nach oben und hielt beide Hände vor sich wie eine Waage. »Deine Zukunft hängt davon ab, ob du eine Vorstellung davon hast, wer oder was du sein willst. Nur dann kannst du das auch werden.«
»Das Leben«, sagte Sverir, »hat mich vom ersten Moment an nur verspottet. »Mich hatte doch keiner gewollt.« Er dachte an die Worte seiner Mutter.
»Das glaube ich nicht«, erwiderte der Alte. »Du musst wissen, dass Liebe und Hass sehr nahe beieinander liegen. Vielleicht war das Verhalten deiner Mutter in Wahrheit nur eine Reaktion auf ihren großen Schmerz und ihre Wut richtete sich in Wahrheit gar nicht gegen dich, sondern gegen deinen Vater. Mehr noch, vielleicht meinte sie mit ihrer Ablehnung nicht dich, sondern eigentlich sich selbst, weil sie sich selbst nicht verzeihen konnte. Und ihr Verhalten, etwas zu zerstören zu versuchen, was das Teuerste ist, das ein Mensch besitzen kann – das eigene Kind –, war in Wahrheit ein Akt der Selbstzerstörung.« Er beugte sich vor. »Egal, was geschehen ist und warum es geschehen ist, es hat dich geprägt. Es hat dich zu dem gemacht, der du bist. Verstehst du das nicht? Du hast von diesem Startpunkt aus deine ganz eigenen Erfahrungen gemacht. Erinnerst du dich, als du da oben auf dem Felsen standest? Deinem Rückzugsort? Du warst nicht ohne Grund dort oben. Du hast dort gestanden, weil du einsam warst. Und weil du die Einsamkeit gesucht hast. Weil du dich nicht wohlgefühlt hast in der Rolle, in die du hineingeboren warst und deswegen nicht zugehörig sein konntest. Das hat dich zu dem werden lassen, der du bist.«
Der Junge hörte dem Alten aufmerksam zu. »So hast du auf diesem Felsen gestanden und den Kajakfahrer gesehen. In dem Moment hast du dir nichts anderes gewünscht, als so zu werden wie er. Denn er stand für etwas. Er stand für Unabhängigkeit. Für Stärke. Für Freiheit. Für all das, wonach du immer gestrebt hast. Du bist anders, als die anderen Jungen

in deiner Schule waren. Aber genau das macht dich aus. Du musst diese Andersartigkeit akzeptieren. Denn sie macht dich zu dem, der du bist.«

Er ließ eine kurze Pause entstehen.

Schließlich fuhr er fort: »Wenn du weißt, wer du bist, aus welchem Holz du gemacht bist, dann kannst du auch das richtige Ziel für dich finden. Es ist ein bisschen wie bei einem Kartenspiel. Es beginnt mit dem Blatt, das du in der Hand hältst. Diese Karten sind dein Ausgangspunkt. Sie prägen das Spiel, aber sie bestimmen es nicht. Deine Fähigkeit, mit ihnen umzugehen, sie im richtigen Moment auszuspielen, das ist es, was das Spiel bestimmt. Diese Erkenntnis macht es dir leichter, dein ›So-Sein‹ zu entdecken, dein wahres Selbst.«

Sverir spürte, dass der Alte recht hatte. Sein Leben lang hatte er sich gewünscht, dazuzugehören. Aber wenn er sich selbst gegenüber ehrlich war, dann wusste er, dass er ein anderes Leben suchte. Dass er keine Erfüllung finden würde, wenn er so lebte wie die anderen. Wie Björnson, seine Mutter oder die Jungs, mit denen er sich geprügelt hatte.

»Du bist von der Schule geschmissen worden«, setzte Hakon wieder an, »weil du zurückgeschlagen hast. In der Schule lernt man aber, nicht zurückzuschlagen. In der Schule lernt man hinzunehmen. Sich anzupassen. Sich gleichzumachen. Aber du konntest dich nicht gleichmachen mit den anderen Jungs, du hast diese Regel gebrochen. So, wie du viele Regeln gebrochen hast, weil du sie für dich nicht akzeptieren kannst. Man lebt friedlicher, wenn man bereit ist, ein gewisses Maß an subjektiv empfundener Ungerechtigkeit zu akzeptieren. Wenn man nicht jeden Kampf annimmt. Aber das ist etwas, das ich selbst erst sehr spät gelernt habe. Akzeptiere deinen Drang nach Freiheit, unterdrück ihn nicht. Denn dieser Drang resultiert aus dem Holz, aus dem du gemacht bist.«

Er schwieg eine Weile, und dann nahm er den Faden wieder auf. »Du hast schon viele Dinge intuitiv richtig gemacht.

Du bist deinen eigenen Weg gegangen. Du hast außer Olaf Olfsson noch keinen geeigneten Lehrer gefunden. Denn wenn du keinen geeigneten Lehrer findest auf deinem Weg, dann geh deinen Weg allein. Es nutzt nichts, von denen lernen zu wollen, die nichts zu sagen haben. Dein Weg mag daher einsam gewesen sein, schmerzvoll und hart, aber wärst du ihn nicht gegangen, dann wärst du nicht der geworden, der du heute bist.«

So erklärte der Alte dem Jungen die Notwendigkeit von Akzeptanz. »Akzeptanz«, sagte er, »ist das Annehmen deiner selbst. Das genaue Gegenteil von Ablehnung. Die Fähigkeit, das Existierende als gegeben hinzunehmen. Solange du gegen eine Sache ankämpfst, die du nicht ändern kannst, verschwendest du Zeit und Energie, die du an anderer Stelle sinnvoller einsetzen könntest. Damit meine ich deine Vergangenheit. Deine Zukunft kannst du selbst bestimmen, mit jeder Entscheidung, die du ab heute fällst.«

Das Feuer im Kamin hatte die kleine Holzhytte gründlich aufgeheizt. Sverir spürte die Wärme auf der Haut.

»Du bist angelegt«, sagte der Alte nach einer Weile. »Alles, was du brauchst, um dich auf den Weg zu machen, hast du in dir.«

»Aber wohin wird mich dieser Weg führen?«

»Das weiß ich nicht. Aber ich kann dir sagen, dass ich in einer ganz ähnlichen Situation war, als ich so alt war wie du. Auch ich wusste an einem bestimmten Punkt in meinem Leben nicht, wie es weitergehen sollte. Und dennoch habe ich meinen Weg gefunden.« Der Alte nahm die Münze auf und ließ sie über den Boden rollen.

»Wie?«, fragte Sverir. »Erzähl es mir!«

Der Alte schaute den Jungen an. Dann nickte er. Und begann, ihm seine Geschichte zu erzählen.

ZWEITER TEIL

Da war dieser Mann. Wenn Hakon an sein Leben zurückdachte, fiel ihm immer zuerst dieser Mann ein. Dieser strenge und kampfeslustige Mann, der einen wichtigen Teil seiner Jugend geprägt und seinen Blick auf die Welt verändert hatte. Der Mann, ohne den er niemals das geworden wäre, was er heute war; der für ihn erst Gegner, später dann Freund und Mentor gewesen war, sein Lehrer, dem er mehr zu verdanken hatte als irgendwem sonst. Denn dieser Mann hatte ihn zu einer Zeit aufgefangen, in der er sich auf einem gefährlichen Weg befand.

Als Hakon siebzehn war, geschah es immer häufiger, dass er in der hintersten Reihe seiner Klasse saß und sehnsüchtig aus dem Fenster schaute, zu dem nahe gelegenen, lichtdurchfluteten Hochwald. Dieser Wald war sein Sehnsuchtsort, den er täglich vor Augen hatte, wenn er gezwungen war, in der Schule seine Zeit abzusitzen. Der Wald war leer. Kein Mensch weit und breit. Was hätte er dafür gegeben, jetzt dort draußen sein zu können! In der Sonne. In der freien Natur. Die frische Frühlingsluft atmen, die Vögel singen hören, einfach die Augen schließen und das Leben fühlen zu können. Stattdessen saß er in einem kleinen, stickigen Klassenzimmer und lernte Dinge, von denen er glaubte, dass er sie niemals benötigen würde.

Er massierte sich die Schläfen. Sein Kopf tat weh. Die Nacht war kurz gewesen. Er hatte sich mit ein paar Jungs herumgetrieben, Leuten, mit denen man Zeit verbrachte, um Dinge zu tun, die man, bei Tageslicht betrachtet, vielleicht besser nicht tun sollte. Und dennoch musste Hakon lächeln, als er an die Nacht dachte:

»Leise, leise, leise«, rief ihm einer der Jungs zu.

Hakon schaute sich um. Links. Rechts. Nein, da war niemand. Obwohl es tief in der Nacht war, erleuchtete der Mond beinahe den gesamten Hafen. »Okay«, flüsterte er seinen Freunden zu. »Die Luft ist rein.« Dabei spürte er die Anspannung. Sie würden es jetzt durchziehen. Die anderen gingen vor, zwei trugen die schwere Tasche mit dem brisanten Inhalt, geduckt liefen sie über den langen Steg, weiter, immer weiter, bis sie das alte Kanonenboot erreicht hatten.

»Komm schon, Hakon«, riefen sie ihm zu.

Ein letztes Mal noch schaute er sich um und stieg schließlich auf das tief im Wasser liegende historische Ruderboot, das am Heck mit einer schweren Kanone bestückt war. Die Kanonenjolle, der Stolz der kleinen Stadt, die größte touristische Attraktion des Ortes. Schon als Kind lernte man hier ihre glorreiche Geschichte. Wie sie im Seekrieg gegen England einst ein feindliches Schiff versenkt hatte. Das war zwar schon viele Generationen her, aber seitdem war in dem verschlafenen Ort nicht mehr viel Heldenhaftes passiert, das Eingang in die Geschichtsbücher gefunden hätte.

Heute, dachte Hakon, fügen wir der Geschichte zumindest eine kleine Fußnote hinzu. Nachdem seine Freunde und er das historische Boot geentert hatten, orientierten sie sich kurz, dann setzten sie sich an die Ruder und legten ab. Hakon übernahm das Steuer. Das Boot roch nach altem Holz. Er liebte diesen Geruch.

Mit gleichmäßigen Zügen trieben sie das alte Kanonenboot aus dem Hafen. Hakon betrachtete die große, tiefschwarze Kanone. Sie war so schwer, dass das Boot permanent mit dem geschlossenen Heck unter Wasser stand.

»Wahnsinn«, rief einer der Jungs. »Wir klauen gerade das Kanonenboot!«

»Wir klauen es nicht«, korrigierte ihn Hakon, »wir leihen es uns nur kurz aus.«

Die Jungs lachten. Sie hätte nicht gedacht, dass es so einfach sein würde. Das Schiff wurde nicht bewacht. Der Stolz der Stadt, in einer Nacht-und-Nebel-Aktion von einer Gruppe Halbstarker einfach so erobert. Sie fühlten sich wie Könige.

Mit rhythmischen Schlägen fuhren sie hinaus auf den tiefschwarzen Fjord, umrundeten eine Felswand, die sich bis in den Himmel zu erstrecken schien, und ruderten in Richtung eines abgelegenen Bereiches des immer enger werdenden Fjords.

Sie brauchten zwei Stunden, bis sie ihr Ziel erreicht hatten.

»Wir sind da«, rief Hakon, und sie stoppten das Boot vor einer kleinen, unbewohnten Schäre. Nur ein alter Schuppen stand hier. Es war der Schuppen von Frode Gronvold. Ein morscher Steg führte zu dem heruntergekommenen Holzverschlag, der mit an Schnüren aufgehängten Breiflabb-Köpfen dekoriert war. Manche Fischer der Umgebung behielten die Köpfe der hässlichen Fische als Trophäen und nagelten sie an ihre Schuppen. Den Gestank rochen die Jungs bis auf ihr Boot.

Vor der Hytte hatte sich jede Menge Unrat gesammelt, alte Bretter und leere Schnapsflaschen.

»Das passt zu Frode Gronvold, dem alten Säufer«, sagte Hakon.

»Also gut«, rief einer der Jungs. »Ziehen wir es durch.«

Sie öffneten die Tasche, die sie mit an Bord gebracht hatten, holten das Schießpulver und die schwere Eisenkugel heraus und luden mit vereinten Kräften die Kanone.

»Und, passt es so? Oder fliegt uns das Ding hier gleich um die Ohren?«, fragte Hakon.

»Das wird klappen«, sagte Svenson und grinste.

Svenson musste es wissen. Er war Mitglied in dem Verein, der für die Pflege des Bootes verantwortlich war. Daher hatte er auch die Kugel und das Schießpulver. Und das Wissen darüber, wie einfach es war, sich die Kanonenjolle für einen kleinen Ausflug auszuleihen. Sie drehten das Boot und richteten das Rohr aus. Genau auf den alten Schuppen des versoffenen Fischers.

Es war eine Racheaktion. Viel zu oft hatte Frode Gronvold sie verscheucht, wenn sie ihre freien Stunden am Hafen verbrachten. Wenn sie einfach nur dort saßen und sich die Zeit vertrieben. Sobald er sie erblickte, raunzte er sie an. Sie sollten sich Arbeit suchen, sagte er und schimpfte über die jungen Herumtreiber.

»Seid ihr soweit?«

»Ich glaube, das dürfte passen.«

Hakon nahm ein Streichholz und zündete die Lunte an. Sie gingen in die Knie und hielten sich die Ohren zu. Hakon kniff die Augen zusammen und zählte im Stillen die Sekunden herunter. Fünf, vier, drei, zwei …

Was für ein Knall! Was für ein ohrenbetäubender Lärm. Der donnernde Krach musste meilenweit zu hören gewesen sein. Zum Glück befanden sie sich in einer unbewohnten Gegend zwei Ruderstunden vom Hafen entfernt. Gespannt richteten sie sich auf und warteten, bis der Qualm verflogen war. Als er sich gelegt hatte, sahen sie, dass der Holzschuppen nicht mehr da war. Nur ein paar Trümmer lagen noch herum. Hakon und die anderen Jungs fingen an zu lachen. Sie hatten tatsächlich gerade mit einem gestohlenen historischen Kanonenboot den Schuppen von Frode Gronvold weggeschossen! Sie sprangen in dem Boot auf und ab, klatschen sich ab und feierten sich für diesen gelungenen Streich. Dann sah Hakon, dass oben auf dem Hügel in einer Hytte das Licht angegangen war. So verlassen, wie sie gedacht hatten, war die Gegend vielleicht doch nicht.

»Lasst uns zurückfahren«, sagte er. »Wir müssen das Schiff zurückbringen, bevor die Sonne aufgeht. Wenn sie uns hier erwischen, sind wir geliefert.«

Sie setzten sich an die Ruder. Als sie den Hafen nach gut zwei Stunden erreichten, war am Horizont ein feiner Streifen Morgenlicht zu sehen. Die Jungs waren euphorisch. Es hatte wirklich geklappt. Gutgelaunt, aber todmüde hakten sie sich untereinander ein und liefen über den großen Holzsteg. In einer der verwinkelten Straßen rund um den Hafen hielt Hakon plötzlich inne.

»Wartet«, sagte er.

»Was hast du?«

»Ich weiß nicht, ich glaube, ich habe jemanden gesehen.«

»Red kein Unsinn.«

Es war noch früh. Die ersten Menschen würden erst in einer Stunde hier auftauchen, aber Hakon war sich ganz sicher, dass da jemand war. Auf dem großen Vorplatz verabschiedeten sie sich voneinander.

»Gute Aktion«, rief einer. »Das wird uns für immer in Erinnerung bleiben.«

»Und Frode Gronvold sicher auch.«

Als Hakon den Heimweg antrat, sah er wieder etwas. Nein, das bildete er sich nicht ein, da stand wirklich ein Mann. Am Ende der Gasse stand ein großer, hagerer Mann und beobachtete ihn. Er kam Hakon seltsam bekannt vor. War das nicht …? Hastig kniff er die Augen zusammen. Nein, er konnte es nicht erkennen. Die Gasse war dunkel, und noch bevor Hakon etwas tun konnte, verschwand der mysteriöse Mann wieder in den Schatten der ausklingenden Nacht. Hakon schüttelte verwundert den Kopf. Vielleicht spielt mir mein Verstand einen Streich, dachte er.

So lief er übermütig durch den anbrechenden Tag in Richtung Internat und freute sich über den gelungenen Coup.

Hakon hörte einen lauten Schlag und schreckte hoch.

Verdammt. War er eingeschlafen? Er riss die Augen auf und sah sich um. Er brauchte zwei, drei Sekunden, um sich zu orientieren. Seine Klassenkameraden hatten sich nach ihm umgedreht. Einige grinsten, andere schüttelten nur den Kopf.

Oh nein. Er war tatsächlich eingeschlafen.

»Es tut mir leid, wenn ich dich geweckt habe«, hörte er eine tiefe Stimme, »aber ich dachte, es wäre für dich von Interesse, dass ich so frei war, deine Nachmittagsplanung ein wenig umzugestalten.«

Hakon sah auf. Da stand er. Heimdall, sein Geschichtslehrer. Heimdall war ein ganz besonderer Lehrer. Er war schon alt, eigentlich viel zu alt für die Lehrtätigkeit, der er nur noch nachging, weil er Idealist war, ein Überzeugungstäter. Es war ihm viel zu wichtig, sein Wissen an Schüler weiterzugeben, als dass er sich einfach so in den Ruhestand verabschiedet hätte. Heimdall war ein groß gewachsener hagerer Mann. Tiefe Falten durchzogen sein Gesicht. Die Schüler respektierten ihn. Wohl auch, weil sie fühlten, dass er ihnen im Geiste sehr viel näher war als viele andere Lehrer. Denn Heimdall war selbst ein Rebell. Einer, der sich gegen seine Kollegen stellte, wenn er deren Lehrkonzepte nicht überzeugend fand. Er war ein Regelbrecher, so wie Hakon einer war. Heimdall mochte es nur nicht, wenn es seine Regeln waren, die gebrochen wurden.

»Meine Nachmittagsplanung?«

»Ich weiß ja nicht, was du vorhattest, aber ...«

Hakon grinste seinen Lehrer an. »Ach«, unterbrach er ihn, »nur das Übliche.«

Einige Mitschüler lachten.

»Nun«, fuhr der Lehrer ungerührt fort, »daraus wird wohl erst einmal nichts. Du sitzt heute nach. Drei Stunden dieses Mal.«

»Drei Stunden? Weswegen?«

»Weil du in meinem Unterricht eingeschlafen bist!«, würgte Heimdall jede Diskussion ab. Kurz überlegte er, dann setzte er in süffisantem Ton nach: »So ein Verhalten ist ja wirklich ein echter Kanonenschlag.« Dabei schaute er Hakon wissend in die Augen.

Hakon schluckte. Also doch. Es war Heimdall gewesen, der in der Gasse gestanden und sie gesehen hatte. Und das passte ja auch. Heimdall hatte ein Haus außerhalb der Stadt, hoch oben auf einem Hügel. Wahrscheinlich hatte er dort den Kanonenschlag gehört und war zum Hafen geeilt, um sich ein Bild von der Lage zu machen. Wenn Heimdall jetzt zur Polizei geht, dachte Hakon, bin ich die längste Zeit auf diesem Internat gewesen. Es wäre nicht die erste Schule, die er in seinem Leben verlassen musste, aber in diesem Fall würde es ihm sehr wehtun.

Hakon schaute auf die Uhr. Auf den Zeiger, der sich quälend langsam vorkämpfte. Sekunde für Sekunde. Die Zeit wollte einfach nicht vergehen. Dann schaute er aus dem Fenster. Der lichtdurchflutete Laubwald lockte ihn mehr denn je. Dazu sah er, wie seine Klassenkameraden draußen Spaß hatten, lachten und ihm zuwinkten. Und er? Er saß hier drinnen. Wieder schaute er auf die Uhr. Von den drei Stunden war gerade mal eine halbe vergangen.

»Macht Ihnen das eigentlich Spaß?«, fragte er seinen Lehrer. Er verstand nicht, warum Heimdall ihn so quälte. Nachsitzen? Okay. Aber drei Stunden? Das war völlig überzogen.

Heimdall antwortete nicht. Er hatte sein Gesicht hinter einem großen, schweren Geschichtsbuch versteckt, in dem er las.

»Haben Sie an einem so schönen Tag wie heute nicht auch Besseres zu tun, als mit mir zusammen hier nachzusitzen?«, fragte er noch einmal.

Keine Reaktion.

Hakon lehnte sich in seinem Stuhl zurück. Schaute an die Decke. Schaute auf die Uhr. Es machte ihn verrückt.

»Was lesen Sie da eigentlich?«, fragte er Heimdall nach einer Weile.

Erst jetzt legte der Lehrer sein Buch auf den Tisch. »Nordische Mythologie«, sagte er.

Hakon hatte nicht viel Ahnung von nordischer Mythologie.

»Eine berühmte Wikingersage«, erzählte Heimdall weiter. »Es geht um einen großen Krieger, einen Schwertkämpfer, der in vielen Schlachten Ruhm und Ehre erworben hat.«

»Einen Schwertkämpfer?«

»Genau. Er hat viele gefürchtete Gegner besiegt. Das ganze Land sprach über seine Heldentaten, es wurden sogar Lieder über ihn geschrieben. Sein Volk verehrte ihn für seinen Mut. Er war in jeder Schlacht an vorderster Front dabei, fürchtete keinen Gegner und auch nicht den Tod. Alle Welt kannte seinen Namen.«

»Was ist mit ihm passiert?«, fragte Hakon.

»Irgendwann gab es einen großen Bruderkrieg. Eine schwere Auseinandersetzung mit einem feindlichen Wikingerstamm. Der berühmte Schwertkämpfer geriet in eine Falle und wurde gefangen genommen.«

»Erzählen Sie weiter«, drängte Hakon, der gar nicht wusste, was genau es war, das ihn so faszinierte. Aber Heimdall hatte ihm mit seiner Erzählung, mit seiner tiefen Stimme, Bilder in dem Kopf gezaubert, die ihn völlig in den Bann zogen.

»Der Stamm, der den großen Krieger gefangen genommen hatte, beschloss, ihn zu töten. Eines unwürdigen Todes sollte er sterben.«

»Und wie haben sie ihn getötet?«, fragte Hakon.

»Sie beschlossen, ihn zu fesseln und in eine Grube voller Wölfe zu werfen, damit diese ihn zerfleischen sollten. Du musst wissen, für einen Wikinger war es die größte Schande, nicht mit dem Schwert in der Hand zu sterben. Nur wer im Kampf stirbt, glaubte man, wird nach dem Tod von den Walküren nach Walhalla gebracht, wo er mit den Göttern speisen und trinken darf.« Heimdall legte eine kurze Pause ein, was die Spannung noch erhöhte. »Der berühmte Schwertkämpfer wandte sich also mit einer letzten Bitte an den Anführer des feindlichen Stammes.«

»Um was hat er gebeten?«

»Nur darum, dass man ihm sein Schwert aushändige, bevor er in die Wolfsgrube ging. ›Ich habe als Krieger gelebt‹, sagte er, ›und ich bitte euch, mich auch als Krieger sterben zu lassen, damit ich Einzug in Walhall halten kann.‹«

»Und wie hat der Anführer reagiert?«

»Seine Getreuen waren entsetzt. ›Auf keinen Fall dürfen wir diesem Mann ein Schwert geben‹, sagten sie. ›Er würde es gegen uns erheben und viele Männer mit sich in den Tod reißen‹, sagten sie. Der gefesselte Krieger aber schüttelte den Kopf und sagte zu dem Anführer: ›Ich werde mein Schwert nicht gegen eure Männer richten. Ich werde in der Wolfsgrube sterben, mit dem Schwert in der Hand. Darauf gebe ich euch mein Ehrenwort.«

»Was tat der Anführer?«, fragte Hakon, völlig von der Geschichte gefangen.

»Er durchtrennte die Fesseln des Gefangenen und reichte ihm sein Schwert.«

»Und dann? Hat er die feindlichen Männer besiegt? Hat er sich aus seiner Gefangenschaft befreit?«

Heimdall lächelte.

»Nein, mein Junge. Der Krieger nahm das Schwert entgegen, bedankte sich bei dem Anführer und sprang in die Wolfsgrube. Er kämpfte einen aussichtslosen Kampf gegen die Wölfe und starb.«

»Wieso hat er nicht die Chance genutzt, sich zu befreien?«

»Er hatte sein Wort gegeben«, sagte Heimdall. »Und auf das Wort eines Mannes muss man sich jederzeit verlassen können. Das ist eine Regel, die man niemals brechen darf. Weißt du, mein Junge«, fügte er hinzu, »es ist nichts falsch daran, Regeln zu brechen, für die man nicht einsteht. Auch ich habe in meinem Leben Regeln gebrochen. Ich habe mich in vielen Situationen gegen Ungerechtigkeiten gewehrt, aber Regeln zu brechen, nur um sie zu brechen, ohne einen tieferen Sinn, das führt dich eines Tages ins Verderben.«

Hakon schluckte. Er spürte, dass sein Lehrer etwas ansprach, das ihn schon lange beschäftigte. Nur hatte er es selbst nie so formulieren können. Er wendete so viel Energie dafür auf, gegen alles und jeden zu rebellieren, dass er sich nie die Frage stellte, wofür er eigentlich einstand.

Zu dem zu stehen, was man sagte – damit konnte er sich identifizieren. Der Wert, den die Geschichte von dem Schwertkämpfer vermittelte, war einer, den Hakon uneingeschränkt teilte. Zugleich fragte er sich, welches eigentlich die Werte waren, für die er einstand? Er wurde nachdenklich. Er hatte so etwas nie für sich definiert. Und er hatte nie jemanden gehabt, der ihm ein solches Wertegerüst vermittelt hätte. Vielleicht wäre das die Aufgabe seines Vaters gewesen, aber den hatte er nie kennengelernt.

»Ich mache dir ein Angebot«, sagte Heimdall und reichte das große Buch. »Du darfst deine Stunden draußen absitzen. Dafür liest du das hier.«

Hakon nickte und nahm das Buch an sich, ohne zu ahnen, wie sehr es sein Leben noch verändern würde.

Viele Nächte lag er in seinem Bett und las in Heimdalls Buch. Die Geschichten zogen ihn vollständig in ihren Bann. Es waren Geschichten von Mut und Männlichkeit. Von Tapferkeit und Treue. Hakon hatte das Gefühl, dass sie ihm etwas gaben, das er über viele Jahre vermisst hatte. Dass sie ihm etwas vermittelten, das ihm zuvor nie jemand vermittelt hatte. Einen Wertekanon. Einen moralischen Kompass. Etwas, woran er sich orientieren konnte. Etwas, das seine Energie in die richtigen Bahnen lenkte. Statt sich sinnlos herumzutreiben, verbrachte er seine Zeit nun mit den Nibelungen, Homer und der Ilias. Er bekam mehr und mehr Bücher von Heimdall, und alle verschlang er regelrecht. Für ihn waren das nicht bloß Abenteuergeschichten, für ihn waren es Lehrbücher. Und in Heimdall hatte er jemanden, der ihm beibrachte, sie zu deuten, zu interpretieren. Sie für sein Leben umsetzbar zu machen.

Oft trafen sie beide sich noch nach dem Unterricht, dann gab Hakon seinem Lehrer die geliehenen Bücher zurück. Sie saßen zusammen und sprachen über die Geschichten, die Hakon gelesen hatte, und die Werte, die er sich aus ihnen herauszog. Es waren vor allem die Werte Zuverlässigkeit und Aufrichtigkeit, Ehre und Treue, die ihn faszinierten.

»Eigentlich«, sagte er einmal, »sind das doch die Werte längst vergangener Zeiten, Werte der Antike. Sie passen nicht mehr so richtig in unsere Zeit.«

»Auch wenn sich die Zeiten ändern, Werte bleiben Werte«, beharrte Heimdall.

Zwischen dem Lehrer und dem Schüler hatte sich eine besondere Beziehung entwickelt. Eine Beziehung, die Hakon veränderte. Es gab Momente, da lag er in seinem Bett und fragte sich, was wohl ohne Heimdall aus ihm geworden wäre. Er besaß jede Menge Energie, hatte aber nie einen Weg gefunden, sie in die richtigen Bahnen zu lenken. Zwar war er Mitglied im Kajak-Verein des Internats und war ein sehr guter Kanute, der gern an seine Grenzen ging, aber das reguläre Kajakfahren allein reichte nicht aus, seine Energie zu bändigen. Auch die Schule gab ihm nicht die Perspektive, die er sich erhofft hatte. Und so ließ er sich immer und immer wieder auf waghalsige Aktionen ein. Unternahm mit seinen Freunden gefährliche Wildwasserbefahrungen, ließ sich in Raufereien verwickeln, klaute ein Kanonenboot und zerstörte den Schuppen des verhassten Fischers. Er war ständig auf der Suche nach der nächsten Möglichkeit, etwas Aufregendes zu erleben.

Erst die Begegnung mit Heimdall gab ihm den Halt, den er brauchte, um sich zu besinnen. So langsam begriff er auch, dass Heimdall es schon immer gut mit ihm meinte, dass die vielen Nachsitzstunden, die er ihm auferlegt hatte, keine Schikane gewesen waren. Wahrscheinlich sah er etwas in ihm, irgendein Potenzial. Vielleicht auch nur einen Überfluss an Energie, aus dem man etwas formen konnte. Etwas Gutes oder etwas Schlechtes. Vielleicht erkannte der Lehrer, dass ihm ein Kompass fehlte, und versuchte, ihm diesen Kompass zu vermitteln. Vielleicht erkannte Heimdall aber auch in ihm ein wenig von sich selbst.

»Jeder Mensch«, sagte Heimdall einmal, »braucht einen Mentor. Auch ich hatte jemanden, der mich auf meinen Weg gebracht hat.« Dann erklärte er Hakon das Prinzip des Kreislaufes der einander helfenden Hände. »Wenn du einen Mentor findest, der dich ein Stück auf deinem Weg begleitet, wenn jemand dir hilft und du die Hilfe annimmst, dann bist du eine Verpflichtung eingegangen. Du musst die Hilfe, die du angenommen hast, weitergeben. An einen anderen Menschen, an die Gesellschaft oder an die Welt, in der wir leben. Weitergeben musst du sie auf jeden Fall. Nicht unbedingt heute oder morgen, aber eines Tages und rechtzeitig vor deinem Tod.«

Auch wenn es Hakon nicht in aller Klarheit bewusst war, so war doch Heimdall ein entscheidender Mentor für ihn. Er war es, der den jungen Wilden auf die richtige Bahn setzte.

*

Hakon atmete dreimal tief ein und aus. Beim Ausatmen verengte er seinen Rachen so, dass ein tiefes Rauschen entstand. So wurde er ruhig und konzentriert. Er war bereit. Wartete nur auf das Signal. Er war als Nächster dran. Ein Abfahrtsrennen auf einem offenen Wildfluss. Dreißig Minuten mit maximaler Schlagzahl in einem speziellen Rennkajak, das nur für diese Art von Wettbewerb gebaut wurde. Hakon war hier ganz in seinem Element. Am Startplatz herrschte wildes Getümmel. Ein Getümmel, das einer ganz eigenen Logik folgte. Aber jeder hier kannte seinen Platz. Jede Minute ging ein neues Boot auf die Strecke.

Schließlich hörte er das Signal. »Jetzt!«, brüllte jemand. Hakon atmete tief ein und beschleunigte sein Kajak mit einigen kurzen, harten Schlägen aus dem Kehrwasser hinter dem großen Felsen heraus in die reißende Strömung. Er war hoch konzentriert, hielt den Kopf leicht nach vorn gebeugt, den Blick aufmerksam auf die reißende Strömung gerichtet. Aus dem Augenwinkel sah er die Felsblöcke, an denen er vorbeiflog, während er sein Kajak mit aller Kraft den Fluss hinabtrieb.

Das Wasser war kalt auf der Haut, eiskalt, aber es brachte ihn nicht aus dem Konzept. Im Gegenteil. Sein Atem hatte sich der Frequenz seiner Paddelschläge angepasst, und er war mit seinem Boot zu einer Einheit verwachsen. Als sei das Kajak eine Verlängerung seines Körpers, die er vollständig unter Kontrolle hatte. Immer wieder spritzte ihm die Gischt des wilden Stroms ins Gesicht, es war ein Gefühl, als würden ihm ständig nasse, kalte Ohrfeigen verpasst. Doch Hakon verzog keine Miene. Zu stark war er auf die steinigen Blockpassagen fokussiert, die vor ihm lagen. Denen er ausweichen musste. Ständig suchte er nach dem kürzesten Weg, nach der schnellsten Strömung. Zentimeternah steuerte er sein Boot an Felsblöcken vorbei, manche streifte er leicht.

In einigen Passagen ließ er sich vom Wasser ganz an den Außenrand der Kurven schieben, die der wilde Fluss machte, und nahm bewusst nicht den kürzesten Weg. Er wusste, dass außen die Strömung reißender war, das würde ihm wertvolle Sekunden bringen. Auf geraden Flussabschnitten sah er manchmal den vor ihm gestarteten Wettbewerber und hatte das Gefühl, dass er ihm nähergekommen war, aber dann hatte er wieder eine unübersichtliche Stelle zu bewältigen und verlor seinen Kontrahenten aus den Augen.

Drei Dutzend Boote waren in Minutenabständen gestartet und auf der Strecke – aber in Wahrheit war es ein Kampf gegen die Uhr. Erst im Ziel würde klar werden, wie schnell er im Vergleich zu den anderen gewesen war. Mit hoher Schlagzahl fuhr er auf die Schlüsselstelle zu, einen Katarakt, an dessen Anfang eine zwei Meter hohe Blockstufe lag, mit einer Wasserwalze und dem typischen Rücklauf, der sein Boot abstoppen oder vielleicht auch nur verlangsamen würde. Am Ende der Passage ging es durch eine enge Kehre auf den flachen unteren Teil der Rennstrecke, auf der es nur noch auf maximale Geschwindigkeit ankam. Hier war er sicher der Schnellste, das wusste er von den vielen Fahrten, die er mit seinen Kameraden auf dem offenen Meer unternommen hatte und bei denen er oft lange vor den anderen das Ziel erreicht hatte. Er hatte die Passage vor dem Rennen ausgiebig besichtigt, um die schnellste Route für sich herauszufinden. Er wusste, dass davon alles abhängen konnte. Natürlich war er wie bei jedem Wettbewerb die Strecke am Vortag in voller Länge abgegangen, aber an dieser Stelle hatte er besonders lange gestanden, denn hier gab es mehrere mögliche Routen, und es war schwer einzuschätzen gewesen, welche die schnellste sein würde.

Er spürte, wie die Strömung stärker wurde, ihn immer entschiedener vorwärts trieb. Der breite Fluss verengte sich auf wenige Meter, zu beiden Seiten flog das Ufer vorbei. Hakon richtete sein Boot auf den Punkt aus, von dem aus er die Blockstufe überspringen wollte. In gleichmäßigem, schnellem Stakkato hieb er sein Paddel in die Strömung, um die Krone des Abfalls mit maximaler Geschwindigkeit zu passieren. Er hatte sich die Stelle genau eingeprägt, denn wenn er sie verfehlte, würde das Unterwasser sein Kajak zu sehr abstoppen.

Er war komplett fokussiert. Nahm nichts anderes mehr wahr. Bekam nicht mit, wie seine Mitschüler an Land neben ihm herliefen und ihn anfeuerten. Sah nicht seinen Trainer am Ende der Strecke stehen und respektvoll nicken. Hakon kam dem Abfall näher und näher. Dann trieb er sein Boot über die Kante des Wasserfalles. Für einen kurzen Moment stand es waagerecht in der Luft. Eine Sekunde lang, die ihm wie eine Ewigkeit vorkam, war er schwerelos, schien sich den Gesetzen der Schwerkraft zu entziehen. Es fühlte sich an, als liefe alles in Zeitlupe ab, als dauere es ewig. Er war gefangen in diesem Moment, in dem er meinte zu fliegen. Und dann ging plötzlich alles ganz schnell. Die Schwerkraft holte ihn ein. Er spürte, wie sein Boot fiel. Wie es im Unterwasser abgestoppt wurde, härter, als er erwartet hatte.

Es war ordentlich aufgekommen. Aber er hatte keine Geschwindigkeit mehr, musste also neu beschleunigen.

Das hätte besser laufen können, dachte er, jetzt bloß nicht noch mehr Zeit verlieren! Den Katarakt durchfuhr er auf seiner geplanten Route ohne Schwierigkeit. In der Linkskehre nahm er den kurzen Weg innen, obwohl dort das Wasser langsamer war als außen. Das hatte er so entschieden, denn es bedurfte immer der Abwägung, ob man die Kurven des Flusses innen oder außen auf dem längeren Weg, aber dem schnelleren Wasser nahm. Dann beruhigte sich der Fluss, wurde breit und flach. Das Ziel war nicht mehr fern. Jetzt noch einmal alles geben und … endlich! Er war durch! Hakon ließ sein Boot auslaufen, beugte sich vor und wartete, bis sich sein Puls und sein Atem beruhigt hatten. Dann fuhr er ans Ufer, wo sich alle Wettbewerber und viel Publikum versammelt hatten. Während er aus seinem Kajak stieg, schaute er fragend zu seinem Trainer.

»Und?«

»Ziemlich gut«, sagte der. »Ein ordentlicher zweiter Platz.«

Hakon lachte. Das musste ein Witz sein. Seit er auf das Internat gekommen war, hatte er jeden Tag trainiert. Er war schon zuvor ein guter Kajakfahrer gewesen, aber das Training hier, in der sogenannten Kanuten-Schmiede, hatte ihn noch einmal auf ein ganz neues Level gebracht. Er hatte in seinem jungen Leben viel durchleiden müssen. Ihm fehlte die Basis der elterlichen Zuneigung. Er war nicht mit dem allergrößten Selbstbewusstsein gesegnet, sondern kämpfte mit manchen Selbstzweifeln, aber was das Kajakfahren anging, wusste er: Da war er der Beste. Da machte ihm keiner etwas vor.

»Was heißt zweiter Platz?«, fragte er nach, sicher, dass sein Trainer ihn bloß ein wenig anstacheln wollte.

Der aber zuckte nur mit den Schultern. »Es heißt, dass du nicht der Schnellste warst.«

Hakon schaute seine Mitschüler an. Wer von ihnen hätte ihn schlagen sollen? Er konnte sich mit jedem messen! Selbst mit den Älteren.

Dann sah er einen jungen Kerl hervortreten. Er war groß und schlaksig, hatte langes, wildes Haar und schaute Hakon aus einem offenen Gesicht freundlich an. Wer war das? Er hatte diesen Typen noch nie gesehen.

»Das ist Ansgar«, sagte ein Mitschüler. »Der ist neu hier im Internat.«

»Willkommen, Ansgar«, sagte Hakon, »Glückwunsch! Das war kein leichtes Rennen.«

»Stimmt«, sagte Ansgar, »und bis zum Katarakt hast du in Führung gelegen. Ich habe dich gestern beobachtet, wie du die Strecke besichtigt hast. Und ich habe verstanden, wie du die Stelle anfahren würdest. Mir ist klargeworden, dass das Unterwasser das Boot stoppen könnte, und diesen Zeitverlust kannst du nicht aufholen.«

»Und wie bist du gefahren?«, fragte Hakon.

»Ich wollte das nicht riskieren und habe die Route außen über die flachen Steine genommen.«

Die offene Art Ansgars gefiel Hakon. Da war einer, der sehr gut Kajak fahren konnte und, anders als er, Risiken eher vermied. Und das hatte sich in diesem Fall ausgezahlt. Er nickte Ansgar zu, nahm sein Kajak und legte es ins Wasser.

Alle Jungs machten sich nun fertig, um den unteren Teil des Flusses bis in den Fjord zu befahren, in den er mündete. Hakon beobachtete den Neuen genau. Sah ihn routiniert in sein Boot springen und mit einer selbstverständlichen Leichtigkeit sein Paddel in den Strom tauchen. Es wirkte unangestrengt und locker, aber Ansgar trieb sein Kajak mit einer Strenge und einer Kraft durch die Fluten, wie Hakon es selten zuvor gesehen hatte. Dabei schien es, als würde er den Strom ganz selbstverständlich beherrschen. Als würde die Strömung sich ihm einfach unterwerfen. Der letzte Kajakfahrer, der ihn so beeindruckt hatte, war Olaf Olafson gewesen. Neidlos musste er anerkennen, dass dieser Typ einfach gut war.

Als sie angekommen waren und ihre Boote aus dem Wasser nahmen, trat Hakon auf Ansgar zu. »Du bist gut«, sagte er, »aber das hier ist leichtes, längst erkundetes Gewässer. Traust du dich, mit mir eine Erstbefahrung zu unternehmen? Ich kenne einen Fluss, der noch nie befahren worden ist.«

»Kommt drauf an. Es gibt ja bestimmt einen Grund, warum er noch nie befahren worden ist.«

»Ja klar«, lachte Hakon, »vielleicht hat es einfach noch nie jemand versucht.«

So begann eine Freundschaft, die geprägt war von der gemeinsamen Sehnsucht nach Abenteuern, aber auch von der Unterschiedlichkeit der beiden Charaktere. Da war Hakon, der Regelbrecher, der den Kopf ständig voller neuer Ideen hatte und sich wenig Gedanken über Risiken und Konsequenzen machte. Der immer sofort ins Handeln kam. Und da war Ansgar, der oft zögerte und zweifelte und immer auch die Schwierigkeiten und Gefahren sah, denen sie bei ihren Aktionen ausgesetzt sein würden. Und der diese Dinge zur Sprache brachte. Ohne Hakon hätte Ansgar vieles nicht unternommen. Und ohne Ansgar hätte Hakon früher oder später eine seiner Aktionen nicht überlebt.

*

Es schien Hakon, als hätte er endlich seinen Platz im Leben gefunden. Und dann erreichte ihn eines Tages ein Brief, der vieles noch einmal verändern sollte. Schon als er den Namen des Absenders las, fingen seine Hände leicht an zu zittern. Er konnte es zunächst gar nicht glauben. War das wirklich echt? Oder erlaubte sich jemand einen Scherz mit ihm? Er nahm den Brief, ging in sein Zimmer, setzte sich auf sein Bett und atmete einmal tief durch. Betrachtete den Umschlag, ohne ihn zu öffnen. Wieso meldet er sich ausgerechnet jetzt?, fragte er sich. Nach siebzehn Jahren? Nach siebzehn langen Jahren, in denen es keinen Kontakt gab. Langsam öffnete er den Umschlag. Er spürte seinen Pulsschlag. Dann zog er fünf Seiten hervor. Sie waren in feiner Schreibschrift von oben bis unten gefüllt.

»Mein lieber Sohn«, begann der Brief. Aufmerksam las Hakon Zeile für Zeile. Er sog regelrecht auf, was da stand. Und als er alle fünf Seiten gelesen hatte, fing er noch einmal von vorne an, las den Brief wieder und wieder. Sein Vater schrieb, er habe einen Zeitungsartikel gesehen und auf dem Bild ihn erkannt. Es musste das Ocean-Rennen gewesen sein, das Hakon gewonnen hatte. Das, schrieb der Vater weiter, sei der Impuls gewesen, den er gebraucht habe, um endlich Kontakt zu ihm aufzunehmen. Es sei ihm der größte Herzenswunsch, Hakon endlich kennenzulernen. Es schmerze ihn sehr, dass sie einander nie begegnet seien. Viele Jahre lang habe er immer wieder einen Kontakt zu seinem Sohn aufbauen wollen, aber Hakons Mutter habe das mit aller Macht unterbunden. Irgendwann habe er es aufgegeben und sich mit der Situation abgefunden, aber jetzt wolle er das ändern, und er habe ihm viel zu sagen. Hakon dachte an seine Mutter und wusste, dass sein Vater die Wahrheit schrieb.

Seine Mutter hatte immer versucht, den Vater vollständig aus ihrem Leben zu tilgen. Sie hatte sämtliche Fotos von ihm verbrannt, hatte es Hakon untersagt, von ihm zu sprechen. Der Vater war tabu gewesen und dennoch auch in seiner Abwesenheit ständig präsent. Ein Phantom, das in der Familie eine große Rolle spielte. Besonders im Denken und Handeln der Mutter. Werde niemals so wie dein Vater, hatte sie zu

Hakon gesagt, wenn er etwas getan hatte, was ihr nicht passte. Dabei hatte er gar nicht gewusst, wie sein Vater war. Sie hatte alles Schlechte mit ihm assoziiert. Der Junge hatte lange nicht verstanden warum. Die Gründe ihrer Trennung hatte sie für sich behalten, es war nie darüber gesprochen worden. Es hatte nur geheißen, der Vater habe die Familie im Stich gelassen, bevor der Junge geboren wurde.

Und jetzt der Brief. Hakon las ihn noch einmal. Sein Vater schrieb, er habe all die Jahre nicht gewusst, ob sein Sohn überhaupt Interesse daran hätte, ihn kennenzulernen. Hakon habe sich ja nie gemeldet. Das stimmte. Er hatte doch keine Vorstellung, wo er sein könnte und wer er eigentlich war. Aber warum hatte er nicht weiter nachgeforscht? Aus Angst? Weil sein Vater bis zuletzt das Tabu geblieben war, das die Mutter aus ihm gemacht hatte? Auch jetzt wusste er nicht, wie er reagieren sollte. Ob er wirklich antworten sollte. Jahrelang hatte er gehofft, dass sein Vater sich eines Tages melden, dass er ihn herausholen würde aus einem Leben, von dem er das Gefühl hatte, dass es nicht für ihn gemacht war. Aber jetzt hatte er doch seinen Weg gefunden! Jetzt brauchte er seinen Vater nicht mehr. Zum ersten Mal liefen die Dinge gut für ihn, hatte er das Gefühl, auf dem richtigen Kurs zu sein. Er hatte in seinem Leben eine Ruhe gefunden, die er nie zuvor gehabt hatte. Er hatte das Kajakfahren, das ihm eine Struktur gab. Und er hatte Heimdall, der ihn lehrte, das Richtige vom Falschen zu trennen. Außerdem hatte er seine Helden aus der Literatur, denen er nacheifern konnte. Der Vater fehlte ihm nicht mehr. Zumindest redete er sich das ein.

Er ließ sich auf sein Bett fallen und starrte an die Decke. Brauchte nicht jeder Mensch einen Vater? So lag er da und ließ den Tag verstreichen, verlor sich in seinen Gedanken, Ängsten und Hoffnungen. Und als er am nächsten Morgen aufstand, war er entschlossen, seinem Vater zu antworten. Was hatte er denn zu verlieren? Er setzte sich hin und schrieb ihm einen langen Brief, auf den er schon ein paar Tage später eine Antwort bekam. So näherten sie sich einander an. So lernten sie sich kennen.

In den Briefen, die sie einander schickten, erzählten sie dem anderen von sich, erzählten, wer sie waren, Vater und Sohn. Es war eine vorsichtige, eine respektvolle Annäherung. Sie versuchten, sich gegenseitig nicht zu überfordern. Dabei hatten sie viel zu schreiben. Es waren Briefe, die auch Bücher hätten werden können, so bedeutungsschwer waren sie. Geschichten aus zwei Leben. Auf die Briefe folgten Pakete. Hakons Vater fing an, ihm Bücher zu schicken, eine spannende Auswahl. Darunter die großen Philosophen. Und auf die Bücher folgten wiederum Briefe, in denen Vater und Sohn sich über das Gelesene austauschten, so wie Hakon sich mit Heimdall ausgetauscht hatte.

Und so bauten die beiden eine Beziehung zueinander auf, eine intellektuelle Beziehung. Sie beflügelte beide, Hakon, der seine Liebe zur Literatur gerade erst entdeckte, und Hakons Vater, der ein Leben lang Literat und Künstler gewesen war. Er hatte immer schon gemalt und geschrieben, aber nie, um andere mit seinen Werken zu beeindrucken, sondern immer nur für sich selbst. Er verstand sich als Lebenskünstler. Seine Memoiren trugen den Titel »Erinnerungen eines begabten Faulenzers«. Vielleicht war es Schicksal, dass er mir erst so spät geschrieben hat, dachte Hakon. Vielleicht hatte er selbst erst durch die Schule von Heimdall gehen müssen, um diese Art des Austausches schätzen zu können. Alles im Leben hatte eben seine Zeit.

Nach einem halben Jahr beschlossen die beiden, dass sie sich nun endlich treffen wollten. Es überraschte Hakon, dass sein Vater gar nicht so weit weg wohnte. Er hatte immer das Gefühl gehabt, dass Welten zwischen ihnen lagen.

*

Es war ein warmer Sommertag. Der Himmel war wolkenlos, die Sonne schien ihm ins Gesicht, als Hakon im Gras saß und auf seinen Vater wartete. Er war zu früh, viel zu früh, aber er konnte es nicht erwarten. Nach so vielen Jahren fühlte sich jede Minute, die noch verstrich, wie eine Unendlichkeit an. Und so saß er nervös im Gras und wartete darauf, seinem Vater zu begegnen, dem Mann, den er nur aus Briefen kannte, den er sich nur über die geschriebenen Worte hatte erschließen können.

»Hallo Hakon«, hörte er eine Stimme und drehte sich um.

Da stand er plötzlich vor ihm. Ein kleiner, dunkelhaariger Mann. Hakon sprang auf und musterte den Mann, den er um zwei Köpfe überragte, aufmerksam.

»Nanu«, sagte er und fasste seinem Sohn an die durchtrainierten Arme. »Wo hast du das denn her?«

Die beiden schauten einander noch einen Moment an, dann lachten sie und schlossen sich in die Arme. Es war eine kurze, etwas distanzierte Umarmung, aber sie markierte den Beginn eines besonderen Vater-Sohn-Verhältnisses. Sie schickten einander auch weiterhin Briefe. Der Vater legte großen Wert darauf, seinem Sohn die richtige Literatur näherzubringen, wie er sagte, die richtigen Köpfe, die richtigen Denker, die richtige Philosophie. Gedanken, die sein eigenes Denken erweitern sollten. Und Hakon las alles, was er von ihm bekam. Er war begierig, mehr zu erfahren, mehr zu lernen, die Welt zu begreifen. Aber sosehr er die Philosophen und Autoren seines Vaters auch lieben lernte, ihm wurde doch bald klar, dass nicht sie es waren, die ihm die Welt begreiflich machen würden. Er wollte sie selbst erleben. Musste sie selbst erfahren. Musste ihre Möglichkeiten erkennen, indem er ihre Grenzen ausreizte. Er hatte den immerwährenden Drang, in die Ferne zu gehen. Abenteuer zu erleben. Schmerzhaftes Fernweh trieb ihn. Er traf sich oft mit seinem Vater, und dann sprachen sie darüber.

Hakon hatte das Gefühl, zwischen zwei Welten hin- und hergerissen zu sein, der Welt der körperlichen, sensorischen und der Welt der geistigen Erfahrung. Er liebte sie beide, aber es zog ihn doch hinaus. Und Ansgar, sein neuer und bester Freund, war der Einzige, der ihn da verstand.

Ihre gemeinsamen Kajakfahrten waren ein Anfang gewesen. Aber er war mittlerweile so weit, dass er nicht mehr an Grenzen kam, nicht hier. Nicht in seiner vertrauten Umgebung.

»Was zieht dich nur raus in die Welt?«, fragte sein Vater, als sie eines Tages auf der Veranda seines Hauses saßen. Er drehte sich um und zeigte durch das geöffnete Fenster in sein Arbeitszimmer, in dem hohe Bücherregale standen. »Hier hast du doch die ganze Welt an einem Ort!«

»Das ist nicht die echte Welt«, lächelte Hakon.

»Natürlich ist sie das«, widersprach sein Vater und wies auf seinen Kopf. »Hier drin sind alle Welten, die du dir nur vorstellen kannst.«

»Aber ich will sie mir nicht vorstellen«, sagte Hakon, »ich will sie erfahren.«

Sein Vater lächelte.

Nachdenklich schaute Hakon in den Garten. Ließ seinen Blick über das Grün schweifen, vorbei an den prachtvollen Erlen und Linden, die dort wuchsen. Und dann entdeckte er ein paar Holzscheite. Er musste lächeln.

»Hast du versucht, Holz zu hacken?«, fragte er.

Sein Vater zuckte mit den Schultern. »Der Winter kommt, mein Junge. Aber ich bin wohl mehr dafür gemacht, über das Feuer nachzudenken, als dafür, welches zu entfachen. Aber mein Nachbar Bjorn wird mir morgen helfen.«

Hakon klopfte ihm auf die Schulter. »Das kann ich doch machen, Vater«, sagte er, erhob sich von dem kleinen Holzstuhl, griff nach der Axt und fing an, die Scheite mit präzisen und kraftvollen Hieben zu spalten. Eins nach dem anderen. Er war sogar dankbar, dass er eine Gelegenheit fand, sich körperlich zu betätigen. Schließlich hatte er an diesem Tag sein Training ausfallen lassen.

Hakon zerteilte Scheit für Scheit und registrierte gar nicht, dass sein Vater neben ihm stand und ihn beobachtete; viel zu sehr war er in seinem eigenen Tun. Als er fertig war, als er innerhalb kürzester Zeit das gesamte Holz seines Vaters gemacht hatte, merkte er, dass diesen etwas beschäftigte.

»Was ist?«, fragte er. »Was schaust du mich so an?«

Der Ältere schwieg. Musterte seinen Sohn von Kopf bis Fuß. Plötzlich schienen sie einander wieder sehr fremd zu sein. »Woher hast du das nur?«, sagte er leise, wohl mehr zu sich selbst.

Er hatte so leise gesprochen, dass Hakon ihn gerade noch hören konnte. Es war ein merkwürdiger Moment. Von einer Sekunde auf die nächste war die ganze Nähe, die ganze Bindung, die sie sich in den vergangenen Monaten aufgebaut hatten, wie aufgelöst. Auf einmal stand etwas Unausgesprochenes zwischen ihnen. Sie spürten es beide.

Es waren so viele Dinge, die sie trennten. Der unbedingte Wille des Jungen, in die Welt hinauszuziehen. Seine Physis. Sein Drang, sich ins Leben zu stürzen. Er war das genaue Gegenteil von seinem Vater, der sich viel lieber von der echten Welt abkapselte und in seine Fantasiewelten zurückzog.

Es hatte nie zwischen ihnen gestanden, im Gegenteil, es befruchtete ihre Gespräche, aber in diesem Moment – wie sie einander gegenüberstanden, wie Hakon, verschwitzt und durchtrainiert, seinen eigenen Vater um zwei Köpfe überragte –, jetzt wurde deutlich, dass vielleicht doch mehr sie trennte als nur ihr Blick aufs Leben.

In diesem Moment ergaben all die Erinnerungen, die Hakon hatte, all die Mosaiksteine, die er nie richtig hatte zusammensetzen können, auf einmal Sinn. Dass sein Vater seine Mutter noch während der Schwangerschaft verlassen hatte. Dass seine Mutter den Vater aus ihrem Leben verbannt hatte.

Dass Hakon so anders war als seine Brüder. Dass er das komplette Gegenteil seines Vaters war.

Es war, als würde Hakon ein Schleier von den Augen gezogen. Ihm blieb die Luft weg. In seinem Kopf setzte sich ein Gedanke fest, den er nicht mehr vertreiben konnte. Und wie er seinen Vater so sah, wie der vor ihm stand und ihn betrachtete, seine Andersartigkeit wahrnahm, da verstand er, dass auch sein Vater verstanden hatte. Und auch wenn es in diesem Moment nichts zu sagen gab, konnte Hakon unmöglich schweigen. Die Stille war für ihn kaum zu ertragen. Bleischwer lag sie auf seinen Schultern.

»Kann es sein …«, fragte er, um einfach nur irgendwas zu sagen. »Kann es sein, dass du nicht …« Er schaffte es nicht, den Satz zu einem Ende zu bringen. Schaffte es nicht, das Offensichtliche auszusprechen.

Sein Vater kam langsam auf ihn zu.

»Ich habe den gleichen Gedanken, aber … ich muss es nicht wissen.« Er hielt kurz inne. »Denn selbst wenn du nicht mein leiblicher Sohn sein solltest …«, er schaute ihm fest in die Augen, »… sollst du wissen, dass ich wünschte, du wärest es.«

Hakon hatte das Gefühl, dass der Boden unter ihm wankte. Nie im Leben hatte er sich so angenommen gefühlt. So akzeptiert. Zwischen ihnen war alles verstanden, was es zu verstehen gab.

*

Es war eine der kältesten Nächte, die Hakon je erlebt hatte. Die Straßen waren mit Schnee bedeckt, Wind peitschte Ansgar und ihm ins Gesicht. Hakon zog seine Mütze tiefer in die Stirn. Langsam stapften die Freunde durch die menschenleeren Gassen der Stadt. Dicke Schneeflocken vollführten unter den orangenen Lichtern der Straßenlaternen einen wilden, chaotischen Tanz. Anarchie der Kälte.

»Wir sind gleich da«, sagte Hakon. Vielleicht sagte er es vor allem zu sich selbst. Er zitterte. Dabei waren sie gar nicht so lange unterwegs gewesen.

Norwegen hatte schon lange keinen so kalten Winter mehr erlebt. Schließlich erreichten sie den Hafen, gingen vorbei an den großen Schiffen, die wie stille Kolosse in der Dunkelheit lagen; an den mächtigen Kranbauten, die tagsüber permanent im Einsatz waren, um die Güter aus den ankommenden Schiffen zu hieven. Hinten an der Küste sahen sie den einsamen Leuchtturm auf der steil aufragenden Klippe stehen. Ihr Ziel.

»Da vorn ist sie«, sagte Ansgar und zeigte auf ein kleines Holzgebäude, aus dessen Fenster warmes Licht in das Schneetreiben fiel.

Das kleine Haus war direkt an den Leuchtturm gebaut und rotbraun gestrichen, wie es für diese Region typisch war. Es war noch ein ordentliches Stück Weg bis dorthin, aber die Freunde stapften zielstrebig auf das Haus zu.

Endlich! Als Hakon die Tür öffnete, schlug ihm wohltuende Wärme entgegen. Ein großer Kamin heizte den gesamten Raum und tauchte ihn in warmes, rötliches Licht. Ansgar warf die Tür hinter sich zu und setzte sich direkt vor das Feuer. Hakon atmete einmal geräuschvoll aus und rieb sich die Hände. Er spürte sie immer noch kaum, aber so langsam fing das Blut wieder an zu zirkulieren.

Während die beiden Jungs sich am Feuer wärmten, kam der große dickbäuchige Wirt und stellte ihnen jedem einen Becher auf den Tisch.

»Hier«, sagt er. »Das habt ihr wohl nötig.«

Hakon nahm einen großen Schluck von dem heißen Grog und schüttelte sich. Eigentlich trank er keinen Alkohol. Aber ja, der Wirt hatte recht. Das hier hatte er gerade wirklich nötig. Außerdem waren sie aus genau diesem Grund gekommen: um ein wenig über die Stränge zu schlagen. Um sich selbst und vielleicht auch einen Abschied zu feiern. Den Abschied von dem Leben, dass sie bisher kannten. Hakon schaute zu Ansgar hinüber. Der nahm den Becher und leerte ihn mit einem Zug.

»Teufelskerl«, grinste Hakon und schlug ihm freundschaftlich auf die Schulter.

Sie lehnten sich zurück und öffneten ihre schweren Winterjacken. Das Feuer zeigte schon Wirkung.

Hakon schaute sich um. Die alte Leuchtturmbar, ein legendärer Ort. Trotz des Schneetreibens und der Kälte waren an diesem Abend sämtliche Tische besetzt. Hier hockten Männer in Matrosenkluft, dort welche mit langen Bärten. Viele hatten wilde Tätowierungen auf den Armen, manche sogar im Gesicht. Die Männer tranken ihr Bier und ihren Grog und erzählten einander Geschichten von ihren Überfahrten und den Abenteuern, die sie erlebt hatten. An den Wänden hingen Bilder von sagenumwobenen Schiffen aus der Zeit der alten Segler, die von Norwegen aus auf große Fahrt gegangen waren. Auf dem Kaminsims stand ein Vendelhelm, so alt, dass niemand sich traute, ihn auch nur zu berühren. Darüber prangte ein großes, dunkles Gemälde; es zeigte ein altes Drachenboot in rauer See, das einzige Segel gebläht. Ein Wikingerschiff. Die Ruderbänke voll besetzt mit mächtigen Kriegern. Hinter dem Tresen stand der Wirt und polierte mit einem trockenen Handtuch die Gläser.

Hakons Augen leuchteten, als er diesen Ort sah. Warum nur war er nie zuvor hier gewesen? Er hatte so viel von dieser Bar gehört. Aber er war viel zu sehr auf seinen Sport und seine Literatur fokussiert, als dass er sich zu so etwas hätte hinreißen lassen. Was hätte er auch hier gewollt? Alkohol trank er schließlich nicht. Eigentlich.

»Noch zwei Grog«, rief Ansgar dem Wirt zu.

Der nickte wortlos und brachte ihnen zwei neue Becher mit dem heißen Getränk.

»Und?«, fragte Ansgar. »Habe ich zu viel versprochen?«

»Nein«, sagte Hakon. »Es ist noch viel besser, als ich es mir vorgestellt habe.«

Er wusste nicht, was genau es war, das ihn an diesem Ort so faszinierte, aber die Bar hatte ihn sofort in ihren Bann gezogen. Lange betrachtete er das Bild über dem Kamin und all die anderen Seefahrergemälde. Das Bild des Drachenbootes in schwerer See, dieses alte Wikingerboot, weckte in ihm eine Sehnsucht, die er sich selbst nicht erklären konnte. Er dachte zurück an die Nacht, da sie das alte Kanonenboot geklaut hatten. Was er doch für Unfug im Kopf gehabt hatte, bevor er mit Heimdall und seinem Vater in Austausch getreten war!

»Ich wusste, du wirst es mögen«, sagte Ansgar. »Weil du in deinem Herzen auch ein Wikinger bist. Ganz egal, wie viel Epikur du liest.«

Hakon lächelte nachdenklich. Ansgar hatte recht. Er hatte mit dieser lockeren Bemerkung etwas angesprochen, das Hakon schon seit Langem beschäftigte.

Wahrscheinlich wusste Ansgar das. Ansgar wusste ja so vieles. Er kannte Hakon wie kein anderer. Hakon war sehr froh, dass er Ansgar kennengelernt hatte. Hakon liebte das Kajakfahren über alles, es war ihm der nötige körperliche Ausgleich zum vielen Lesen und Lernen. Dank der Anregungen, die Heimdall und sein Vater ihm gaben, hatte er es geschafft einen ganz neuen Weg einzuschlagen. Er hatte nicht bloß gute Noten, sondern war in einigen Fächern sogar der Jahrgangsbeste. Nächtelang vertiefte er sich in die Bücher, die Heimdall und sein Vater ihm empfahlen, aber er brauchte auch etwas, um seine gewaltige körperliche Energie abzubauen.

Leider würde das tägliche gemeinsame Trainieren mit Ansgar bald ein Ende haben. Sie hatten die videregående skole besucht, die Oberstufe, und vor wenigen Wochen ihre letzte Prüfung geschrieben. Heute hatten sie ihre Abschlussnoten bekommen. Die gemeinsame Zeit auf dem Internat näherte sich dem Ende.

»Hast du schon was von den Unis gehört?«, fragte Hakon seinen Freund.

Ansgar zuckte mit den Schultern. »Nichts.«

»Das wird schon.«

Ansgar atmete schwer. »Meine Eltern werden sehr enttäuscht sein, wenn ich diesen Studienplatz nicht bekomme. Mein Vater war Arzt. Sein Vater war Arzt. Und der Vater …«

»… der Vater seines Vaters war auch Arzt, ich weiß. Ich kenne die Geschichte und welche Erwartungen deine Familie an dich hat. Aber die Erwartungen der anderen sind die Erwartungen der anderen. Mach dich nicht verrückt. Du wirst schon eine Zusage bekommen, und wenn nicht, dann wirst du vielleicht das tun, was du wirklich willst.«

»Bisher sieht es nicht gut aus. Es kann ja nicht jeder so ein Überflieger sein wie du.«

Überflieger. Hakon musste lachen. So hätte ihn vor drei Jahren noch niemand bezeichnet. Denn als er ziemlich verwildert auf das Internat gekommen war, hätte wahrscheinlich niemand darauf gewettet, dass er überhaupt irgendeine Perspektive hätte. Und jetzt? Jetzt war er neunzehn Jahre alt und hatte nicht nur die besten Noten in seiner Stufe, sondern auch ein Stipendium für die beste Universität des Landes in der Tasche. Dort konnte er Rechtswissenschaften studieren, nur die Besten der Besten wurden da zugelassen. Dass er dieses Stipendium bekam, hatte besonders seinen Vater sehr stolz gemacht. Und auch ihn selbst erfüllte es mit Stolz. Doch es beglückte ihn nicht so, wie es ihn eigentlich hätte beglücken müssen. Warum?

Er horchte auf.

Am Tisch nebenan wurde es lauter. Zwei Männer mit langen roten Bärten standen auf und brachen in lautes Gelächter aus, der größere legte seinem Gegenüber die Hand in den Nacken und zog dessen Kopf an seinen Kopf. Dann hoben sie ihre Bierkrüge und leerten sie in einem großen Zug.

Die anderen Männer, die sich zu ihnen umgedreht hatten, wandten sich wieder ihren eigenen Angelegenheiten zu.

Hakon reckte die Hände wieder in Richtung Kaminfeuer.

In dem Moment wurde die Tür aufgerissen, und vier große, schwere Männer mit dicken Mänteln betraten die Kneipe. Seemänner. Aber sie sahen anders aus als die anderen, die hier saßen. Ihre Gesichter waren nicht ganz so rau wie die der Norweger, ihre Bärte nicht ganz so lang. Aber auch sie waren tätowiert und hatten einen wilden Ausdruck in ihren Gesichtern. Die beiden Jungs machten Platz am Kamin, so wie man ihnen Platz gemacht hatte.

Die Neuankömmlinge hielten die Hände vors Feuer, um sich zu wärmen. Der Wirt brachte ihnen den obligatorischen Grog, und sie nickten ihm zu. Hakon betrachtete die Männer neugierig. Sie kamen nicht von hier, so viel war klar. Er wartete, bis sie sich halbwegs aufgewärmt hatten, dann setzte er sich zu ihnen.

»Woher kommt ihr?«, fragte er.

»England«, antwortete einer knapp. »War keine einfache Überfahrt.«

England. Hakon hatte viel über England gelesen. Plötzlich hatte er unzählige Bilder im Kopf. Von der weiten See. Von heraufziehenden Stürmen, von Seeleuten, die allen Gefahren trotzten und Wochen und Monate auf ihren Schiffen verbrachten, um irgendwann neue, fremde Welten zu betreten.

Er lehnte sich in seinem Stuhl zurück und war in einer anderen Welt. Und in dieser Welt reifte in seinem Kopf eine Idee. Nein, dachte er, das wäre völlig verrückt. Aber doch, warum sollte man sich nicht auf etwas Verrücktes einlassen? War das Leben an sich nicht eigentlich bloß ein Abenteuer? Er überlegte hin und her.

»Woran denkst du?«, fragte Ansgar.

Hakon löste sich nur langsam aus seiner Traumwelt. »Ich denke, dass du recht hast.«

»Womit?«

»Damit, dass ich im Herzen ein Wikinger bin. Genau wie du, Ansgar.«

Ansgar lachte auf.

»Und weißt du, was Wikiniger machen? Sie gehen auf große Fahrt.«

»Was redest du denn da?«

»Ich rede von England. Schau dir diese Männer an. Sie haben im tiefsten Winter eine lange Fahrt über die Nordsee gemacht. Und sie sind, bei allem Respekt, Engländer – wir aber sind Wikinger. Wir sind Seefahrer. Also lass uns aufbrechen und nach England fahren.«

Ansgar lachte laut. »Hast du jetzt völlig den Verstand verloren?«

Aber Hakon meinte es ernst. Seine Augen funkelten. Es war wieder einer dieser Momente, in denen sich eine Idee in ihm festsetzte, von der er so begeistert war, dass er gar nicht anders konnte, als sie umzusetzen. Die Atmosphäre in der Leuchtturmbar, die Bilder der alten Segler, die Erzählung der Engländer – das alles weckte etwas in ihm, das schon lange angelegt war. Enthusiastisch packte er seinen Freund und zog ihn an sich.

»Ich meine das ernst«, sagte er. »Du, ich und unsere Ocean-Expeditions-Kajaks.« Er trat an eine alte Seekarte, die an der Wand hing. »Wir fahren an den europäischen Küsten entlang, Norwegen, Schweden, Dänemark, Deutschland, Holland, Frankreich bis zum Ärmelkanal. Den überqueren wir, und dann folgen wir der englischen Ostküste bis zu den Orkney-Inseln im Norden Schottlands.«

»Mit einem Kajak? Du hast doch den Verstand verloren!«

»Es ist möglich.«

»Wir wären viele Wochen unterwegs …«

»Ja. Und es wären Wochen, die wir unser Leben lang nicht mehr vergessen würden. Es wäre ein großes Abenteuer!«

Hakon hatte die gesamte Reise schon vor Augen. Ansgar sah es ihm wohl an: Wenn er sich einmal zu etwas entschlossen hatte, war er schwer wieder davon abzubringen. »Wir könnten aufbrechen, sobald das Wetter ein bisschen besser wird. In zwei Monaten ist der Winter vorbei.«

»Und was ist mit deinem Stipendium?«

Hakon lächelte. »Echte Wikinger brauchen keine Stipendien.«

*

Es dauerte noch drei Monate, dann begann die große Fahrt. Hakon stand auf der Brygge, verstaute seinen Seesack mit den wenigen Sachen, die er hatte, im Kajak und atmete tief durch. Er liebte diese frische, klare Morgenluft. Es wurde Frühling. Die ersten zarten Pflanzen erwachten aus der Winterstarre des gefrorenen Bodens und hinter der rauen Felsküste ging langsam die Sonne auf und tauchte die Welt in ein warmes Licht.

»Guten Morgen, Wikinger«, hörte er eine Stimme hinter sich. Ansgar klopfte ihm leicht auf die Schulter, ging zu dem kleinen Schuppen und zog auch sein Kajak hervor. Dann setzte er sich neben seinen Freund.

»Weißt du, ich wollte dir noch sagen, dass du komplett verrückt bist.«

Hakon lachte. Ja, wahrscheinlich war er das. Er hatte sein Stipendium aufgegeben. Eine Sicherheit, die er sich sein Leben lang gewünscht hatte. Er hatte es einfach abgelehnt, nur um mit einem Kajak nach England zu fahren. Aber er hinterfragte diese Entscheidung nicht, denn er tat das, was er wirklich tun wollte. Er wollte reisen. Er wollte die Welt sehen. Er wollte sich aus dem engen Korsett seiner Jugend befreien. Bildung war eine Möglichkeit, das zu erreichen. Sie wäre ein Weg gewesen, aber nicht seiner. Sein Weg war das hier. Die weite See. Das große Abenteuer.

Er blickte auf den Fjord, der vor ihm lag, und ein tiefes Glücksgefühl durchströmte ihn. Er spürte, dass er das Richtige tat, und war unendlich dankbar dafür, dass sein Freund ihn auf dieser Reise begleitete.

»Ich weiß es wirklich zu schätzen, dass du mitkommst, Ansgar.«

»Na ja«, sagte der, »ich habe ja sonst nichts zu tun. Also los, brechen wir auf.«

So zogen sie ihre Kajaks ins Wasser und paddelten los.

*

Es waren lange, oft mühsame Tage und Wochen. Wo es sinnvoll war, kürzten sie große Buchten und Einschnitte in der Küste ab, aber abends erreichten sie immer das Festland und suchten sich einen Schlafplatz. Meistens schliefen sie in ihrem kleinen Zelt, wenn das Wetter gut war, auch unter freiem Himmel. Das waren herrliche Nächte: über ihnen ein klarer Sternenhimmel, ganz in der Nähe das beständige Rauschen der Wellen. Alle paar Tage machten sie eine längere Rast, erkundeten die Küstenlandschaft und frischten ihre Vorräte auf. An manchen Tagen lagen sie stundenlang in der warmen Sonne und träumten von noch größeren Abenteuern. Noch nie hatten sie sich so frei gefühlt, so ungebunden und selbstbestimmt. Allein den Gezeiten und Wind und Wetter waren sie unterworfen, ansonsten waren sie frei wie die Delfine, die sie gelegentlich begleiteten.

Ab und zu wurden sie eingeladen, auf einem der Höfe an der Küste zu übernachten. Es war schließlich eine Seltenheit, dass zwei Norweger in Kajaks vorbeigefahren kamen. Eine ganze Sturmwoche verbrachten sie bei einem friesischen Fischer auf seiner Hallig, und als das Wetter wieder besser wurde und sie aufbrachen, waren sie Freunde geworden. Das waren ehrliche Begegnungen mit aufrichtigen Menschen, die sich die

Werte ihrer Vorfahren bewahrt hatten. Die ein einfaches, oftmals hartes Leben lebten. Unverfälscht.

Aber es gab auch Tage der Hoffnungslosigkeit. Wenn sie bis zur völligen Erschöpfung gegen Wind und Wellen kämpften und abends der Schlafplatz des Vortages noch immer in Sichtweite lag. Ansgar zweifelte dann, ob sie jemals ankommen würden, und rechnete aus, dass sie bei dieser Geschwindigkeit bis zum Wintereinbruch noch nicht einmal den Ärmelkanal erreicht haben würden. Hakon zweifelte nicht. Er stellte sich vor, wie sie sich fühlen würden, nachdem sie den Ärmelkanal überquert und englischen Boden betreten hatten. Großartig würde das sein. Auf diese Weise blieb er nicht nur selbst standhaft, wenn die Erschöpfung groß war und das Wetter schlecht, sondern er stützte mit seinem beharrlichen Glauben an den Erfolg auch Ansgar. Und so folgten sie ihrer Route entlang der Küsten. Unbeirrt.

*

»Da vorn«, rief Hakon seinem Freund zu. »Siehst du das?«

»Natürlich sehe ich das!«, rief Ansgar zurück.

Hakon war glücklich wie selten. Sie hatten es tatsächlich geschafft, den Ärmelkanal zu überqueren! Nun erstreckte sich die felsige englische Küste vor ihnen.

Hakon fing an zu jubeln, und Ansgar stimmte übermütig ein. Er riss sein Paddel in die Luft und hielt es wie eine Trophäe über seinen Kopf.

»Wir haben England erreicht«, brüllte er.

»Wir sind Wikinger!«, rief Hakon über das offene Meer in Richtung der Landzunge und spürte, wie eine große Freude ihn ganz und gar erfüllte. Seine Müdigkeit, die Erschöpfung der vergangenen Wochen, sie waren verflogen.

Mit festen Schlägen trieben sie ihre Kajaks an Land. So als könnten sie es nach der langen Reise nicht erwarten, ihr Ziel endgültig zu erreichen. Die Boote liefen auf den Strand, die beiden kletterten heraus, umarmten sich erschöpft und ließen sich schließlich in das hohe Gras fallen. Dort blieben sie mit ausgebreiteten Armen liegen und schauten hinauf in den wolkenverhangenen Himmel. Ein paar Möwen kreisten über ihnen.

Hakon schloss für einen Moment die Augen. Er dachte an seinen Vater. Sah ihn vor seiner Bücherwand sitzen und hörte ihn sagen, er habe doch die ganze Welt in nur einem Zimmer. Nein, dachte Hakon, das hier, das ist die Welt, und sie will erobert werden. Dann schüttelte er die Gedanken ab und richtete sich auf.

»Los, Ansgar«, sagte er. »Wir müssen weiter. Wir sind noch nicht am Ziel.«

»Ach komm schon«, lachte sein Freund. »Wir waren wochenlang unterwegs und sind jetzt in England. Lass uns doch wenigstens ein paar Tage Pause machen.«

»Echte Wikinger machen keine Pause«, erwiderte Hakon und boxte Ansgar freundschaftlich in die Seite. »Na los, wir haben noch einen langen Weg vor uns.«

Tatsächlich hatten sie noch eine ordentliche Strecke zu bewältigen, denn sie wollten nicht bloß England, sie wollten die nördliche Spitze der Insel erreichen. Sie wollten nach John o'Groats in Schottland, einer kleinen Grafschaft mit nur ein paar hundert Einwohnern. Die englischen Seeleute in der Hafenbar hatten diesen Ort erwähnt. Also schoben sie ihre Boote wieder ins Wasser und paddelten weiter an der Küste entlang, bis sie die erste große Stadt erreichten.

*

Es war ungewohnt. Das erste Mal seit langer Zeit waren sie wieder unter Menschen. Sie hatten ihre Kajaks bei einem Fischer im Schuppen verstaut und liefen jetzt durch die Gassen einer großen Stadt. Auch wenn sie die ganze Zeit zu zweit unterwegs waren, konnte es, wenn man immer bloß auf dem Wasser war, einsam werden. Nun schlenderten sie durch eine belebte Stadt und stellten fest, dass die Menschen, die an ihnen vorbeizogen, sie auffallend distanziert musterten.

»Was haben die nur?«, fragte Ansgar. »Ich wusste gar nicht, dass die Engländer so arrogant sind.«

Hakon lachte. »Ich glaube nicht, dass sie arrogant sind, aber wann hast du dich das letzte Mal im Spiegel angesehen?«

Ansgar schaute an sich herunter und schien zu sehen, was Hakon sah. Er trug seit Wochen dieselbe Kleidung, hatte sich nicht rasiert und wirkte wohl mitgenommener, als er sich tatsächlich fühlte. »Du könntest aber auch mal wieder eine Rasur vertragen«, sagte er.

Hakon strich sich durch den Bart. »Den lasse ich mir stehen. Als Andenken an unsere Eroberung.«

»Wo wir gerade von Eroberungen sprechen«, fiel Ansgar ein und zeigte auf ein Gebäude am anderen Ende der Straße. Dort war die Post untergebracht. »Ich werde einen Brief an meine Eltern aufgeben, einen kurzen Reisebericht.«

»Mach du nur«, sagte Hakon. »Ich besorge uns derweil auf dem Markt ein paar Vorräte. Im Anschluss hole ich dich ab.«

Er schlenderte über den großen Marktplatz, wo Stände mit frischem Obst aufgebaut waren. Während der gesamten Überfahrt hatten Ansgar und er nur Grundnahrungsmittel zu sich genommen. Wie verlockend waren da die in großen Körben ausgestellten Waren! Am liebsten hätte er von allem probiert. Er zog ein wenig Kleingeld aus der Tasche und kaufte sich und seinem Freund ein paar Äpfel. Auf der Stelle wischte er einen mit dem Ärmel ab und biss kräftig hinein. Saftig und süß, unbeschreiblich! Hakon schloss die Augen und war überwältigt davon, wie gut das Leben doch schmeckte. Dann nahm er die Tüte mit den Äpfeln und ging zum Postgebäude, wo er auf seinen Freund wartete.

Als Ansgar aus der Tür trat, hielt er einen Zettel in der Hand und wirkte besorgt.

»Was ist das?«, fragte Hakon.

»Eine Nachricht …« Ansgar schien in Gedanken ganz woanders zu sein. »Von meinem Vater.«

Hakon legte seinem Freund die Hand auf die Schulter. »Und? Was schreibt er?«

Ansgar starrte auf den Zettel und las noch einmal, was darauf stand. Dann riss er sich davon los, schaute seinen Freund an und rang nach Worten.

»Was ist denn los?«, fragte Hakon, der sich nun langsam Sorgen machte. »Ist etwas passiert?«

»Nein, das nicht, aber …«

Hakon nahm Ansgar den Zettel aus der Hand und las selbst. Ansgars Vater teilte dem Sohn mit, dass er einen Studienplatz hatte. Für Medizin.

»Das ist doch großartig!«, rief er. »Tolle Nachrichten. Genau das, was du immer wolltest!«

»Ja, schon …«

»Aber?«, fragte Hakon. »Warum bist du so besorgt?« Er schaute Ansgar von der Seite an. »Wir sollten das feiern.«

»Hier steht, dass ich den Studienplatz nur bekomme, wenn ich pünktlich zu Semesterbeginn antrete.«

»Ja, und?«

»Das Semester beginnt in zwei Wochen.«

Jetzt begriff Hakon. Er lehnte sich an die Wand des Postgebäudes und schaute seinen Freund an. Ansgar schien mit sich zu ringen. Wieder und wieder starrte er auf den Zettel. Zwei Wochen. Es war unmöglich, die Strecke zurück nach Norwegen in zwei Wochen zu schaffen. Jedenfalls mit dem Kajak.

»Was wirst du tun?«

»Ich weiß es nicht … Ich muss darüber nachdenken.«

Hakon hielt Ansgar einen Apfel hin, aber der lehnte ab. Er wirkte sehr mit sich beschäftigt. So kehrten sie wortlos zu dem

Fischer zurück, bei dem ihre Kajaks lagen. Die gute Laune war Vergangenheit. Sie wechselten kein Wort.

Dabei hätte Hakon gern etwas gesagt. Er hätte seinem Freund sehr gern so vieles gesagt. Dass er bleiben solle. Dass er dem Ruf des Abenteuers folgen solle und nicht dem, was andere von ihm erwarteten. Dass er die Fahrt, die sie gemeinsam begonnen hatten, nicht abbrechen solle und man einen Freund tausend Meilen von der Heimat nicht allein lässt. Dass man zu Ende bringt, was man begonnen hat, und dass alles, was sie hier machten, richtig war. Dass das das echte Leben war. Aber nichts von all dem sprach er aus. Er wusste, dass Ansgar derjenige war, der die Entscheidung treffen musste, weil Ansgar auch der war, der mit den Konsequenzen dieser Entscheidung zu leben hatte, auch wenn Ansgars Entscheidung für ihn selbst gleichermaßen Konsequenzen haben würde. Er wollte ihn nicht beeinflussen. Sie saßen auf einer Wiese direkt an der Küste, ihre Kajaks vor sich, und starrten hinaus aufs Meer. Es vergingen mehrere Stunden, ohne dass einer von ihnen etwas sagte. Als die Sonne sich rot färbte und langsam hinter den Horizont sank, atmete Ansgar einmal tief durch.

»Ich habe mich entschieden«, sagte er schließlich.

Hakon wandte sich zu ihm um.

»Ich fahre zurück. Es geht nicht anders. Ich habe mein Leben lang darauf hingearbeitet, Arzt zu werden. Meine Familie erwartet das von mir. Und ich … ich will es eigentlich auch. Ich muss unsere Fahrt abbrechen, so leid es mir tut.«

Hakon nickte. Er hatte damit gerechnet, auch wenn er bis zuletzt gehofft hatte, sein Freund würde sich anders entscheiden.

Doch auch wenn er traurig war über Ansgars Entscheidung, wusste er, dass er sie nicht zu hinterfragen hatte. So, wie er sich gegen die Sicherheit und für das Abenteuer entschieden hatte, hatte Ansgar sich gegen das Abenteuer und für die Sicherheit entschieden. Er hatte keinerlei Recht, das in Frage zu stellen.

Jeder Mensch, das wusste Hakon, musste seinen ganz eigenen Weg gehen.

»Es ist gut«, sagte er. »Ich verstehe dich.«

»Du bist mir nicht böse?«, fragte Ansgar erstaunt.

»Nein, natürlich nicht. Du bist mein bester Freund. Ich werde alle deine Entscheidungen akzeptieren, so wie ich weiß, dass du auch meine Entscheidungen akzeptieren wirst.«

Ansgar lächelte, sichtlich erleichtert, dass sein Freund ihm keine Vorwürfe machte, weil er das Abenteuer, dass sie nun schon so viele Wochen gemeinsam bestanden, abbrechen wollte.

»Wie geht es jetzt weiter?«, fragte Hakon.

»Ich werde mein Kajak verkaufen und von dem Geld die Überfahrt auf einem Schiff bezahlen. Dann sollte ich es pünktlich schaffen.«

Hakon nickte.

»Verkauf dein Kajak doch auch! Es wird nicht leicht sein, alleine weiter zu fahren. Begleite mich, komm mit nach Hause.«

Hakon schüttelte den Kopf. Nie im Leben würde er sein geliebtes Ocean-Sea-Kajak verkaufen. Und niemals würde er diese Reise abbrechen. Was sollte er auch in der Heimat? Er hatte dort keinen Ort, den er sein Zuhause nennen könnte. Sein Vater war vor einigen Monaten gestorben. Nicht lange nachdem sie sich endgültig ausgesprochen hatten und kurz bevor Hakon sich entschieden hatte, diese Fahrt hier anzutreten. Er war die letzte Verbindung, die er zu seiner alten Heimat noch hatte. Außerdem hatte er aus den Heldensagen, die Heimdall ihm nahegebracht hatte, gelernt, dass man seinen Weg zu Ende gehen musste. Alles andere wäre gegen seine Prinzipien gewesen. Nein, er hatte sich entschieden. Dies war sein Weg. Er würde allein weiterfahren.

Noch eine ganze Weile saßen sie einfach an der Küste und schauten hinaus aufs Meer.

*

Hakon lehnte mit beiden Armen auf der Brüstung und schaute dem Schiff hinterher, das langsam, ganz langsam über das ruhige Meer in Richtung Horizont verschwand. Er stellte sich vor, wie Ansgar an Deck stand und zu ihm zurückschaute. Es wurde spät. Dunkle Wolken zogen sich am Himmel zusammen, und ein kalter, rauer Nordwind kam auf.

Irgendwann war das Schiff nur noch ein kleiner schwarzer Punkt, der schließlich verschwand.

Niemals zuvor hatte Hakon sich so einsam und verlassen gefühlt. Er war in einem fremden Land unter fremden Menschen ganz auf sich gestellt. Es war eine existenzielle Verlorenheit, wie er sie noch nie empfunden hatte. Er stand an der Küste und schaute aufs Meer, er hatte kein Zeitgefühl mehr. Vielleicht waren es Minuten, vielleicht waren es Stunden, die er schon hier stand. Und plötzlich hatte er eine Idee. Er schaute hinaus auf die offene See. Konnte das funktionieren? Er schüttelte den Kopf. Nein, es war verrückt, aber er bekam den Gedanken nicht mehr aus dem Kopf.

Er griff in seinen Rucksack, zog die große Seekarte hervor und studierte sie eingehend. Es gab noch einen zweiten Weg zurück nach Norwegen. Nicht entlang der europäischen Küsten, sondern über das offene Meer. Er schüttelte den Kopf bei dem Gedanken. Das wäre Selbstmord, dachte er. Oder? Er schaute sich noch einmal die Karte an und versuchte, die Distanz zu berechnen. Von John o'Groats aus konnte er sich zunächst zu den Shetland-Inseln vorarbeiten. Dort konnte er zum letzten Mal Rast machen. Von den Inseln aus würde er direkt über das offene Meer nach Stavanger paddeln.

Er dachte nach. Wenn er sich einen strammen Zeitplan machte, konnte er es in zehn Tagen schaffen. Für zehn Tage würde er genügend Proviant und Trinkwasser an Bord unterbringen können. Je länger er darüber nachdachte, desto mehr fesselte ihn der Gedanke. Doch nach und nach kamen auch die Fragezeichen. Wie willst du schlafen? Er dachte nach. Er hatte sich antrainiert, ein bis zwei Stunden lang halb liegend zu schlafen, indem er die Beine unter der Fußstütze durchsteckte. Das würde ihm bei ruhiger See gelingen, ohne dass das Kajak kenterte. Und er konnte das Kajak, bevor er schlief, mit den wasserdichten Seesäcken stabilisieren, indem er sie seitlich befestigte. Wie natürliche Schwimmkörper konnten sie ein Kentern verhindern, und er würde sich sogar aufs Oberdeck legen und ausstrecken können. Er würde es trainieren und sich auf diese Form von Intervall-Schlaf umstellen. Es war möglich. Aber welche Gefahren drohten? Was, wenn auf offener See ein Sturm aufzog? Auf diese Frage gab es keine Antwort. Ein Sturm würde seinen sicheren Tod bedeuten, das wusste er. Sein Leben hing von gutem Wetter ab. Zehn Tage lang. Er überlegte hin und her. Ja, es bedeutete ein außergewöhnliches Risiko, aber es war nicht unmöglich. Es war machbar.

Er dachte an die Wikinger, die damals entgegen ihren Gewohnheiten erstmals mit ihren Drachenbooten die offene See überquert hatten, um nach England zu gelangen. Auch sie hatten nicht genau gewusst, worauf sie sich einließen, ob sie wirklich jemals Festland erreichen würden oder ob ihre Reise eine Reise in den Tod war. Sie hatten es gewagt. Hakon faltete die Karte wieder zusammen.

»Ja«, rief er dem Meer entgegen. »Ich werde es wagen.« Und in dem Moment war er schon so auf sein neues Ziel fokussiert, dass er den Abschied von Ansgar für einen Moment vergessen konnte.

*

Fünf Tage war es her, dass er die Nordspitze Schottlands erreicht hatte und zu seiner großen Überfahrt aufgebrochen war. Mit dem ersten Morgenlicht war er losgepaddelt, hinaus auf die offene See, Kurs nach Osten. Eines kühlen Morgens waren die Orkney-Inseln hinter ihm im Nebel verschwunden. Da hatte er noch keine Vorstellung davon, wie weit sein Weg wirklich war oder was diese Fahrt ihm abverlangen könnte. Es dauerte nicht lange, und die Erinnerung an seinen Freund und ehemaligen Reisegefährten drang schmerzlich wieder in sein Bewusstsein. Schweiß lief ihm über die Stirn. Es war Mittag, die Sonne stand am höchsten Punkt des wolkenlosen Himmels. Es war ungewöhnlich warm für diese Breiten.

Mit gleichmäßigen, beinahe meditativen Bewegungen zog er sein Paddel durch die See und trieb sein Kajak voran. Er war müde. Er war erschöpft. Und er war unglaublich einsam. Egal, wohin er schaute, vor ihm erstreckte sich nichts als die Unendlichkeit des Meeres. Kein Land war in Sicht, wohin er auch blickte, nichts, rein gar nichts. Hakon fing an, Selbstgespräche zu führen, nur um überhaupt etwas zu hören außer dem ewig gleichen Rauschen des Meeres. Er liebte die Natur, er liebte die offene See, aber zugleich war ihm schmerzhaft bewusst, dass er ganz allein unterwegs und den Elementen ausgeliefert war. Gern hätte er Ansgar neben sich gewusst, doch stattdessen sprach er mit sich selbst.

»Jetzt bin ich genau auf halbem Weg zwischen England und Norwegen. Die Hälfte habe ich geschafft«, sagte er sich. »Noch fünf oder sechs Tage gutes Wetter, dann bin ich durch.« Er sprach sich Mut zu, weil es sonst keiner tat.

Die Hälfte des Weges. Während Hakon weiterpaddelte, stellte er sich die Karte vor. Und ihm wurde bewusst, dass er mit der Hälfte des Weges auch den Punkt erreicht hatte, der maximal weit vom Festland entfernt war. Es war egal, ob er nun umdrehte und zurückpaddelte oder weiter Kurs hielt. Er war am einsamsten Punkt der gesamten Reise, am Punkt ohne Umkehr. Er wischte sich den Schweiß aus dem Gesicht und paddelte weiter. Versuchte, den Gedanken zu vertreiben. Einfach nur weitermachen. Weiterpaddeln. Die stoische Routine, mit der er seine Bewegungen vollführte, brachte ihm ein wenig Ruhe. Und dennoch: Was hätte er dafür gegeben, Ansgar bei sich zu haben. Wenn er doch nur hätte mit ihm sprechen können! Aber Ansgar war nicht da.

Hakon hörte auf zu paddeln, trank einen großen Schluck Wasser, rutschte dann tief in sein Kajak und schloss die Augen. Er hatte sich mittlerweile gut an den Intervall-Schlaf gewöhnt. Als er die Augen wieder öffnete, erstreckte sich vor ihm noch immer die weite See und wölbte sich über ihm der blaue Himmel. Er warf einen Blick auf den Kompass, griff wieder nach dem Paddel und trieb das Kajak weiter voran.

Als ein paar Stunden später die Sonne unterging, holte Hakon ein Stück Roggenbrot aus dem Seesack und ein Stück fetten Speck, seine Standardnahrung. Dazu trank er noch einen Schluck von dem abgepackten Trinkwasser und schaute wieder Richtung Horizont. Er hoffte, irgendetwas zu erspähen. Eine winzige Insel. Ein Schiff. Irgendwas. Aber da waren nur der Himmel, der aufsteigende Mond, das Wasser und die Unendlichkeit. Es versprach eine stille Nacht zu werden, und Hakon beschloss, sich etwas länger und an Deck auszuruhen. Er zog das Paddel ein, befestigte die Seesäcke als Auftriebskörper seitlich am Kajak und streckte sich schließlich aus. Er malte sich aus, was er alles machen würde, wenn er wieder Festland unter den Füßen hätte. Einen Berg würde er besteigen. Einen Wald durchwandern. Er schloss die Augen und stellte sich vor, wie es sich anfühlte, durch weiches Laub zu laufen und den Geruch der Erde und der Bäume in der Nase zu haben. Er lächelte bei dem Gedanken an den harzigen Geruch. Dann stellte er sich vor, wie er die Rinde uralter Bäume berührte, wie er durch weite Wälder streifte, stellte sich die Geräusche des Waldes vor. Das Zwitschern der Vögel. Das Quaken der Frösche. Das Knacken brechender Äste unter seinen Füßen und …

Er schreckte auf und öffnete die Augen. Was war das? Er schaute sich um. Der Mond spendete silbriges Licht. Zunächst sah er nichts. Aber er hatte doch etwas gehört. Da! Schon wieder! Ein hoher, suchender Laut. Das konnte doch nicht sein! Nicht hier.

Hakon schüttelte den Kopf. Nein. Das hatte er nur geträumt. Er schloss die Augen und konzentrierte sich. Hier draußen war nichts. Nur das Rauschen des Meeres. Aber doch, da war es schon wieder. Dieses Mal noch länger und noch deutlicher. Es klang beinahe wie ein Wehklagen. Wie ein leises Seufzen. Der Mond erleuchtete die schwarze Fläche um ihn. Und dann sah er es. Hakon spürte, wie sein Herz sich beinahe überschlug. War das echt, oder träumte er bloß? Etwas Helles tauchte neben ihm auf. Ein großer, weißer Körper direkt neben ihm, neben seinem Kajak, zum Greifen nah. Konnte das wirklich …? Ja. Tatsächlich. Das war ein Wal. Ein weißer Belugawal. Er hatte ungefähr die Länge seines Bootes. Hakon konnte es kaum fassen. Es kam ihm noch immer vor wie ein Traum. Er streckte die Hand aus, überlegte kurz, ob er den Wal berühren sollte, ließ es aber zunächst bleiben. Alleine die Gegenwart des schönen Tieres war schon wie ein Wunder. Dieses Wunder wollte er nicht zerstören. Dann aber, als sich der Wal ganz ruhig zutraulich verhielt, berührte er ihn doch. Es entstand eine Verbindung, die nie wieder abreißen sollte. Eine Verbindung, die in seinem späteren Leben eine größere Bedeutung haben sollte, als er es sich in diesem Moment auch nur annähernd hätte vorstellen können. So drehte er sich auf dem Deck seines kleinen Bootes auf die Seite, legte die Hand auf den Rücken des Belugas, der ruhig neben ihm lag, schloss die Augen und lauschte dem Atem des fremdartigen Wesens, das neben ihm aufgetaucht war. Nun fühlte er sich nicht mehr einsam. Der Beluga lag still neben ihm und atmete nur. Und der Mond beschien eine unwirkliche Szenerie von überirdischer Schönheit. Da lag ein Mann mitten in der Unendlichkeit des Meeres friedlich schlafend auf einem Kajak und neben ihm lag regungslos ein weißer Wal.

So schlief Hakon ein, und als er am nächsten Morgen erwachte, war der Beluga verschwunden und das Ganze erschien ihm wie ein Traum, wie eine sehr ferne Erinnerung. Aber er war voller neuer Energie. Er machte sich daran, sein Kajak mit kräftigen Schlägen weiter über die offene See Richtung Norwegen zu steuern.

ZWISCHENSPIEL

Nur wer das Ziel kennt, findet den Weg

Hakon stand auf und brachte dem Jungen noch einen Tee. Sverir hielt die kleine Tasse nahe an sein Gesicht und genoss die Wärme des aufsteigenden Dampfes ebenso wie den Geruch der wilden Kräuter. Seine Kleidung und seine Haare waren inzwischen trocken. Wie lange saß er nun schon bei dem Alten in der Hytte? Er hatte jegliches Zeitgefühl verloren. Es mussten schon einige Stunden vergangen sein. Die Erzählung des Alten hatte ihn völlig in ihren Bann gezogen. Vielleicht auch, weil er merkte, dass er daraus etwas lernen konnte. Etwas, das ihn und sein Leben und seinen weiteren Weg ganz direkt betraf.

»Der Mensch«, sagte Hakon und trank selbst noch einen Schluck von seinem starken Kräutertee, »strebt nach Sicherheit. Aber der sichere Weg ist meistens nicht der, der uns an unser Ziel führt. Du musst verstehen, dass es die richtigen Ziele braucht. Manche Ziele sind schädlich, andere sind heilsam. Es gibt Ziele, die dich von deinem wahren Selbst, von deiner Seinsbestimmung entfernen, und andere, die dich zu dem werden lassen, der du in Wahrheit bist.«

»Ja«, sagte Sverir. »Das ist die große Frage, die über allem steht. Woher weiß ich, was meine Bestimmung ist?«

»Deine Bestimmung auf der Welt ist jeweils die, die du dir selbst gibst. Du bist ja kein fremdbestimmtes Wesen, das hier auf der Erde abgeworfen wurde, um einem vorherbestimmten Weg zu folgen. Du musst schon eine Vorstellung davon haben, wer oder was du sein willst. Und nur wenn du die hast, kannst du das auch werden«, sagte der Alte und legte noch zwei grobe Stücke Holz ins Feuer.

Sverir schaute in die Flammen und antwortete: »Aber woher soll ich wissen, was ich sein will? Ich weiß nur, dass ich frei sein will.«
»Nimm meinen Freund Ansgar«, sagte Hakon. »Er ist einem fremdbestimmten Ziel gefolgt, ist Arzt geworden, weil das von ihm erwartet wurde. Glücklich ist er nicht geworden, denn er hatte sich von seiner eigenen Seinsbestimmung entfernt. Aber auch mein Einfluss hat ihn in die falsche Richtung geführt und ihm letztlich Verderben gebracht.« Hakon schwieg, als er an das dachte, was Ansgar später im Leben noch zugestoßen war. Dann fing er sich wieder. »Glaub mir, Sverir, wenn dir jemand sagt, welchen Weg du gehen sollst, dann ist das nicht dein Weg. Deinen eigenen Weg erschließt du dir selbst mit jedem Schritt, den du gehst. Wenn du eine Vorstellung davon hast, wer du sein willst und wer nicht, dann wirst du deinen Weg finden. Nicht der Weg allein ist das Ziel. Das Ziel bestimmt auch den Weg.«
»Das mag ja alles richtig sein, Hakon. Aber wie finde ich die richtigen Ziele?«, frage Sverir.
»Stell dir bei jeder Zielsetzung die folgende Frage«, antwortete der Alte: »Kommt der Wunsch aus deinem Herzen oder aus einer kulturellen oder gesellschaftlichen Erwartung heraus?«
Der Alte wirkte plötzlich hellwach, er verströmte eine ungeheure Energie. Er hatte sich aufgerichtet, und Sverir bekam eine Vorstellung davon, wer dieser knorrige alte Mann einmal gewesen war. Der Alte hatte sichtlich Freude daran, sein Wissen weiterzugeben. Und er machte Sverir damit das größte Geschenk.
»Wichtig ist«, fuhr er fort, »dass wir uns klar werden über die zwei essenziellen Lebensfragen: Die erste Frage lautet: Welche Erfahrungen will ich in meinem Leben machen?«
Sverir lächelte, denn ihm fielen gleich jede Menge Dinge ein, die er gern einmal erleben würde.

»Wenn du dir vorstellst, welche Erfahrungen du in deinem Leben machen möchtest, dann stelle dir auch vor, was du dabei empfinden wirst. Es sind deine Emotionen, die über die Qualität deines Lebens entscheiden. Es ist nicht so wichtig, *was* du tust, ob du bescheiden lebst oder nach Reichtum strebst, es geht allein darum, was du dabei fühlst. Erfolgreich zu sein ist zum Beispiel das, was andere darunter verstehen. Sich erfolgreich zu fühlen ist das, was man über sich selbst denkt. Nämlich einen Sinn zu haben. Es geht also um die Frage, was meinem Leben Sinn gibt.« Hakon hielt kurz inne und fuhr dann fort: »Die zweite Frage, die sich daraus ergibt, ist die, wer ich werden muss, damit ich diese Erfahrungen machen kann. Damit meine ich den Prozess der Transformation zu einer besseren Version deiner selbst. Nichts geschieht von allein. Es ist harte, tägliche Arbeit, und es wird Rückschläge geben. Niemals hättest du die weite Fahrt hierher durchgestanden, wenn du nicht so gut vorbereitet gewesen wärest. Du hast Momente der Freiheit und Autonomie gesucht und hast sie durch dein Kajak gefunden. In Wahrheit ging es dir nicht um das Kajak, sondern um ein Gefühl, das du verspüren wolltest.«
Sverir saß nach vorn gebeugt und lauschte dem Alten, der eine unglaubliche Präsenz ausstrahlte. Er bekam Gänsehaut. Er spürte, dass dieser Mann seinem Leben nicht nur die entscheidende Wende geben konnte, sondern auch einen höheren Sinn.
»Du musst nur alles daransetzen, dein Ziel niemals aus den Augen zu verlieren. Verbring jeden Tag eine gewisse Zeit mit dir selbst. So kannst du dich immer wieder fokussieren auf das, was du erreichen willst. Das Leben ist voller Ablenkungen und Vergnügungen, die dich von deinem Weg abbringen können. Du kannst sie gelegentlich geschehen lassen, aber finde immer wieder deine Mitte, erinnere dich daran, wer du sein willst. Dafür brauchst du die Stille und das Alleinsein. So kehrst du immer wieder zu dir selbst zurück. Du darfst dein wahres Ziel nie aus dem Blick verlieren.«

»Wie kann man denn seinen Lebenstraum aus dem Blick verlieren?«, fragte Sverir.
Hakon lächelte milde. »Meistens kommt das Leben selbst dazwischen. Es bietet dir immer mal wieder Kompromisse oder Ausreden an. Kompromisse sind bequem, aber sie bewirken, dass du dein Ziel aus den Augen verlierst.« Und nach einer nachdenklichen Pause fügte er hinzu: »Sei immer stärker als deine stärkste Ausrede.«
Sverir glaubte zu verstehen, was der Alte meinte.
»Behalt deine Ziele im Blick, sonst wirst du auf dem Sterbebett bereuen, dass du dich nicht überwunden hast, das zu tun, was du eigentlich tun wolltest. Die meisten von denen, die das Glück haben, bewusst zu sterben, bereuen nicht, was sie getan haben. Sie bereuen, was sie nicht getan haben.«
Sverir dachte an seine Mutter. Sie führte ganz offensichtlich nicht das Leben, das sie sich einmal erhofft hatte. Aber, dachte er, wer tut das schon? Der einzige Mensch, der genau das tat, was er immer hatte tun wollen, war Olaf Olafson. Alle anderen waren in ihrem oft grauen Alltag gefangen. Den immer gleichen Strukturen, die sie oftmals zwangen Dinge zu tun, die sie wahrscheinlich nicht von Herzen gern taten.
»Aber müssen wir nicht alle irgendwann Dinge tun, die wir nicht tun wollen? Wir müssen schließlich Geld verdienen. Und für andere sorgen«, sagte Sverir.
»Die Welt, in der wir leben, erlegt uns gewisse Pflichten auf, da hast du recht«, sagt Hakon. »Die Frage ist, wie wir es schaffen, diese unsere Verpflichtungen mit unseren Träumen in Einklang zu bringen. Und das ist meistens gar nicht so schwer, wie man glaubt. Der Weg, der uns zu einem erfüllten und selbstbestimmten Leben führt, hält meistens einige Risiken für uns bereit. Risiko heißt ja nichts anderes als Unsicherheit. Und nur in der Unsicherheit wartet die Chance. Risiko und Chance bedingen einander, das eine existiert nicht ohne das andere. Deswegen ist es sehr riskant, nichts zu riskieren im Leben.«

Sverir dachte nach. »Aber wenn ich ein Risiko eingehe, kann es auch schiefgehen.«
Der Alte lächelte milde. »Ja das stimmt. Wer etwas riskiert, der kann verlieren. Aber wer nichts riskiert, der verliert garantiert.«
Wieder dachte Sverir eine Weile nach. »Als ich mich mit meinem Kajak auf den weiten Weg nach Norden gemacht hatte, habe ich etwas riskiert. Und ich bin gescheitert.«
»Du bist nicht gescheitert«, erwiderte der Alte, »du bist nur in einer neuen Situation. In Wahrheit gibt es kein Scheitern, sondern nur neue Situationen, die man als Herausforderung begreifen kann und auch muss, um am Ende an ihnen zu wachsen.«
»Aber wie schaffe ich das?«
»Du musst nur dein Ziel kennen, Sverir. Wenn dein Ziel ist, frei und selbstbestimmt zu leben, dann darfst du dieses Ziel nie aus den Augen verlieren, dann wirst du den Weg dorthin von ganz allein finden.«
Sverir legte den Kopf in den Nacken und betrachtete die alten, gebogenen Balken, die die Decke stützten. Das klang so einfach. Aber das war es nicht. Woher sollte er denn wissen, was er wirklich machen wollte? Es gab so viele Stimmen, die auf einen einredeten, die sagten, was es alles zu tun galt. Du musst die Schule abschließen, du musst gute Noten haben, du musst viel Geld verdienen, du musst einen Job haben, der auch auf lange Sicht sicher ist. Das waren doch alles Dinge, die irgendwie auch sinnvoll erschienen.
»Du musst unterscheiden, ob die Ziele die du verfolgst, deine eigenen sind. Oder ob es Ziele sind, die andere dir vorgeben. Willst du diesem Beruf nachgehen, weil er dich glücklich macht? Oder übst du ihn nur aus, weil deine Eltern das möchten?«
»So wie bei Ansgar?«
»So wie bei Ansgar. Ich glaube, er hätte gern etwas anderes aus seinem Leben gemacht als das, was seine Eltern sich

erhofften. Er war so viel mehr als ein Arzt. Aber er hat sich dem Druck von außen gebeugt.«

»Du hast dich aber entschieden, Abenteurer zu werden.«

»Ja, das habe ich. Aber auch ich musste Widerstände überwinden«, sagte Hakon. »Manchmal sind das Widerstände in deiner Familie, manchmal sind es Widerstände in der Gesellschaft. Es wird immer Menschen geben, die dir sagen, dass das Leben, das du leben möchtest, nicht das Leben ist, das du führen kannst. Die Kunst besteht darin, sich davon nicht verunsichern zu lassen, sondern weiterzugehen.«

»Egal wie beschwerlich der Weg ist ...«, sagte Sverir gedankenverloren.

»Es ist wichtig, Sverir, dass du dich in die Unsicherheit begibst, denn nur dort wartet die Chance. Dass du die Unsicherheit als einen Teil deines Lebens akzeptierst.«

»Hast du denn auch solche Unsicherheiten gehabt?«

Hakon schaute ihn ernst an. »Oh ja, mein Junge«, sagte er. »Die hatte ich.« Und dann begann er wieder zu erzählen.

DRITTER TEIL

Er nahm das hübsche Mädchen, das neben ihm ging, nur am Rande wahr. Er war viel zu aufgeregt. Hakon beschleunigte seinen Schritt und ging direkt auf die große Wiese zu. Dort ließ er sich fallen, zog seinen Rucksack von der Schulter und öffnete ihn. Mit zittrigen Händen fischte er eine Zeitung heraus, das *Morgenbladet*. Er schaute sich die Titelseite an, überflog sie und blätterte hektisch die ganze Zeitung durch. Und dann hatte er es. Sein Herz schlug schneller, als er sich selbst in der Zeitung sah. *Junger Abenteurer überquert das offene Nordmeer – mit einem Kajak*. Dazu ein großes Bild von ihm, wie er müde und erschöpft gelandet war. Wie von selbst trat ein Lächeln auf sein Gesicht.

Er hatte seinen Plan wirklich wahrgemacht. Aber nicht ansatzweise hatte er geahnt, was für Folgen seine waghalsige Aktion haben würde. Dass sie sich so schnell herumsprechen würde. Dass er zunächst in seiner Heimatstadt und später im ganzen Land Gesprächsthema sein würde.

Dabei war er schon wie ein Held empfangen worden. Vom Leuchtturm aus war er Stunden im Voraus entdeckt worden. An der Küste von Bergen hatten ein paar Männer gestanden und ihn schon lange beobachtet. Sie hatten zunächst gar nicht glauben können, was sie sahen. War das wirklich ein Kajakfahrer, der völlig allein vom offenen Meer her auf die Küste zu paddelte? Unmöglich! Wo kam er her? Was wollte er hier? Sie hatten verfolgt, wie er immer näherkam, und als er das Land schließlich erreichte, hatte die Kunde von seiner Ankunft schon das halbe Dorf erreicht. Dutzende Männer und Frauen waren an den Strand gekommen, um ihn zu begrüßen. Hakon war müde, abgekämpft und zu Tode erschöpft. Er war sogar zu erschöpft, um sich über seinen

Erfolg zu freuen. Er hatte seine Beine kaum noch gefühlt. Tagelang hatte er in seinem engen Kajak gesessen. Es waren Menschen gekommen und hatten ihm aus dem Boot geholfen, zwei Männer hatten ihn gestützt. Einige Frauen waren ihnen entgegengekommen und hatten ihm frisches Wasser gebracht.

Hakon nickte ihnen dankbar zu und nahm gierig große Schlucke.

»Wo kommst du her?«, fragte eine der Frauen.

»Aus Schottland.«

Die Männer lachten. »Aus Schottland? Dann musst du einen riesigen Umweg gefahren sein, um hier in Bergen anzukommen.«

Hakon schüttelte den Kopf. »Im Gegenteil«, sagte er. »Ich habe den direkten Weg genommen.« Er drehte sich um und zeigte aufs Meer.

»Mit einem Kajak? Völlig unmöglich.«

Hakon hatte gelächelt. Und dann hatte er ihnen seine Geschichte erzählt.

Er hatte nicht erwartet, dass sie sich so schnell verbreiten würde, und erst recht nicht, dass eine große Zeitung wie das *Morgenbladet* sie bringen würde.

Und dann noch in der Ausführlichkeit. Eine ganze Seite.

Er las den Bericht von vorn bis hinten durch. Zweimal. Dreimal. Was würde sein Vater sagen, wenn er das noch hätte sehen können? Sein Vater war enttäuscht, dass er das Universitätsstipendium nicht angenommen hatte, aber er hatte akzeptiert, dass sein Weg ein anderer war. Toleranz war eine der besten Charaktereigenschaften, die sein Vater besessen hatte, und Hakon vermisste den Austausch mit ihm. Er war sicher, der Zeitungsartikel hätte ihm bestätigt, dass er den richtigen Weg eingeschlagen hatte.

»Das muss ja ein interessanter Artikel sein«, hörte er jemanden sagen.

Er drehte sich um. Hinter ihm auf der Wiese saß ein junges Mädchen. Groß gewachsen, mit hellblondem Haar und strahlend blauen Huskyaugen. Hatte sie ihn wirklich gerade angesprochen? Einfach so?

»Was … wieso?«, fragte er ein wenig überrumpelt und schüchtern.

»Na, du liest ihn jetzt schon zum dritten Mal«, sagte sie.

Er spürte, wie er rot wurde.

»Komm, zeig mal her«, sagte sie keck und nahm ihm die Zeitung aus der Hand. Dann überflog sie den Artikel. »Sieh an, du magst also Abenteuergeschichten?«

»Ich mag Abenteuer. Keine Geschichten«, lächelte er.

Sie schaute ihn an. Dann schaute sie auf das Bild in der Zeitung. Erst jetzt begriff sie, dass der Artikel von ihm handelte, und las die Geschichte.

Er beobachtete sie. »Magst du auch Abenteuer?«, fragte er nach einer Weile.

»Natürlich mag ich Abenteuer«, antwortete sie. »Aber ich bin nicht so mutig wie du.«

»Keine Sorge. Ich habe ein Abenteuer für dich, das ganz harmlos ist. Wenn du dich traust.« Es war wieder einer von Hakons spontanen Einfällen.

Das Mädchen überlegte kurz. Irgendetwas an ihm schien ihr zu gefallen. Vermutlich war er anders als die Jungs, die sie kannte.

»Also gut«, sagte sie schließlich. »Ich bin übrigens Innegred.«

*

»Das ist aber ein ganz schön langer Weg …«, sagte Innegred.

»Glaub mir, es lohnt sich.«

Hakon ging mit strammen Schritten voraus, schlug sich mit großer Sicherheit durch das dichte Unterholz. Er kannte jeden

Quadratmeter in diesem Wald, jeden Bach, jeden Pfad, jede Abkürzung. Er griff nach einem tiefhängenden Ast und bog ihn zur Seite, so dass Innegred an ihm vorbeigehen konnte, ohne sich eine Schramme einzufangen.

»Also ganz ehrlich«, sagte sie. »Ich hatte mir unser erstes Rendezvouz ein bisschen anders vorgestellt.«

Hakon grinste.

»Ist es noch weit?«

»Nein«, sagte er, »wir sind gleich da.« Er zeigte auf die felsige Anhöhe, die vor ihnen lag. »Nur noch dieses kleine Stück …«

Innegred seufzte.

»Keine Sorge, es sieht schlimmer aus, als es ist. Außerdem habe ich dir gesagt, du sollst feste Schuhe anziehen.«

Sie erklommen die Anhöhe, kletterten durch ein Stück unwegsames Gelände und erreichten endlich den Platz, den Hakon ihr zeigen wollte. »Das ist es.«

Innegred blieb stehen und hielt den Atem an. Sie ließ den Blick über die unter ihnen liegende Weite schweifen. Von dem kleinen Felsvorsprung, auf dem sie standen, konnte man die gesamte Landschaft überblicken, auch den großen Fjord.

»Das ist wundervoll«, sagte sie leise.

Hakon lächelte. »Das hier ist mein geheimer Ort«, sagte er. »Du bist der erste Mensch auf der Welt, dem ich ihn zeige.«

Er stockte. Sie war tatsächlich der erste Mensch, den er an diesen Ort führte. Dabei kannte er sie gar nicht. Wie konnte das sein? Manchmal war er sich selbst ein Rätsel. Auf der anderen Seite hatte er schon immer auf seine Instinkte vertraut. Und seit er sie das erste Mal gesehen hatte, wusste sein Instinkt, dass Innegred nicht nur irgendein Mädchen war.

Innegred nahm seine Hand und blickte hinunter auf die wunderschöne Landschaft, die sich vor ihnen erstreckte.

»Wie hast du diesen Ort gefunden?«

»Ich glaube, das Schicksal …« Er machte eine kurze Pause. »Ich glaube, mein Schicksal hat mich diesen Platz finden lassen«, sagte er und lächelte.

Innegred sah, dass in diesem Lächeln eine tiefe Trauer verborgen lag. Sie spürte, dass dies nicht der richtige Zeitpunkt war, um nachzufragen, aber sie sah in Hakons dunklen Augen, dass er eine schwere Last mit sich herumtrug und dass diese Last seine Vergangenheit war. Sie erkannte, dass dieser starke junge Mann zwar ein wilder Abenteurer war, aber ein wilder Abenteurer mit Narben auf der Seele. Dass er eine empfindsame Seite hatte. Instinktiv wünschte sie, sie könnte diese Narben verstehen. Sie vielleicht sogar eines Tages heilen. Sie wusste nicht, was es war, dass sie so stark zu ihm hinzog, aber es schien, als seien ihrer beider Seelen auf eine seltsame Art miteinander verbunden.

»Und gefällt es dir?«, fragte Hakon.

»Ich bin sehr froh, heute mal feste Schuhe angezogen zu haben.«

Sie lächelte ihn an. So standen sie gemeinsam in dem kleinen Adlerhorst, der für Hakon immer ein Rückzugs- und Schutzort gewesen war. Zum ersten Mal in seinem Leben hatte er diesen Schutz aufgegeben. Er bereute es nicht.

Als die Sonne langsam unterging und der Sommerhimmel sich in einen zarten Vanilleton färbte, der sich im ruhenden Wasser des Fjords spiegelte, zog Innegred Hakon an sich und küsste ihn.

*

Zum ersten Mal verspürte Hakon für sein Leben so etwas wie einen Ankerpunkt. Er hatte das Gefühl, dass tatsächlich alles gut werden könnte. Hatten ihn auf der Reise nach England noch Zweifel gequält, so wusste er jetzt, dass es nichts Besseres gab, als auf sich selbst, auf das eigene Herz zu hören. Er wusste jetzt, dass nur der Weg der richtige war, den er selbst für den richtigen hielt. Es hatte sich gezeigt, dass es gut war, nicht auf jene zu hören, die ihn mit den vermeintlichen Argumenten der Vernunft in ein Leben pressen wollten, das ihm zu eng geworden wäre. Nein, sein Weg war der gewesen, der ihm alles ermöglichte, was er sich seit Kindheitstagen immer gewünscht hatte: seine Freiheit zu leben und für dieses Leben geliebt zu werden.

Er hatte mit Innegred eine Frau gefunden, die selbst schon ein Abenteuer war. Es gab Tage, da unternahmen sie weite Wanderungen durch die Berge oder entlang der Küste, und es gab Schlechtwettertage, die sie einfach nur im Bett verbrachten. Er hatte einmal gehört, die Augen seien Spiegel der Seele, und war sich ganz sicher, dass er die Seele, die sich in Innegreds blauen Augen zeigte, lesen konnte wie eine Landkarte.

Auf einer ihrer Wanderungen entdeckten sie einen wunderschönen Zugang zum Meer. Auf einer Landzunge, die einen Fjord von der offenen See trennte, und unweit der kleinen Stadt, in der sie lebten, stand auf einer Anhöhe ein kleines, altes, verlassenes Haus. Es war heruntergekommen, aber das Dach war intakt, und die Lage und der Blick waren traumhaft. Sie schauten einander an und dachten wohl das Gleiche.

»Stell dir vor, wir könnten hier leben«, sagt Hakon. »Mit diesem Blick …«

»Das wäre wunderschön«, sagte Innegred.

Sie näherten sich dem Haus und sahen es sich an. Ja, es war ziemlich verfallen. Aber mit ein wenig Arbeit ließe sich etwas daraus machen, dachte Hakon.

»Ich möchte nie wieder ohne dich sein«, sagte er. »Lass uns zusammen dieses Haus kaufen und herrichten.«

»Du willst ein Haus?«

»Ja, ein Haus. Dieses Haus. Wir bauen es aus. Es liegt perfekt, direkt am Fjord und mit Blick über die See.«

Innegred lachte. »Ich glaube nicht, dass wir uns das leisten können«, sagte sie. »Ich bin noch in der Ausbildung und du …«

»Wir werden es uns leisten können«, erwiderte Hakon. »Dafür sorge ich. Ich kann ordentlich Geld im Wald verdienen und wir können das Haus mit unseren eigenen Händen renovieren.« Er schwieg einen Moment und nahm seine Freundin bei den Händen. Dann schaute er ihr in die Augen. »Vertraust du mir?«

»Natürlich«, sagte sie, ohne zu zögern.

Und dann setzten sie sich auf die Wiese und malten sich aus, wie das alte Haus nach der Renovierung aussehen würde.

Nur wenige Tage später bekam Hakon einen Brief. Er betrachtete den Umschlag. Absender war die Universität Oslo. Hakon dachte an sein verfallenes Stipendium. Wollten sie ihm etwa ein Neues anbieten? Er lächelte. Unter keinen Umständen würde er das annehmen. Er hatte sich entschieden. Sein Weg war ein anderer. Sein Weg war der Weg des Abenteuers. Er wog den Brief in der Hand. Dann riss er den Umschlag auf. Überflog das Schreiben.

Nach der Lektüre hob Hakon die Augenbrauen. Nein, man bot ihm keinen Studienplatz an. Das hier war viel besser. Das Institut für Geologie fragte an, ob er eine Expedition nach Island begleiten wolle. Man werde mit einem Forschungsschiff die komplette Insel einmal umrunden. Um die wilden inländischen Flüsse zu erkunden, insbesondere die nicht begehbaren Schluchten, brauche man erfahrene Kanuten. Man biete ihm für die Teilnahme ein großzügiges Honorar.

Hakon begriff in diesem Moment vollends, dass alles im Leben einen Grund hatte und dass das Schicksal einen Weg für ihn gefunden hatte, lang bevor er ihn gegangen war.

*

Was für ein Blick, dachte er, als er auf dem Felsen stand und, Hand in Hand mit Innegred, auf die fremdartige Landschaft schaute. Drei Jahre waren vergangen, seit sie sich das erste Mal getroffen hatten, und nun standen sie hier, viele tausend Kilometer von der Heimat entfernt. Dafür hat sich die weite Strecke doch gelohnt, dachte Hakon.

Stundenlang waren sie durch die sonnenverbrannte Landschaft gewandert. Es roch nach trockenem Gras. Dem Staub der braunen Erde. Alles hier erschien ihnen andersartig, exotisch. Die Geräusche der unsichtbaren Grillen, das Zirpen und Zirren, das sie permanent umgab. Dazu diese Hitze. Es war eine trockene Hitze, wie sie sie aus Norwegen nicht kannten. Norwegen war blau und grün und kalt. Hier war alles blau und braun und warm. Lange waren sie durch die karge Mittelmeerlandschaft gegangen, vorbei an vereinzelten Ölbäumen, und selten waren sie anderen Menschen begegnet, dem alten, gemütlichen Hirten mit dem Strohhut etwa, der ein paar Schafe vor sich hertrieb. Schließlich aber hatten sie gefunden, wonach sie gesucht hatten. Jetzt standen sie vor einem Abgrund und schauten in eine fünfzig Meter tiefe Schlucht hinab.

»Ist er das?«, fragte Innegred.

»Ja«, sagte Hakon. »Das ist der Kanal von Korinth. Er trennt die Halbinsel Peloponnes von dem Festland.«

Sie schauten hinunter und sahen, wie ein Schiff sich langsam durch die Schlucht schob, die Bordwände nur wenige Handbreit entfernt von den fast senkrechten Wänden.

»Der Kanal ist für mich ein Wunder«, sagte Hakon fasziniert. »Er ist komplett von Menschenhand gegraben worden.«

»Warum hat man ihn gebaut?«, fragte Innegred.

»Er erspart den Seefahrern eine lange Route um das Festland herum. Schon seit dem fünften Jahrhundert hatte man von einem solchen Kanal geträumt. Zahlreiche Herrscher haben sich an dem Bau versucht, aber die meisten sind gescheitert.«

»Das glaube ich. Es muss sehr schwierig gewesen sein, ihn auszuheben.«

Hakon nickte. »Als Jugendlicher habe ich viel darüber gelesen. Der Kanal ist nicht nur ein Schiffsweg. Er ist auch ein Symbol dafür, dass der Mensch in der Lage ist, die Natur zu beherrschen. Dass es dem Menschen möglich ist, alles, was er erreichen will, tatsächlich zu erreichen.«

Innegred gab ihm einen Kuss auf die Wange. »So wie auch du alles erreichen kannst, Hakon.«

Und dann gingen sie weiter, liefen Stunde um Stunde, folgten schließlich einem kleinen Eselspfad bis auf einen großen Felsen und hielten inne. Erschöpft von dem langen Marsch schauten sie hinunter auf weiß getünchte Häuser, die einen starken Kontrast zum strahlenden Blau des wolkenlosen Himmels und dem Azurblau der Bucht bildeten. Innegred nahm Hakons Hand und zog sie an sich.

Hakon sagte nichts, aber er spürte, wie aufgeregt Innegred war. Auch wenn sie versuchte, es vor ihm zu verbergen. Und wenn sie zehnmal versuchte, abgeklärt zu wirken, sie war es nicht. In Wahrheit war sie überwältigt von allem, was sie auf dem Weg hierher erlebt hatte und was sie nun vor sich sah. Es war das erste Mal, dass sie Norwegen verlassen hatte. Und jetzt war sie hier, in einem Land, in dem ihr alles fremd war, in dem sie die Sprache nicht verstand, in dem sie die Bräuche, die gesamte Kultur nicht kannte. Sie musste sich fühlen, als hätte man sie in einer anderen Welt ausgesetzt.

Mit dieser Reise hatte Hakon sich einen Traum erfüllt. Er hatte schon immer nach Griechenland gewollt, seit damals, seit er die *Ilias* gelesen hatte. Seit er Odysseus und Achill begegnet war, den Archetypen der griechischen Helden. Immer hatte er gehofft, diesen Boden einmal mit seinen eigenen Füßen zu betreten. Innegred war beeindruckt von der Andersartigkeit und Schönheit dieser Welt, Hakon aber war fasziniert von der Geschichte dieses Landes. Er fühlte sich tief mit der griechischen Kultur verbunden. Kein anderes Volk der Antike hatte die westliche Philosophie stärker geprägt.

»Und?«, fragte er, »wie findest du es?«

»Ich glaube«, begann Innegred und lächelte. »Ich glaube, das hier muss das Paradies sein.«

Sie blieben stehen und sahen zu, wie die Sonne als großer roter Ball am Horizont tiefer und tiefer ins Meer sank. Am Himmel bildeten sich Schlieren in Gelb und Orange, die sich auf der Wasseroberfläche spiegelten. Es war ein Schauspiel von atemberaubender Schönheit.

Innegred legte den Kopf auf Hakons Schulter. »Danke«, sagte sie. »Danke, dass du mir das alles zeigst …«

»Das Paradies«, antwortete Hakon, »ist nicht dieser Ort. Das Paradies ist überhaupt kein Ort.«

Das Paradies, dachte er, ohne es auszusprechen, ist das anhaltende Gefühl absoluter Erfüllung. Er schaute Innegred an. Schaute in ihre blauen Augen, die unergründlich waren wie das Meer, das vor ihnen lag. Er musste nicht aussprechen, was offensichtlich war. Vor drei Jahren, in dem Moment, da sie in sein Leben getreten war, hatte sich alles verändert. Von diesem Moment an hatte er sich zum ersten Mal in seinem Leben vollständig gefühlt. Angenommen. Als der Mensch geliebt, der er war. Bis Innegred in sein Leben getreten war, hatte ihn immer die Angst getrieben, dass er nicht genügte. Dass sein Weg, der sich so offensichtlich von dem der anderen unterschied, nie akzeptiert werden würde. Innegred aber nahm ihn so, wie er war. Und mehr noch. Sie gab ihm zu verstehen, dass er gut war, wie er war.

Hakon hatte das Gefühl, dass sich alles in seinem Leben gefügt hatte. Vielleicht, weil er sich nicht hatte beirren lassen. Weil er seinen Weg gegangen war und keine Kompromisse akzeptiert hatte. Durch die zahlreichen Exkursionen, die ihm angetragen worden waren, hatte er genug Geld verdient, dass sie sich diese Reise leisten konnten.

Plötzlich erregte etwas auf dem Meer seine Aufmerksamkeit. »Siehst du das?«, fragte er.

»Das Meer?«

»Dahinten, in der Bucht …«

Innegred kniff die Augen zusammen und versuchte, etwas zu erkennen.

»Das sind Kanuten«, freute sich Hakon, und von jetzt auf gleich war die Müdigkeit, die er eben noch verspürt hatte, wie weggeblasen. »Komm«, sagte er, »lass uns ihnen entgegengehen und sehen, was sie so treiben.« Damit eilte er die Klippen hinunter und zog Innegred hinter sich her.

Als sie die Bucht erreicht hatten, sahen sie eine ganze Gruppe von Kanuten, sportliche griechische Jungs, die im Rudel trainiert hatten und nun auf den Steg zugepaddelt kamen. Bald stiegen sie aus und trugen ihre Boote lässig mit nur zwei Fingern, die sie in die offenen Luken eingehängt hatten, vom Wasser in Richtung Bootshaus. Es waren hübsche, gut gebaute Jungs, die noch ein wenig stolzer über den langen Bootssteg schritten, als sie Innegred erblickten. Hakon sah sich die Boote an, schlanke Kajaks aus dunklem, glänzendem Holz. Solche Modelle hatte er noch nie gesehen. Er wusste zwar, dass es sie gab, aber in Norwegen waren sie nicht verbreitet. Sie waren für Wettkämpfe auf ruhigem Gewässer gemacht, nicht für die rauen Meere des Nordens.

Die jungen Griechen blieben stehen und musterten sie. Sicher gaben sie ein ungewöhnliches Bild ab: ein hochgewachsener nordischer Athlet und seine ebenfalls große Freundin mit blonden Haaren und blauen Augen. So was sah man hier nicht oft.

Einer aus der Gruppe kam auf sie zu. »Jassas«, begrüßte er sie.

»Kalispera«, gab Hakon zurück. Die Lehrstunden bei Heimdall hatten sich ausgezahlt. »Das sind schöne Boote«, fügte Hakon in seinem schlichten Griechisch hinzu.

»Du kennst dich aus?«

»Ich bin auch Kanute.«

Der Junge drehte sich zu seinen Freunden um und rief ihnen etwas zu. Sie lachten. Nicht bösartig. Eher herausfordernd.

»Willst du mal in einem von unseren Booten paddeln, Kanute?«, fragte der Grieche.

Wieder Lachen in der Runde.

Hakon nickte. Dieses Angebot wollte er nicht ausschlagen. Er folgte dem Griechen, der nur geringfügig jünger zu sein schien als er, zum Bootssteg. Dort beobachtete er, wie der Grieche eines der leichten, schmalen Rennkajaks ins Wasser legte. Zwei andere knieten sich hin und hielten das Boot vorn und hinten fest. Sie warfen einander einen verschwörerischen Blick zu und grinsten.

Innegred sah das. »Die haben etwas vor…«, flüsterte sie.

»Keine Sorge«, lächelte Hakon und machte sich bereit, einzusteigen. Er stützte eine Hand auf den Steg und die andere auf die Mitte des Süllrandes, der die Sitzluke mit dem Hinterdeck verband. Dann setzte er vorsichtig erst einen Fuß in das Boot und zog dann den anderen nach, während er sein gesamtes Körpergewicht auf den Händen balancierte. Als er schließlich saß, spürte er, wie kippelig das Boot war, wie schwer es ihm fiel, das Gleichgewicht zu halten, obwohl die beiden Griechen das Boot noch stabilisierten. Das war ungewöhnlich. In den Kajaks, die er gewohnt war, lag der Schwerpunkt tiefer, und er war über das vollständig geschlossene Vordeck und die darunter verbauten Schenkelstützen fest mit dem Boot verbunden. Dieses Kajak hatte keine Schenkelstützen, er hockte über der Wasserlinie auf einem schmalen Sitz, und lediglich seine Füße hatten Kontakt mit dem Stemmbrett, einer Fußstütze, aus der ein Stab herausragte, mit dem er das Steuer bedienen konnte.

Die Griechen fingen an zu lachen, es war nicht das erste

Mal, dass sie sich diesen Spaß erlaubten. Für einen Laien war es praktisch unmöglich, sich in ein solches Boot zu setzen und nicht sofort zu kentern, und selbst für versierte Kanuten war es, wenn sie das erste Mal in so einem offenen Rennkajak sitzen mussten, schwer, nicht ins Wasser zu fallen.

Genau das war es, worauf die griechischen Jungs sich freuten. Um Hakon in falscher Sicherheit zu wiegen, hatten sie das Boot, während er einstieg, stabilisiert. Jetzt ging es darum, es vorsichtig so weit vom Steg wegzudrehen, dass ihr Besucher in beide Richtungen kentern konnte, ohne mit dem Paddel oder dem Kopf auf den Bootssteg zu schlagen. Denn ins Wasser fallen würde er unweigerlich. Niemand, der zum ersten Mal in einem solchen Kajak saß, schaffte es, aufrecht darin sitzen zu bleiben. Sie drehten das Kajak also vorsichtig mit dem Bug vom Steg weg, während der hinten Kniende es weiter stabilisierte, dann lenkten sie es mit einem kleinen Schubs hinaus aufs Wasser und gaben es frei.

Hakon kippelte, absolvierte zwei Stützschläge mit dem Paddel und gewann Stabilität. Er drehte den Oberkörper ein, setzte das Blatt weit vorn ins Wasser und zog durch. Er war zu Hause. Folgte einem Bewegungsmuster, das er Tausende Stunden trainiert hatte.

Die Griechen warfen einander ungläubige Blicke zu, während Hakon das Boot vorantrieb, als hätte er nie etwas anderes getan. Ungläubig fragten sie Innegred, wer ihr Freund sei, wieso er das Kajakfahren in einer fremden Disziplin so eindrucksvoll schnell beherrsche.

Innegred, die kein Wort Griechisch verstand, zuckte nur mit den Schultern. Und so standen sie auf dem Steg und sahen zu, wie Hakon eine Runde um die Bucht drehte. Er war nun voll in seinem Element.

Als er zurückkam, klopften sie ihm respektvoll auf die Schulter.

»Du bist tatsächlich ein Kanute«, sagte der griechische Junge, der Hakon sein Boot gegeben hatte. »Ich heiße übrigens Inos.«

»Ich bin Hakon.«

So saßen sie noch eine Weile am Bootshaus in der Abendsonne, und Hakon erzählte von seiner nordischen Heimat, den wilden Flüssen dort und der rauen See. Schon merkwürdig, dachte er, zwischen uns Kanuten existiert wohl über alle Nationen hinweg ein Band. Wir sind alle gemeinsam und doch frei. Als sie sich schließlich verabschiedeten, wandte er sich noch einmal an Inos.

»Ich habe eine Bitte«, sagte er. »Darf ich mir von euch ein Boot ausleihen? Nur für einen Tag?«

»Normalerweise darf sich hier niemand ein Boot ausleihen«, lachte Inos, »aber du bist die Ausnahme, Wikinger. Komm morgen wieder. Das Bootshaus ist ab frühmorgens geöffnet. Aber bleib mit dem Boot in der Bucht.«

*

Am nächsten Morgen holte Hakon sich ein Kajak aus dem Bootshaus. Er hatte nicht vor, in der Bucht zu bleiben, er hatte andere Pläne. Der Gedanke war ihm spontan gekommen, eine verrückte Idee.

»Was genau hast du vor?«, fragte Innegred, die neben ihm herlief.

»Ich will den Kanal von Korinth in diesem Kajak durchfahren.«

»Warum?«

»Weil es möglich ist.«

Innegred war nicht einmal verwundert. So war Hakon nun mal, sie kannte ihn. »Gut«, sagte sie. »Dann wirst du wohl in diesem Kajak den Kanal von Korinth durchfahren.«

»Über den Kanal führt eine Brücke. Warte dort auf mich.«

»Pass auf dich auf«, sagte Innegred, dann trennten sich ihre Wege.

Hakon genoss die frische Morgenluft. Den feinen Sand unter seinen Füßen. Die fremde Welt, die er durchschritt. Das geliehene Boot auf der Schulter, lief er zum Beginn des Kanals, dahin, wo die Seitenwände des Schachts zum Wasser hin abgeflacht waren. Er sah die kleine Polizeistation, vor der zwei Polizisten standen und sich unterhielten. Der Zugang wurde bewacht. Natürlich. Sobald irgendjemand auftauchte, der hier nicht hineinfahren sollte, musste aus Sicherheitsgründen der gesamte Kanal gesperrt werden. Er war so eng, dass nur jeweils ein Schiff hindurchpasste; ein Schiff füllte den Kanal komplett aus. Hakon wartete ab, bis die Polizisten wieder in die Wache gegangen waren, dann setzte er vorsichtig das Boot ins Wasser und machte sich mit leisen Paddelschlägen auf den Weg. Fast unsichtbar im Schatten der Felsen, fuhr er an der Polizeistation vorbei. Niemand rechnete ja auch damit, dass ein Kajak in den Kanal einfuhr. Kaum war er ein Stück von der Polizeistation entfernt, erhöhte er die Schlagfrequenz und setzte seine ganze Kraft ein. Er wusste, dass er eine stramme Stunde brauchen würde, um die von Menschenhand gegrabene Schlucht in ihrer gesamten Länge zu durchfahren.

Kurz fragte er sich, was er wohl machen würde, wenn ihm ein großes Seeschiff entgegenkam. Es würde ihn zermalmen. Aber dann entdeckte er, dass sich durch den Wellenschlag Tausender Schiffe auf der Wasserlinie im Kalkstein Auskolkungen und Höhlen gebildet hatten, in die er mühelos ausweichen konnte. Und so durchpaddelte er den Kanal. Immer wieder schaute er an den gigantischen, senkrecht aufragenden Wänden hinauf. Dieser Kanal wäre nie gebaut worden, wenn Menschen es nicht einfach immer wieder versucht hätten, dachte er, wenn Menschen nicht immer wieder versucht hätten, das vermeintlich Unmögliche möglich zu machen. Das ist es doch, was das Leben so spannend macht. Und dann sah er die große Brücke auftauchen. Und auf der Brücke eine kleine Figur.

Innegred sah, wie Hakon ihr tief unten in dem schmalen Rennkajak entgegenpaddelte. Aber sie sah auch das Polizeiboot, das ihm mit hoher Geschwindigkeit folgte und ihn jeden Moment einholen musste.

*

Die drei Männer waren fassungslos und sauer zugleich. Fassungslos darüber, dass da einer auf die absurde Idee gekommen war, in einem winzigen Kajak durch den Kanal von Korinth zu fahren. Sauer waren sie darüber, dass sie ihre Mittagsruhe unterbrechen mussten, um diesen fremden Blondschopf, der die Schifffahrt komplett lahmlegte, aus dem Kanal herauszufischen.

»Giatí?«, brüllte einer der Männer Hakon an. »Warum?«

Hakon stand in der kleinen, karg ausgestatteten Polizeistation. In der Mitte des Raumes stand ein einfacher Schreibtisch, auf dem sich vor einer altmodischen Schreibmaschine Akten und Papiere stapelten. An der Wand war ein Regal angebracht, auf dem eine alte, ungepflegte Kaffeemaschine thronte. Unter der Decke drehte sich langsam und trostlos ein Ventilator.

Die Polizisten hatten kein Verständnis für Hakons Aktion. Es waren ältere, untersetzte Männer, die lieber Ouzo tranken, als sich mit irgendwelchen Verrückten auseinanderzusetzen, die ihre heilige Mittagspause störten. Jene Zeit, in der man sich in Griechenland möglichst gar nicht bewegte. Es war genau zwölf Uhr, die Sonne stand senkrecht am Himmel.

Hakon schaute den Polizisten an, der vor ihm stand und ihm wieder und wieder die Frage nach dem Warum stellte. *Giatí? Giatí? Giatí?* Der zweite Polizist lehnte sich in seinem Holzstuhl zurück und legte die Füße auf den Schreibtisch, der dritte stand vor dem Regal und kochte sich einen griechischen Kaffee. Sie verstanden es nicht. Warum? Mit einem Kajak! Im Kanal von Korinth! Warum, warum, warum?

Der Polizist, der vor ihm stand, packte Hakon an den Schultern. Er schien nicht einmal wirklich sauer, er wollte es einfach nur verstehen. *Giatí?*

Hakon schaute ihm in die Augen. *Giatí? Giatí?,* hallte es in seinem Kopf nach. Und schließlich antwortete er. »Wegen Odysseus.«

Schweigen. Alle drei Polizisten starrten ihn an. Was für eine dumme Antwort, schienen sie zu denken. Aber es lag auch Neugier in ihrem Blick.

»Ja«, erklärte Hakon. »Ich habe es wegen Odysseus getan. Wegen des größten aller Griechen.«

Der Polizist, der am Schreibtisch saß, schüttelte den Kopf.

»Ich habe Griechisch gelernt«, fuhr Hakon fort, »weil ich die *Ilias* gelesen habe. Weil ich zu eurem Volk aufschaue. Zu den mutigen Helden eurer Vergangenheit. Weil ich eure Philosophen bewundere. Platon und Sokrates, Heraklit und Epikur. Weil für mich Griechenland die Wiege der westlichen Kultur ist. Und weil euer Volk so viele Helden hervorgebracht hat wie kaum ein anderes.«

Hakons Augen glänzten, als er seine Rede fortsetzte. Es klang pathetisch, aber er meinte jedes Wort so, wie er es sagte. Und auch wenn er spürte, dass er mit dieser Ansprache die Situation vielleicht würde retten können, kam sie doch von Herzen. Je länger er sprach, desto mehr löste sich die Stimmung in dem Raum. Zweifellos dachten die Polizisten, dass er nicht mehr alle Tassen im Schrank hatte, aber irgendwie schienen sie ihn auch unterhaltsam zu finden. Und fühlten sich geschmeichelt, dass er so großen Respekt vor ihrem Volk hatte.

»Eure Männer«, fuhr Hakon fort, »waren große Kämpfer. Ihr habt Schiffe gebaut, mit denen ihr auf die Meere hinausgesegelt seid. Ihr habt alles befahren, nur das Nordmeer habt ihr nie erreicht. Die Gegend, aus der ich komme. Nur dort gibt es noch Passagen, die kein Mensch je erkundet hat.«

Er blickte an dem Polizisten vorbei und sah in einem kleinen Nebenraum drei Feldbetten stehen. Dann schaute er wieder zu den Polizisten. Keiner von ihnen wirkte noch feindselig. Ihr Gesichtsausdruck war weicher geworden. Milder. Einer nahm eine Wassermelone vom Regal und schnitt sie in kleine Stücke, die er Hakon und den anderen wortlos anbot. *Giatí?*, hallte es immer noch in Hakon nach.

»Und ich habe es wegen Helena gemacht. Einer Griechin von solch überirdischer Schönheit, dass alle Männer bereit waren, für sie zu sterben.«

In dem Moment wurde die Eingangstür der Polizeistation aufgerissen. Innegred betrat den Raum. Für die Polizisten wirkte sie wie ein Wesen von einem anderen Stern. Den Männern zunickend, kam sie direkt auf Hakon zu und fasste ihn am Arm. »Ist alles in Ordnung?«, fragte sie.

Die Polizisten schauten sie ungläubig an, sichtlich beeindruckt von ihrer Selbstsicherheit und Präsenz.

»Das«, sagte Hakon, »ist meine Freundin. Innegred. Ich habe sie überredet, mit mir nach Griechenland zu kommen. Von dieser Reise träume ich, seit ich ein Junge war. Schon immer wollte ich dieses Land erkunden, wollte Heldenerde unter den Füßen spüren. Darum wollte ich auch im Geiste der großen Griechen etwas Verrücktes wagen. Etwas, das noch keiner getan hat. Darum bin ich mit meinem Kajak durch den Kanal von Korinth gepaddelt.«

Innegred wollte von Heldenerde gar nichts wissen. Erst als sie sich davon überzeugt hatte, dass es Hakon gutging, blickte sie sich in dem Raum um und nahm die Polizisten wahr. Einer hielt ihr ein Stück Wassermelone hin. Es machte nicht den Eindruck, als stünde Hakon hier als Verhafteter. Vielmehr waren hier unterschiedliche Männer versammelt, die etwas zu verbinden schien. Sie spürte, dass diese Männer wie Freunde zusammen waren, und so war es auch.

»Ich glaube noch immer, dass du ziemlich verrückt bist«, sagte der Polizist, der vor Hakon stand. »Mit einem Paddelboot sein Leben zu riskieren! Aber ich glaube auch, dass du sehr viel Mut hast. Trotzdem: Mach das nie wieder, klar?«

»Klar«, sagte Hakon.

Der Polizist klopfte ihm auf die Schulter und fing an zu lachen. »Verrückter Norweger«, sagte er. »Nimm das mit, wenn du wieder nach Hause fährst. Vielleicht erinnert dich das an unser Heldenland.«

Er nahm eine kleine Figur aus dem Regal und übergab sie Hakon. Es war ein griechischer Speerwerfer. Hakon betrachtete die Skulptur und lächelte. Das Geschenk bedeutete ihm mehr, als der Polizist sich vorstellen konnte. Im Gegenzug nahm Hakon sein schmales Armband ab und schenkte es dem Polizisten. Es war ein geflochtenes silbernes Band mit zwei kleinen Drachenköpfen. Wikingerschmuck.

Speer und Drache wechselten ihren Besitzer. Hakon und Innegred verließen die Polizeistation.

*

Etwas war anders. Das spürte er gleich. Die Tür zu seinem Haus stand offen.

»Innegred?«, rief er.

Keine Antwort. Merkwürdig. Normalerweise empfing sie ihn an der Tür, wenn er nach Hause kam.

Hakon ging durch das große, aufgeräumte Haus, ging von Zimmer zu Zimmer. »Innegred?«, rief er noch einmal.

Keine Reaktion. War sie noch einmal weggegangen? Kaum vorstellbar. Nicht um diese Zeit. Er stieg die Treppe hoch und rief noch einmal nach ihr. Und dann sah er sie. Was hatte sie nur? Sie saß auf dem kleinen Balkon und blickte geistesabwesend aufs Meer.

Er stellte sich hinter sie, legte ihr die Hände auf die Schultern und gab ihr einen Kuss. Ihre Haare rochen vertraut. Hakon schloss die Augen.

Sie reagierte nicht auf ihn. Blickte nur auf das weite Meer hinaus.

»Was ist denn mit dir?«, fragte er. »Ist alles in Ordnung?«

»Es war jemand hier«, sagte sie.

Hakon verstand nicht.

Innegred schaute unverwandt aufs Meer. In der Hand hielt sie einen Brief.

»Wer war hier?«

Sie hielt ihm den Brief hin.

»Was ist das?« Hakon nahm den Umschlag und las sich die drei handgeschriebenen Seiten durch. »Das ist …« Er ließ sich auf den Stuhl neben ihr fallen. »Das ist ja großartig!«

Innegred antwortete nicht.

»Der ist von Fridtjof Normanson«, erklärte Hakon. »Einem der berühmtesten Polarforscher unserer Zeit.«

»Ich weiß«, sagte Innegred. »Seine Leute waren hier. Sie haben den Brief persönlich vorbeigebracht. Morgen kommen sie wieder, sie wollen dich sehen.«

»Normanson will, dass ich eine Expedition leite …«

»Auch das weiß ich.«

Hakon starrte auf den Brief. Seine Hände zitterten. Dass Normanson ihn fragte, war die größte Ehre, die man ihm je erwiesen hatte. Der Forscher hatte ihm im Auftrag der Regierung ein Angebot unterbreitet. Jahre zuvor hatte Normanson einmal versucht, mit einigen Begleitern den Nordpol zu umrunden. Sie waren gescheitert, es war die einzige Expedition, die Normanson je hatte abbrechen müssen. Eine Niederlage, so empfand er das vermutlich, dabei war es ein Wunder, wie weit er überhaupt gekommen war. Normanson war ein routinierter, aber kein professioneller Kanute. Er hatte sich vieles selbst beigebracht. Zwar hatte er sich intensiv auf die Expedition vorbereitet, aber ob jemand zwei Jahre trainiert oder schon von Kindesbeinen an in einem Kajak gesessen hatte, war ein Unterschied. Das wusste auch Normanson, der davon überzeugt war, dass es möglich war, den Pol zu umrunden. Er ging inzwischen davon aus, dass es ihm nicht möglich war, dass ein erfahrener Kanute es aber schaffen konnte. Dass Hakon es schaffen konnte. Normanson schrieb, es werde eine sehr hohe Summe geben, wenn er, Hakon, bereit sei, das Risiko auf sich zu nehmen und die Expedition für Norwegen zu wagen.

»Das ist meine ganz große Chance«, sagte Hakon. »Das Abenteuer meines Lebens. Und das Geld, das ich damit verdienen würde … Wir hätten nie wieder Sorgen.«

Innegred schaute hinaus auf die See.

»Was hast du denn«, fragte er. Erst jetzt sah er, dass ihr Tränen über das Gesicht liefen. Er legte den Brief beiseite und kniete sich neben sie.

»Innegred«, sagte er besorgt. »Red doch mit mir!«

Sie schaute ihren Freund an.

»Es zerreißt mich, Hakon. Jedes Mal, wenn du auf eine Expedition fährst. Jedes Mal, wenn du da rausgehst, sterbe ich innerlich tausend Tode.«

»Aber warum denn das?«

Sie neigte sich zu ihm hin. »Weil ich Angst habe. Weil ich wahnsinnige Angst habe, dich zu verlieren. Du bist mein Leben. Ich ertrage den Gedanken nicht, dass dir etwas passiert.«

Hakon wurde ganz still. So hatte er das noch nie gesehen. Natürlich nicht. Denn sein Leben lang war er nur für eine Person verantwortlich gewesen, für sich selbst. Er hatte keine Angst vor dem Tod. Und dass andere Menschen Angst vor seinem Tod haben könnten, das war ihm noch nie in den Sinn gekommen.

»Du weißt nicht, wie das ist«, sagte Innegred. »Die Person

zu sein, die zurückbleibt. Die Person zu sein, die warten muss. Nie weiß ich, wo du bist, was du machst, wie es dir geht. Ob du nicht vielleicht gerade in dieser Sekunde ertrinkst oder erfrierst, oder …« Sie fing an zu schluchzen.

Hakon nahm sie in den Arm und strich ihr zärtlich über den Rücken.

»Es ist wie ein Schatten, der über unserer Liebe liegt«, sagte sie mit erstickter Stimme. »Jedes Mal, wenn du aus dieser Tür gehst und wochenlang fortbleibst, legt sich der Schatten auf mein Leben.«

»Wieso hast du mir das nie gesagt?«

»Ich habe versucht, es mit mir selbst auszumachen. Ich habe dich so kennengelernt, wie du nun mal bist. Als einen Abenteurer, den es in die Wildnis zieht. Als einen Mann, der seine Freiheit braucht. Vielleicht hatte ich insgeheim die Hoffnung, dass du bei mir ein wenig Ruhe finden würdest.«

»Das habe ich«, sagte Hakon.

»Nein, das hast du nicht. Als die Männer hier waren und von der Expedition erzählt haben, wusste ich, dass du nicht Nein sagen wirst. Dass es dich wieder nach draußen zieht. Du wirst Monate, vielleicht Jahre fort sein, und es ist ungewiss, ob du überhaupt wiederkommst.«

Hakon schaute Innegred an. Es brach ihm das Herz, sie so zu sehen. Sie hatte ja recht. Es gab für ihn keine größere Ehre, als zu einer solchen Unternehmung eingeladen zu werden. Das war alles, wonach er sich immer gesehnt hatte. Aber zugleich liebte er Innegred mehr als alles andere auf dieser Welt. Nie zuvor hatte er sich von einem Menschen so angenommen, so akzeptiert gefühlt. Nie war er so glücklich gewesen wie jetzt, wenn er in ihren Armen lag. Er liebte sie über alles. Und sie leiden zu sehen verursachte ihm körperlichen Schmerz.

»Weißt du«, sagte Innegred. »Es geht gar nicht so sehr um mich. Ich komme damit klar. Nicht gut, aber irgendwie stehe ich es durch. Aber wie sollte das denn in Zukunft werden?«

»In Zukunft?«

»Wenn wir Kinder haben. Was soll ich denen erzählen? Dass ihr Vater in einem Kajak am Nordpol herumpaddelt und ich nicht weiß, ob er jemals wieder nach Hause kommt? Sosehr ich wünschte, ich könnte es – ich kann so nicht leben. Ich kann nicht unter der Last meiner größten Ängste eine Familie gründen.«

Hakon war, als setze sein Herzschlag für einen Moment aus. Was sollte das bedeuten? Wollte sie sich trennen? Hatten sie keine gemeinsame Zukunft mehr? Allein schon der Gedanke, Innegred zu verlieren, war unerträglich. Sie hatten sich gefunden. Sie hatten einander Treue geschworen. Und er hatte gesagt, er würde alles für sie tun. Vielleicht ist es jetzt an der Zeit, diesem Schwur Genüge zu tun, dachte er.

Er kniete sich vor sie, nahm ihre Hand und küsste sie.

»Ich will nicht, dass es dir meinetwegen schlecht geht. Ich will nicht, dass du meinetwegen Angst haben musst. Und ich will unsere Zukunft nicht gefährden. Du bist mein Leben, Innegred. Ich werde alles tun, was nötig ist, um dich glücklich zu machen. Ich werde die Expedition nicht antreten.«

Sie schaute ihn an. Noch immer liefen ihr Tränen übers Gesicht, aber ihr Blick hatte sich verändert. Aus Schmerz und Trauer waren Freude und Erleichterung geworden. »Meinst du das ernst?«, flüsterte sie.

»Todernst.«

Sie zog Hakon zu sich heran und schloss ihn fest in die Arme. Nun weinte sie vor Freude. Vor Erleichterung. Vor Glück. Und weil sie eine nie gekannte Dankbarkeit empfand.

»Danke«, flüsterte sie ihm ins Ohr. »Das werde ich dir nie vergessen. Ich liebe dich.«

»Ich liebe dich auch«, sagte Hakon und versuchte, nicht mehr an den Pol zu denken.

*

Es war mitten in der Nacht, als Innegred erwachte. Sie riss die Augen auf. Es war ungewöhnlich hell. Merkwürdig. Es musste weit nach Mitternacht sein. Sie brauchte ein paar Sekunden, um sich zu orientieren. Wo kam das Licht her? Was hatte sie geweckt? Ein Geräusch? Oder nur eine Ahnung? Sie richtete sich auf und schaute sich in ihrem geräumigen Schlafzimmer um, tastete im Bett nach … Da war niemand. Das Bett war leer. Innegred rieb sich die Augen. Versuchte, sich zu orientieren. Dann schaute sie aus dem Fenster und … Sie atmete einmal tief durch. Jetzt verstand sie, wo das Licht herkam. Der Mond hing wie eine riesige silberne Kugel tief über der See. So hatte sie ihn noch nie gesehen. So nahe. So hell. So voll. Als könne man ihn berühren. Der Mond warf eine helle Straße auf die stille, schwarze See, ein Naturschauspiel wie ein Wunder. Träumte sie das nur? Gebannt schaute sie aus dem Fenster. Und dann sah sie ihn.

Sie sah ihren Geliebten, wie er in seinem Kajak saß und es mit langsamen, ruhigen Schlägen vorantrieb. Es sah aus, als paddele er auf der silbernen Mondstraße dem riesigen Himmelskörper entgegen. Sie hielt den Atem an, konnte den Blick nicht von diesem Bild wenden. Wie hypnotisiert starrte sie auf den riesigen Mond und die immer kleiner werdende Silhouette ihres Mannes, der sich ihm langsam, ganz langsam näherte. Ein kalter Wind wehte durch das geöffnete Fenster herein. Sie zitterte. Zog sich die Decke um die Schultern. Und als sie ihren Mann im Mondschein dem Horizont entgegenpaddeln sah, da lief ihr eine Träne übers Gesicht. Sie hatte verstanden, dass sie diesen Mann niemals würde halten können. Dass dieser Mann dem Meer gehörte.

Am nächsten Tag kam es zu einer Aussprache. Hakon saß auf der Veranda, trank eine Tasse Kaffee und schaute hinaus auf den mächtigen Fjord und die See.

»Ich habe dich gesehen«, sagte Innegred und setzte sich zu ihm. »Gestern Nacht.«

Hakon blickte unverwandt auf die See. Er lächelte. »Es hat mich hinausgezogen«, sagte er mit sanfter Stimme. Die Erinnerung an die helle Mondnacht ließ seine Augen leuchten. »Ich hoffe, ich habe dich nicht geweckt.«

»Nein«, sagte sie. »Geweckt hast du mich nicht, aber du hast mich wachgehalten.« Sie verstummte und schaute gemeinsam mit Hakon aufs Meer. Es war Sommer. Die Sonne wärmte ihre Haut. Es wehte kaum ein Wind, und im Hintergrund sangen die kleinen Vögel einander ihre großen Geschichten vor. »Ich habe viel nachgedacht.«

Hakon tauchte aus seinen Gedanken auf und strich Innegred liebevoll über die Wange. »Worüber hast du nachgedacht?«

»Über uns. Über unsere Zukunft.« Sie spürte seine kräftige Hand auf der Wange. Es fiel ihr schwer, auszusprechen, was sie zu sagen hatte. Sie liebte diesen Mann mehr als alles andere auf dieser Welt. Und sie fühlte sich von ihm geliebt, wie sie sich noch nie geliebt gefühlt hatte. Genau deswegen musste sie nun tun, was sie tun musste.

»Als ich dich in der Nacht gesehen habe, ist mir etwas bewusst geworden«, sagte sie. »Mir ist bewusst geworden, dass ich dich nicht halten kann.«

Hakon schaute sie an. »Was redest du denn da? Ich liebe dich, und das werde ich immer tun!«

»Das weiß ich. Aber du liebst genauso das Meer. Und die Gefahr. Und die Freiheit.«

Die beiden jungen Menschen schauten sich an. »Weißt du, Hakon, ich habe begriffen, dass dein Weg nicht mein Weg ist.«

»Es gibt kein Mein und Dein, es gibt nur ein Uns!«, beharrte Hakon.

»Jeder Mensch«, sagte Innegred nun ganz ruhig und schaute dabei auf das Meer, »hat eine Seinsbestimmung.«

»Was soll das bedeuten?«

Innegred schaute traurig. »Ich war in den letzten Jahren, in denen ich mit dir zusammen war, sehr viel allein. Immer wenn du weggefahren bist, dann war ich in einer Art Wartezustand. Ich habe gewartet, bis du zurückkommst. Ich habe auf dich gewartet, in der Hoffnung, dass du dieses Mal bleiben würdest. Aber dieser Zustand hat mich unglücklich gemacht. Ich habe in dieser Zeit gelernt, was ich eigentlich will im Leben. Ich will sesshaft sein, Hakon. Ich will einen Mann haben, der bei mir ist, ich will Kinder haben, die sich nicht um ihren Vater sorgen müssen. Ich will nicht in Angst und Kummer leben.«

»Ich habe dir doch gesagt, dass ich nicht wieder ausfahren werde…«, entgegnete Hakon.

»Aber das musst du. Denn es ist deine Seinsbestimmung. Als wir uns getroffen haben, da war die Liebe, die wir füreinander empfunden haben, so groß, dass sie überdeckt hat, dass das Leben, was sich jeder von uns eigentlich wünscht, nicht miteinander kompatibel ist.«

Hakon rang mit den Tränen, denn er spürte, dass Innegred es ernst meinte. »Einer von uns beiden wird für immer unglücklich sein, weil er sich nicht entfalten kann. Das Leben sollte kein Kompromiss sein, Hakon. Ich will, dass du deinen Weg gehst. So wie ich meinen Weg gehen muss.«

Dann umarmte Innegred ihn ein letztes Mal und verließ das gemeinsame Haus.

*

Ja, er hat es weit gebracht, dachte Hakon und ließ sich in einen der schweren Ledersessel fallen. Der Raum war groß und einladend. Er schaute sich um. Durch deckenhohe Fenster fiel Licht in den Salon mit der Holztäfelung. In der Mitte des Raumes stand ein Globus, und an den Wänden hingen alte Welt- und Seekarten. Das Ganze war im englischen Stil gehalten und erinnerte Hakon an die Salons der großen, reichen Entdecker, die einst in solchen Räumen geplant hatten, die Welt neu zu vermessen. Es gefiel ihm.

»Mein Freund«, riss ihn eine wohlbekannte Stimme aus seinen Gedanken. »Wie schön, dass du da bist!«

Hakon blickte auf. Da stand er. Ansgar. Wie sehr er sich doch verändert hatte. Er war noch immer eine kraftvolle Erscheinung, aber er war schwer geworden. Auch seine Haltung war eine andere. Das war nicht mehr der Kanute, der Abenteurer, der wochenlang unter freiem Himmel lebte und auf dem nackten Boden schlief. Stattdessen trug er Kleidung aus feinstem Stoff und hielt ein Glas mit Cognac in der Hand. Angsar hatte die Haltung eines Mannes, der Geld besaß und dem man das auch ansah. Vornehm und aufrecht.

Hakon erhob sich und schloss seinen Freund in die Arme. Er fasste ihm augenzwinkernd ans glattrasierte Kinn. »Was ist denn mit deinem Bart passiert, Wikinger? Das letzte Mal, als wir uns gesehen haben …«

»… das ist lange her«, sagte Ansgar und lächelte ein wenig gequält.

Es war wirklich lange her. Seit sie sich in England getrennt hatten, waren sie sich nur noch wenige Male persönlich begegnet. Sie hatten sich für unterschiedliche Lebensmodelle entschieden. Der Weg von Ansgar war der von seiner Familie erwartete gewesen. Dennoch war der Kontakt zwischen ihnen nie ganz abgerissen. Sie schrieben einander regelmäßig Briefe, in denen sie dem jeweils anderen erzählten, was in ihrem Leben gerade passierte. Hakon wusste, dass Ansgar sein Studium erfolgreich abgeschlossen hatte und in die Fußstapfen seines Vaters getreten war. Dass er dessen Praxis übernommen hatte und als gefragter Mediziner den vorhandenen Wohlstand weiter ausgebaut hatte. Dass er aber ein so großes und eindrucksvolles Anwesen bewohnte, das beeindruckte Hakon.

»Gefällt es dir?«, fragte Ansgar und bot seinem alten Freund ein Glas Cognac an.

»Sehr edel«, sagte Hakon und zeigte auf die alten Karten, »und zugleich spiegelt es den Ansgar wieder, der mir einst so vertraut war.«

Ansgar zeigte an die hohe Decke, und Hakon schaute hoch und sah erst jetzt, dass dort ein Ocean-Expeditionskajak angebracht war. Er erkannte es sofort wieder.

»Ist das …?«

Ansgar nickte. Ja, es war das Kajak, mit dem er Hakon damals nach England begleitet hatte.

»Du hast es doch verkauft?«, fragte Hakon überrascht.

»Das stimmt. Aber dann habe ich viel Zeit und Geld investiert, um den Käufer ausfindig zu machen und es zurückzukaufen. Es war vielleicht ein Fehler, dass ich es damals …« Er verstummte und ließ sich in den Sessel neben Hakon fallen. »Reden wir nicht über mich. Reden wir über dich. Erzähl mir von deinen Reisen. Von deinen Abenteuern«, sagte er schließlich. »Ich will alles hören.«

»Ich komme gerade von einer längeren Expedition in Grönland …«, begann Hakon, »… einer Erstbefahrung.«

»Mit dem Kajak?«

»Mit dem Kajak. Aber das ist nicht so spannend, Ansgar.«

»Nicht so spannend?«

»Nicht so spannend wie das, was ich gerade plane.«

Ansgar richtete sich in seinem Sessel auf. »Was planst du? Erzähl.«

Auch Hakon richtete sich etwas auf. »Ich stehe in Kontakt mit Fridtjof Normanson. Er finanziert mir eine Expedition um den Nordpol.«

»Fridtjof Normanson? Um den Nordpol?«

»Ja! Ich werde ihn mit einem Kajak umrunden. Das Ganze wird drei Jahre dauern.«

»Den Nordpol in einem Kajak umrunden, ich fasse es nicht!«, rief Ansgar aus, und seine Augen glänzten.

Die Euphorie im Raum war förmlich mit Händen greifbar.

Die beiden alten Freunde traten vor eine der Seekarten, und Hakon erläuterte seinen Plan.

»Hier verläuft die Nordwestpassage«, sagte er. »Die ist noch nie in einem Kajak durchquert worden.«

Ansgar hob die Augenbrauen und schaute seinen Freund besorgt an. »Weißt du, wie viele Männer die Suche nach der Passage mit dem Leben bezahlt haben?«

»Ja, das weiß ich, Ansgar. Und dabei ist die Durchquerung der Nordwestpassage nur der erste Teil der Expedition. Ich habe vor, ganz um den Pol herumzufahren und durch die Nordostpassage zu meinem Ausgangspunkt zurückzukehren.«

»Es wird schwierig sein, das zu überleben«, sagte Ansgar. »Zu schwierig für mich.«

»Ich werde es überleben.« Hakon lächelte. Er schwieg einen Moment und fügte dann ernster hinzu: »Ich habe mir bei den Expeditionen der letzten Jahre das entsprechende Rüstzeug zugelegt. Ich bin davon überzeugt, dass es machbar ist. Dass ich es sehr wohl überleben kann.«

Für einen Moment vergaß Hakon, wo er war. Es fühlte sich an, als sei er wieder in der Hafenkneipe, in der er damals mit Ansgar gesessen hatte. Damals, als sie, von den Seeleuten inspiriert, beschlossen hatten, nach England aufzubrechen. Es war, als lodere der alte Funke zwischen ihnen wieder auf und könne ein großes Feuer entzünden.

»Darum bin ich gekommen, Ansgar. Ich wollte mich verabschieden. Ich werde für eine lange Zeit fort sein. Und …« er hielt kurz inne, »… ich kann nicht sicher sein, ob ich wirklich wiederkehren werde.«

»Natürlich wirst du das!«, rief Ansgar. »Wenn einer von dieser Fahrt wiederkehrt, dann du! Ich sage dir, mein Freund, ich beneide dich! Ich beneide dich aus tiefstem Herzen!« Er griff nach dem Arm seines Freundes und drückte ihn fest. »Der Nordpol. Wie oft habe ich davon geträumt! Seit ich ein kleiner

Junge war, ist der Pol mein Sehnsuchtsort.« Er schaute zu Boden. »Unerreichbar«, fügte er beinahe resigniert hinzu.

Es entstand eine kurze Pause, nur wenige Sekunden, aber in diesen Sekunden formte sich in Hakons Kopf ein spontaner Gedanke. Er sah Ansgar an. Dann brach es aus ihm heraus.

»Dann komm mit!« Er griff nun seinerseits nach der Hand des Freundes. Es war ein spontaner Gedanke, ein klassischer Hakon-Moment.

Ansgar lachte auf. »Nein, mein Freund. Dieses Mal musst du die Reise ohne mich antreten. Ich habe Verpflichtungen und bin für eine solche Reise nicht vorbereitet. Aber …«

»Aber?«

Ansgar ließ sich wieder in seinen Sessel fallen. »Aber ich würde lügen, wenn ich sagen würde, dass der Gedanke mich nicht reizt. Dem äußeren Anschein nach führe ich ein Leben, in dem ich alles habe, was ich brauche, und noch viel mehr. Geld, Ansehen, aber … aber ich fühle mich nicht … nicht komplett. Verstehst du?«

Hakon nickte.

»Ich frage mich bis heute, ob es damals die richtige Entscheidung war, unsere Reise abzubrechen.«

»Du hattest eine einmalige Gelegenheit, Ansgar, und du hast sie ergriffen. Sie wäre sonst an dir vorbeigezogen.«

»So wie du jetzt die Gelegenheit ergreifst, an den Nordpol zu reisen.«

»Es hat keinen Sinn, zurückzuschauen und etwas zu bereuen. Reue ist so etwas wie ein Angriff auf dich selbst. Du hast damals eine Entscheidung gefällt, und es spielt keine Rolle mehr, ob sie richtig war oder falsch. Du hast entschieden.«

Hakon musterte seinen Freund. Er war noch immer groß und kräftig und würde mit der richtigen Vorbereitung in der Lage sein, eine solche Expedition durchzuhalten. Die spontane Idee, dass sein Freund ihn auf der Mission begleiten könnte, begeisterte ihn. Ansgar und er, das war die beste nur vorstellbare Kombination! Sie ergänzten sich perfekt. Er, Hakon, war der Wilde, Ungestüme, den es vorwärts drängte, Ansgar war der vorsichtige Pragmatiker, der jedes Risiko sorgfältig abwog. Für sich genommen waren sie beide großartige Kanuten und Abenteurer, aber gemeinsam ergaben sie die ideale Besetzung für eine Fahrt wie diese. Dennoch spürte Hakon, dass das nur eine Träumerei war.

»Stell dir das doch mal vor, Ansgar. Wir würden es einfach so machen wie früher. Du, ich, zwei Kajaks und das ewige Eis.«

Ansgar schenkte sich noch einen Cognac ein und blickte lächelnd in die Ferne. »Komm mit, Ansgar, es wird wie früher sein«, versuchte Hakon Ansgar zu überreden, mitzukommen.

*

Die Sonne stand am höchsten Punkt eines wolkenlosen Himmels, es war vielleicht der schönste Sommertag, den Hakon seit Langem gesehen hatte. Er stand an der Reling der »Excelsior« und sah zu, wie der mächtige Eisbrecher sich langsam vom Hafen entfernte. Es waren viele Menschen gekommen, um sich zu verabschieden. Freunde und Weggefährten, aber auch Fremde, die ihm einfach nur Glück auf seiner langen, gefährlichen Reise wünschen wollten. Hakon schaute in die Gesichter von Jungen und Alten, Männern und Frauen, der Bekannten und Fremden, nur ein Gesicht sah er nicht. Er hatte Innegred nicht über seine Abreise informiert. Er wusste, wie schwer es für sie gewesen wäre, dass er diese Mission angenommen hatte, wie sehr sie darunter gelitten hätte, dass er nun für drei lange Jahre ins ewige Eis gehen würde. Dass sie um sein Leben fürchtete. Er hatte ihr diesen Abschied ersparen wollen. Und dennoch. Er hätte sich nichts mehr gewünscht, als hier noch einmal ihr Gesicht zu sehen.

Er schaute zum Hafen hinüber. Sah die Menschen, die ihm zuwinkten, immer kleiner und kleiner werden, und irgendwann sah er nichts mehr als das wilde blaue Nordmeer, dessen Wellen gegen den Eisbrecher schlugen. Da legte ihm jemand die Hand auf die Schulter.

»Bist du bereit für das, was kommt?«, fragte eine vertraute Stimme.

»Wie kann man für etwas bereit sein, von dem man nicht weiß, was es ist?«, fragte Hakon zurück.

Ansgar lächelte. »Man kann sich auch auf das Unmögliche vorbereiten. Darum bin ich ja dabei.«

Hakon drehte sich um und klopfte Ansgar gegen die Brust. »Ich bin so froh, dass du mitkommst!«

»Ich kann dich unmöglich allein ins Eis gehen lassen. Mit deinem Sturkopf würdest du doch schon nach einer Woche in eine Gletscherspalte fallen.«

Hakon konnte noch immer kaum glauben, dass Ansgar wirklich mitgekommen war. Ansgar war dem starken Impuls Hakons gefolgt und hatte seine Entscheidung noch am Abend des Tages getroffen, an dem er ihn zu Hause besucht hatte. Offenbar hatte er ihn gar nicht groß überzeugen müssen, so als hätte Ansgar schon lange vorher darüber nachgedacht, dass er seine bürgerliche Existenz – zumindest für eine gewisse Zeit – hinter sich lassen und noch ein letztes Mal seiner wahren Bestimmung nachgehen sollte. Viel war es ohnehin nicht, was er zurückließ. Seine Arztpraxis wurde von Freunden weitergeführt, eine Familie hatte Ansgar nicht gegründet. Und seit dem Tod seines Vaters schien ihn nichts mehr an sein bekanntes Leben zu binden. Sie hatten nie darüber gesprochen und sich nie in Briefen darüber ausgetauscht, aber natürlich spürte Hakon, wie sehr sein Freund mit dem Leben haderte, das er führte. Denn es war ein Leben, das jemand anderes für ihn bestimmt hatte.

Es war eine lange Reise in den Norden. Jeden Morgen stellte sich Hakon an den Bug und schaute auf die unendlichen Weiten des Meeres. Je näher sie ihrem Ziel kamen, desto deutlicher veränderten sich auch die See und die Luft. Es wurde kälter und klarer, und im Wasser trieben mehr und mehr Eisschollen, die der Brecher zur Seite schob. Hakon wurde nachdenklich. Er wusste, dass etwas Außergewöhnliches vor ihnen lag, und nutzte die Morgenstunden, um sich darauf einzustellen. Er war ruhig und in sich gekehrt, so wie immer, wenn er sich auf eines seiner Abenteuer vorbereitete. Er versuchte, alle Eventualitäten vor seinem geistigen Auge durchzuspielen. Normalerweise gelang ihm das gut, doch dieses Mal wusste er zu wenig über das, was ihn erwartete, denn er wollte zu einem Ort vordringen, für den es noch keine Beschreibungen gab. Die letzten Nächte hatte er unruhig geschlafen. War von Albträumen geplagt worden. Von bösen Vorahnungen. Er deutete sie als schlechtes Zeichen. In all den Jahren zuvor hatten ihn vor keiner Expedition solche Träume gequält. Er schaute über das Meer, das an diesem Morgen sehr ruhig war.

*

Nach zwei Wochen erreichten sie Thule. Grönland. Den Ausgangspunkt ihrer Expedition. Von hier würden sie gen Süden aufbrechen. Der erste Teil der Strecke führte durch die berüchtigte Nordwestpassage. Seit Hunderten von Jahren war diese Strecke eine Legende. Die berühmtesten und wagemutigsten Forscher der Welt hatten nach einem Weg gesucht, den nordamerikanischen Kontinent nördlich zu umfahren, um die extrem lange und gefährliche Reise um die Südspitze Südamerikas und Feuerland zu vermeiden. Doch das war nicht so einfach. Inmitten des dichten Packeises gab es nur wenige befahrbare Routen, und die froren im tiefsten Winter zu. Nur im Sommer bestand überhaupt die Chance, offene Wasserrinnen zu finden. Viele der unzähligen Versuche waren dramatisch zu Ende gegangen. An der größten Expedition unter John Franklin hatten 129 Männer teilgenommen. Keiner von ihnen war je nach Hause zurückgekehrt. Vierzig Schiffe hatten nach den Männern gesucht und nur Leichen gefunden. Was ihnen zugestoßen war, blieb bis auf den heutigen Tag ein Rätsel.

Hakon und Ansgar waren sich des außergewöhnlichen Risikos, dem sie sich aussetzen, sehr bewusst. Die Nordwestpassage zu durchqueren war an sich schon schwer genug, doch das Ganze in einem Kajak? Und das nur als erste Etappe, um im zweiten Schritt den gesamten Bogen zu spannen und den Nordpol zu umrunden? Ein irrwitziges Vorhaben, aber sie waren sich sicher, dass es funktionieren konnte. In langen Gesprächen waren sie sogar zu der Überzeugung gelangt, dass es überhaupt nur mit dem Kajak möglich war, diese Fahrt zu überstehen. Das Kajak war schmal und wendig genug, um die engsten Wasserrinnen im Eis zu durchfahren, und es war leicht genug, um über das Packeis gezogen zu werden, wenn sie auf dem Wasserweg nicht weiterkommen sollten. Tatsächlich war das Kajak ein schwimmfähiger Schlitten, den man im Zweifel hunderte Kilometer über das Eis würde ziehen können.

Sie saßen in ihrer Kajüte, während das Schiff anlegte, und sahen sich ein letztes Mal die Karte an. Von Thule aus würden sie in den Süden fahren, vorbei an Devon Island. Dann würden sie Somerset Island umrunden, weiter südlich nach Spencer Bay paddeln und schließlich in Cambridge Bay überwintern. Sollte ihnen das gelingen, hatten sie den ersten Teil ihrer Reise geschafft. Schließlich würden sie Victoria Island von Westen aus umfahren und hoch in den Norden paddeln, wo sie den Pol umrunden und wieder in Grönland ankommen würden. Soweit der Plan. Die beiden Freunde schauten einander an. Jetzt, da sie es noch einmal durchsprachen, wurde ihnen bewusst, wie verrückt ihr Vorhaben war. Aber es gab kein Zurück mehr.

Nachdem ihre Boote entladen waren, bereiteten sie sich, direkt am Hafen, auf die Abfahrt vor. Einerkajaks. Aber keine gewöhnlichen Einerkajaks, sondern Spezialanfertigungen extra für diese Reise. Hakon kniete sich hin und strich über das sauber verarbeitete Material. Beide Boote hatten ein flaches Unterschiff, damit man sie wie einen Schlitten durch den Schnee ziehen konnte. Außerdem konnte man so mit Schwung vom Wasser auf das Eis hinaufrutschen, ohne zu kentern. Sie hatten wochenlang getüftelt, um ihre Boote bestmöglich auszustatten. Die Kajaks waren kürzer, dafür aber breiter als üblich. Im dichten Treibeis, wo es darauf ankommen würde, sich durch enge Durchfahrten zu winden, wäre ein langes Kajak von Nachteil gewesen. Die Breite hingegen war nötig, um die Unmengen von Proviant und Ausrüstung unterzubringen.

Ansgar nahm einen letzten kleinen Seesack und schob ihn unter das Gepäcknetz an Deck, unter dem auch das Ersatzpaddel verstaut war. Dann ging er noch einmal um das Boot herum und betrachtete es. »Ich glaube, ich wäre so weit«, sagte er.

Auch Hakon hatte mittlerweile alles zusammengeschnürt. »Dann brechen wir jetzt auf?«

»Sieht ganz so aus.«

»Ist alles okay?«

»Ich denke schon …«

Hakon betrachtete seinen Freund, erkannte, dass er Zweifel hatte. Dass er noch ein letztes Mal mit sich rang. Brachen sie jetzt auf, würde es endgültig kein Zurück mehr geben.

Ansgar atmete schwer aus. Dann wischte er seine Zweifel fort. »Auf geht's«, sagte er. »Lass uns gemeinsam den Nordpol umrunden.«

Hakon lächelte.

*

Die beiden zogen ihre Kajaks auf dem zugefrorenen Meer wie Schlitten hinter sich her. Der erste Teil der Etappe war ein Fußmarsch. Ein langer Fußmarsch. Schon nach wenigen

Kilometern stieg dichter Nebel auf. Sie hatten damit gerechnet. Ihnen war schon früh gesagt worden, dass man hier nur die Wahl zwischen zwei Übeln hatte: Entweder war es windstill und neblig, oder es gab Sonnenschein und Sturm. Die Kajaks ließen sich gut ziehen, und so marschierten die Freunde weiter, bis sich der Nebel langsam lichtete.

Irgendwann hielt Hakon inne. »Ansgar«, sagte er, »schau nur!«

Sie nahmen sich einen Moment Zeit, um die Landschaft aus weiß leuchtenden Eisbergen zu betrachten, die sich vor ihnen auftat. Die Natur hatte dem Eis die unterschiedlichsten Formen und Ausprägungen gegeben. Es war ein Bild von unglaublicher Reinheit.

»Hast du jemals etwas so Wunderschönes gesehen?«, fragte Hakon.

Ansgar breitete die Arme aus und fing an zu lachen. »Davon habe ich schon immer geträumt«, sagte er. Es war verhältnismäßig warm, arktischer Frühling, minus 5 Grad.

Reglos standen sie da und betrachteten ehrfürchtig dieses Wunder.

Ein wenig später kam die Sonne hervor, und die Luft wurde angenehm warm. Doch je länger die Sonne schien, desto mehr schmolz auch der Schnee zu einem undurchdringlichen Matsch zusammen. Es wurde schwerer und schwerer, die Kajaks zu ziehen, immer wieder sackten sie ein.

»Ansgar«, sagte Hakon und blieb stehen. »Hörst du das?«

Sie verharrten bewegungslos. Ein leises Rauschen.

»Wasser. Das ist Wasserrauschen. Das Meer muss ganz in der Nähe sein.«

Ansgar zeigte auf den Horizont, wo ein paar dunkle Streifen zu sehen waren. Hakon verstand sofort. Die offene See reflektierte das Licht nicht so hell wie das Eis. Es war das Meer. Und es war nicht mehr weit. Weiter zogen sie ihre Kajaks, doch es wurde immer mühsamer. Irgendwann war es unmöglich, noch vorwärtszukommen, der Schnee war zu weich.

»Das kann doch nicht wahr sein«, schimpfte Ansgar. »Nur noch ein paar hundert Meter zum Meer – und wir erreichen es nicht.«

»Lass uns etwas anderes versuchen«, schlug Hakon vor, setzte sich in sein Kajak und versuchte, es mit dem Paddel voranzuschieben.

Das funktionierte. Sie kamen zwar nur schleppend voran, aber es ging vorwärts. Mit Schaukeln, Ruckeln und Schieben erreichten sie schließlich das Meer. Wasser! Die Paddel verhakten sich nicht mehr im Eis, sie glitten in klares Wasser. So trieben die beiden ihre Boote voran. Es war ein befreiendes Gefühl.

»Lass uns für heute Schluss machen«, sagte Ansgar nach ein paar Stunden. »Es war ein langer Tag.«

Hakon, der lieber noch weitergepaddelt wäre, ließ sich darauf ein. Es war vielleicht nicht verkehrt, Kräfte zu sparen. So richteten sie ihr Nachtlager ein, stellten die Zelte auf und sahen zu, wie die Sonne über der unendlichen Eiswüste unterging. Nur noch wenige Wochen, dann würde sie vierundzwanzig Stunden lang gar nicht untergehen.

*

Die nächsten Tage kamen sie nur schleppend voran. Wieder und wieder hingen die beiden Freunde in tiefstem Eis fest. Die letzten Kilometer hatten sie noch durch eine offene Wasserrinne paddeln können, nun hatten sie ein Gebiet mit den wildesten Eisverwerfungen erreicht. Bis zum Horizont erstreckten sie sich vor ihnen. Da mussten sie mitten hindurch. Sie stiegen aus ihren Kajaks, zogen sie wie gewohnt hinter sich her und kämpften sich über die Spalten des gefrorenen Eisbruchs. Immer wieder liefen sie Gefahr, einfach irgendwo herunterzustürzen.

»Hast du dir deinen Pol so vorgestellt, als du noch ein Kind warst?«, fragte Hakon, während sie kurz ausruhten.

»Etwas friedlicher habe ich ihn mir vorgestellt«, sagte Ansgar.

Genau in dem Moment hörten sie ein ohrenbetäubendes Krachen. Wieder war in der Ferne ein mächtiger Eisberg von einem der zahlreichen Gletscher abgebrochen, die sich ins Meer schoben. Es übersteigt jede Vorstellungskraft, dachte Hakon, da bewegen sich gerade Milliarden Tonnen Eis. Getrieben von unsichtbaren Kräften.

Schließlich eröffnete sich wieder eine kleine Wasserrinne vor ihnen. Die Freunde wechselten einen Blick und legten ihre Boote vorsichtig auf das Wasser. Mächtige Eisbrocken trieben vorbei, die immer wieder aneinanderstießen und dann zerbrachen. Die beiden navigierten ihre Boote zwischen ihnen hindurch, immer in der Sorge, zerquetscht zu werden. Und als sie den Eisbruch nach vielen Stunden passiert hatten, schlugen sie ein Nachtlager auf.

*

Da war etwas. Ganz sicher! Hakon öffnete die Augen. Er blieb still liegen und versuchte das Geräusch einzuordnen. Ein Rascheln. Ein Schnaufen. Ein tiefes Brummen. Dann wieder Rascheln. Es wurde lauter. Was war das?

»Ansgar?«, flüsterte er.

Keine Antwort. Dann wieder ein Rascheln. Dieses Mal noch lauter. Es musste noch mitten in der Nacht sein. Vielleicht war es nur sein Freund, der … Metallklirren. Ein lautes Brummen! Hakon schreckte hoch. Nein, hier stimmte was nicht. Er hielt die Luft an, befreite sich vorsichtig aus seinem Schlafsack und öffnete das Zelt. Instinktiv griff er nach dem Gewehr, das neben ihm lag. Die Nacht war tiefschwarz. Seine Augen brauchten ein wenig, um sich an die Dunkelheit zu gewöhnen. Schließlich erkannte er Umrisse. Schemen. Das Zelt von Ansgar. Aber vor dem Zelt war etwas. Hakon kniff die

Augen zusammen, um es besser erkennen zu können. Er sah nur eine große weiße Fläche … und bekam Gänsehaut. Das war ein Eisbär! Und er griff mit seiner riesigen Pratze wieder und wieder in das Zelt von Ansgar, so als wolle er etwas herausfischen. Hakon erschrak. So nahe war er einem Eisbären noch nie gekommen. Was für ein mächtiges Wesen, dachte er. Er trat einen Schritt zurück. Der Bär hörte ihn, wandte den Kopf und betrachtete Hakon neugierig. Wahrscheinlich war es auch für ihn der erste Kontakt zu einem Menschen. Doch der Bär schien nicht ängstlich zu sein. Sich seiner Überlegenheit bewusst, ließ er von dem Zelt ab und wandte sich Hakon zu, der instinktiv das Gewehr in die Höhe riss und einen Warnschuss abfeuerte. Erst jetzt schreckte der Bär zusammen und duckte sich weg.

»Na los«, brüllte Hakon. »Verschwinde. Weg! Weg!« Er gab einen zweiten Schuss ab, der durch die totenstille Nacht hallte. Der Eisbär ergriff die Flucht.

Als er weit genug entfernt war, stürzte Hakon in das Zelt seines Freundes.

»Ansgar!«, brüllte er. »Ist alles okay …?«

Ansgar lag totenbleich in seinem Schlafsack. »Ich … ich hatte mein Gewehr nicht in Griffweite«, stotterte er. Er stand sichtlich unter Schock.

Hakon untersuchte seinen Freund. Das Zelt war zerfetzt, aber Ansgar hatte Glück gehabt. Riesiges Glück. Ein Hieb des Eisbären hätte genügt, um ihn zu töten oder zumindest schwer zu verletzen. Aber dieses Mal waren sie mit einem Schock davongekommen.

*

Es ging nicht mehr voran. Die Eisschollen waren zu dick, die kleinen Verästelungen des Wassers mittlerweile zugefroren. Das, was die beiden Männer schon seit einigen Tagen gespürt hatten, war zur unüberwindbaren Realität geworden. Der Winter war gekommen. Immer wieder zogen neue Schneestürme auf, die ein Vorankommen unmöglich machten.

»Es hat keinen Sinn«, sagte Hakon. »Hier kommen wir nicht mehr weiter. Wir müssen unser Winterlager aufschlagen.«

»Einverstanden«, sagte Ansgar, und sie legten ihre Zuggurte an und gingen, die Kajaks hinter sich herziehend, zu Fuß weiter.

Vier Monate waren sie bereits im ewigen Eis unterwegs. Sie hatten gewusst, dass dieser Tag kommen würde. Langsam stapften sie mit ihren schweren Vorräten durch den tiefen, festen Schnee, Stunde um Stunde, bis sie einen geeigneten Ort fanden.

»Hier«, sagte Hakon nur knapp, und Ansgar nickte. Sie waren zu konzentriert und zu erschöpft, um groß miteinander zu sprechen. Gesagt wurde nur, was gesagt werden musste. Sie stellten ihre Sachen ab und begannen, sich ein Iglu zu bauen, das sie besser vor der Kälte schützen sollte, als ihre Zelte es konnten. Als die Nacht anbrach, waren sie schließlich fertig. Sie saßen vor ihrem Iglu und schauten in die Dunkelheit, waren umgeben von einer gespenstischen Stille. Sie hörten nicht einmal mehr das Eis, das sie umgab.

Ansgar öffnete sich eine Konservendose und löffelte ein paar Bohnen. »Wir müssen jagen gehen«, sagte er. »Um unsere Vorräte zu schonen. Wer weiß, wie lange wir hier festsitzen werden.«

Es lief nicht nach Plan, das wussten beide. Sie hätten schon wesentlich weiter sein müssen. Ihr Ziel war es gewesen, Cambrigde Island vor Einbruch des Winters zu erreichen, aber sie waren gerade einmal bis King William Island gekommen, einer Insel, die von mächtigen Gletschern geprägt war. Auf Cambridge Bay wäre eine Versorgungsstation gewesen. Dort hätten sie es leichter gehabt zu überwintern. Aber es half nichts, die Lage war, wie sie war. Sie hatten gewusst, dass sie sich auf zwei Winter einstellen mussten. Jetzt galt es, die nächsten Monate bei Kräften zu überstehen.

*

Doch der Winter war schwerer, als sie es sich vorgestellt hätten. Es herrschte permanente Dunkelheit, rund um die Uhr. Die Sonne ging nicht mehr auf, das Leben war zur Nacht geworden. Aber am schlimmsten war für die beiden Männer, dass sie zur Untätigkeit gezwungen waren. Dass sie nicht vorankamen. Dass sie festsaßen im ewigen Eis, wo sie nichts zu tun hatten. Sie hatten kein Ziel, auf das sie hinarbeiten konnten, außer zu jagen und zu fischen und somit ihre Vorräte zu schonen. Hakon und Ansgar begannen ihre Umgebung zu erkunden, aber sie kamen nicht weit. Immer wieder zogen schwere Schneestürme auf, die sie zurück in ihr Lager zwangen.

Die ersten Wochen überbrückten sie damit, einander Geschichten aus ihrem Leben zu erzählen, aber irgendwann waren alle Geschichten erzählt und so sprachen sie immer weniger miteinander. In dieser Zeit bemerkte Hakon erste Verhaltensauffälligkeiten bei Ansgar. Er führte Selbstgespräche. Er stand immer wieder auf und fing an, durchs Eis zu laufen. Er reagierte nicht, wenn Hakon ihn ansprach. Hakon machte das Sorge. Vielleicht sind es nur der Winter, die Dunkelheit und die Einsamkeit, dachte er sich. Er begann, sich mit Ansgar kleine Rituale auszudenken, die ihren Tag ein wenig strukturierten und ihnen halfen, bei Kräften zu bleiben. Vormittags trainierten sie zusammen. Kniebeugen. Liegestütze. Bauch- und Rückenübungen. Anschließend wurden die Kajaks zehn Runden auf einer immergleichen ovalen Bahn um das Lager gezogen. Wenn sie fertig waren, gingen sie zur zugefrorenen Küste und schlugen ein Loch in das Eis, um zu angeln oder

Robben zu jagen. Meistens hatten sie kein Glück, aber hin und wieder war die Jagd doch erfolgreich und sie hatten wieder für etliche Tage eiweißreiche Nahrung.

Manchmal waren sie aber auch wochenlang zur Untätigkeit verurteilt, vom Sturm gefangen gehalten in ihrem winzigen Iglu. Wenn das Wetter sich beruhigt hatte, gruben sie sich aus meterhohem Neuschnee frei und nahmen ihre Routine wieder auf. Tag für Tag machten sie ihre Übungen, und so überstanden sie den Winter, bis ein Lichtstreif am Horizont das Ende der arktischen Nacht ankündigte. Nun würden bald die Monate des Lichts folgen, eine Zeit, in der die Sonne niemals unterging, in der es immer hell war. Irgendwann nahmen sie wahr, dass die Temperaturen wieder stiegen und das Eis taute. Der Frühling war angebrochen, und mit dem Frühling war es ihnen endlich möglich, weiterzureisen.

Den ganzen Sommer über folgten sie ihrer Route vorbei an Cambridge Bay. Es ging nun wieder nordwärts, sie paddelten an der Küste von Victoria Island hinauf. Richtung Pol. Etwa die Hälfte ihrer Reise hatten sie geschafft, und dennoch wurde alles immer schwerer. Es waren die immergleichen Routinen, die ihnen zusetzten. Wo es möglich war, legten sie ihre Boote ins Wasser und paddelten. Und wenn das Eis ihnen den Wasserweg versperrte, gingen sie im Zuggeschirr weiter. Es war die alltägliche Trostlosigkeit der Monotonie. Die Eislandschaft hatte ihren anfänglichen Reiz verloren, sie wurde zu einer weißen Ödnis, die sich tief in die Träume und das Denken der beiden Männer hineinfraß.

*

Der zweite Winter brach ein. Und wieder waren die beiden Freunde nicht so weit gekommen, wie sie hatten kommen wollen. Sie lagen viele hundert Kilometer hinter ihren ursprünglichen Planungen zurück. Hakon ärgerte sich. Wenn es so weiterging, würden sie nicht drei, sondern vier Jahre brauchen, um den Pol zu umrunden. Vielleicht sogar noch länger. In seinen Plänen war alles so klar und einfach gewesen, doch die Realität hielt sich nicht an Pläne. Das Wetter in der Arktis war so schlecht wie seit Jahren nicht mehr. Und auch Ansgar bremste die Expedition immer wieder aus. Anfangs noch, indem er zur Vorsicht mahnte, weil er lieber frühzeitig ein Lager aufschlagen als weitergehen wollte. Später dann, weil sein mentaler Zustand immer schlechter wurde.

Hakon beobachtete den Verfall seines Freundes mit Sorge. Die Selbstgespräche wurden länger und intensiver, aber das war längst nicht alles. Es gab immer wieder Momente, in denen schien Ansgar in eine Art geistiger Umnachtung zu fallen. Momente, in denen er nicht mehr ansprechbar war, in denen er in seiner ganz eigenen Welt versank. Dann blieb er einfach stehen. Oder legte sich in den Schnee. Oder fing plötzlich an, in eine andere Richtung zu marschieren.

Sie hatten sich auf einem Plateau eingerichtet und ihr Winter-Iglu gebaut. Es war nicht ideal, aber der Weg zum Meer hätte sie zu viel Zeit und Energie gekostet und wäre mit dem desolaten Ansgar kaum noch möglich gewesen. Es herrschten minus 45 Grad Celsius in diesen Höhen, und der Wind war so kalt und beißend, dass er sich anfühlte wie Säure, die einem das Gesicht verätzte. Hakon lag im Iglu und schloss die Augen. Ansgar schlief neben ihm. Er dachte nach über das, was bereits hinter ihnen lag, und das, was noch kam. In seinem Kopf waren tausendundeine Frage. Würden sie es schaffen, den Winter zu überstehen? Und was kam danach? Welche Schwierigkeiten lagen noch vor ihnen? Hakon wusste, dass die letzte Etappe die schwerste war. Es würde noch kälter und unwegsamer werden. Er dachte an seine Heimat, an Norwegen, stellte sich seine vertrauten Wälder vor, die Sonne, die seine Haut wärmte. Er sah sich in seinem geliebten Kajak über den heimischen Fjord paddeln, immer in Richtung Horizont, und dachte an sie, an Innegred. Und irgendwann vermengten sich seine Vorstellungen mit seinen Träumen und er schlief ein.

Dann ein Geräusch.

Hakon schreckte auf. Es war stockfinster. Er brauchte ein paar Sekunden, um sich zu orientieren. Nein, er war nicht in Norwegen. Er war wieder im Eis. Was war das für ein Geräusch? Er sah nichts. Dann eine Art Jaulen. Eisbären? Er griff nach Gewehr und Taschenlampe und leuchtete die Umgebung ab. War da jemand? Sein Herzschlag beschleunigte sich. Nein, da war nichts. Nur Schnee und Eis und Fels. Und Ansgar! Er saß aufgerichtet in seinem Schlafsack, der Schweiß lief ihm über die Stirn, und er zitterte am ganzen Leib, so stark, als würden unsichtbare Hände ihn schütteln.

»Ansgar«, sagte Hakon und setzte sich zu seinem Freund, der offenbar träumte. Hakon schüttelte ihn. Versuchte ihn zu wecken, doch Ansgar war längst wach. Er war nur wieder in seiner ganz eigenen Welt versunken. »Du muss ruhig bleiben, Ansgar«, sagte Hakon und packte seinen Kameraden bei den Schultern. »Es ist nur dein Geist, der dich krankmacht. Reine Kopfsache.«

So redete er ihm gut zu, doch Ansgar hörte nicht. Ansgar war ganz woanders. Hakon betrachtete seinen Freund. Sah, wie er einen schweren Kampf mit sich selbst kämpfte. Armer Ansgar, dachte er. Ansgar war ein großer, ein starker Mann. Aber die Stärke, die man hier oben brauchte, war eine andere, nicht bloß körperliche, sondern mentale Stärke. Der wahre Kampf mit dem Eis spielte sich im Kopf ab. Tief in seinem Inneren hatte Hakon immer gewusst, dass Ansgar der notwendige Wille für diese Mission möglicherweise fehlte. Ansgar war immer jemand gewesen, der nahe an seine Grenzen ging, sie aber niemals übertrat. Hakon hatte ein schlechtes Gewissen, dass er seinen Freund an diesen Ort mitgenommen hatte. Er hätte es besser wissen müssen, hätte allein reisen sollen.

Aber nun war es zu spät. Hakon machte sich ernsthaft Sorgen um Ansgar. Auch am nächsten Morgen hatte sich dessen Zustand nicht verbessert. Ansgar wurde immer absonderlicher. Immer zurückgezogener. Sprach nur noch mit sich selbst. Oft saßen sie in ihrem Iglu, und Ansgar hielt lange Monologe, die wirr und sinnlos waren. Er hielt medizinische Vorträge, die in sinnlose philosophische Gedankengänge abschweiften. Zeitweise reihte er auch einfach nur Worte aneinander.

»Ansgar«, sagte Hakon. »Du musst dich zusammenreißen. Du redest völlig wirres Zeug.«

Doch Angar hörte ihn nicht mehr. Er schaute durch seinen Freund hindurch. War in einer eigenen Welt, die Hakon verschlossen blieb. Irgendwann war die Kommunikation zwischen ihnen unmöglich geworden. Ansgar war nicht mehr zu erreichen. Sein Blick war glasig, sein Geist schien sich nicht mehr zu erholen. Er war offensichtlich kurz davor, den Verstand zu verlieren. Für Hakon war diese Situation ein Albtraum. Sein Freund war ihm so nahe und doch so fern wie nie zuvor. Er wusste nicht, was er tun sollte. Er redete Ansgar gut zu. Abends lag er im Iglu und fragte sich, wie es weitergehen würde, wenn der Winter vorbei wäre. Ansgar war nicht in der Verfassung, Kajak zu fahren. Und so lag Hakon in einer der kältesten Polarnächte da und spürte die Last der ganzen Welt auf seiner Seele.

*

Als er am nächsten Morgen erwachte, wollte er nach Ansgar sehen, doch Ansgar war nicht da. Das Iglu war leer. Hakon schaute sich um. Dann entdeckte er Fußspuren im Schnee. Sofort folgte er ihnen. Ansgar war nicht in der Lage, allein große Strecken zu gehen. Die Spuren waren mittlerweile schon durch neuen Schnee verwischt. Es musste schon länger her sein, dass Ansgar hier unterwegs gewesen war. Verdammt, dachte Hakon, warum habe ich das nicht mitbekommen? Sein Freund musste in tiefster Nacht aufgebrochen sein. Die Spuren führten einen Anstieg hinauf. Hakon beschleunigte seine Schritte. Ging schneller und schneller, und dann sah er den schweren Mantel seines Freundes im Eis liegen.

»Ansgar!«, rief er. »Ansgar, wo bist du?« Der Schnee war tief, das Vorankommen schwer. Dennoch mobilisierte Hakon alle seine Kräfte und stapfte schneller und schneller vorwärts. Er musste Ansgar unbedingt einholen. Ein Stück weiter fand er die Handschuhe seines Freundes im Schnee. Er spürte, wie ihm der Schweiß übers Gesicht lief. Er lief immer schneller, folgte den Spuren, nahm nichts anderes mehr wahr, blickte nur noch auf den Boden vor sich, nur auf die Fußstapfen von Ansgar und …

Hakon hielt inne. Die Fußspuren endeten. Er schluckte und schaute sich um. Erst dann realisierte er, wo er war: am Abgrund eines riesigen Eisbruchs. Er machte einen Schritt nach vorn und schaute hinunter in den Abgrund, an dessen Fuß sich bizarre Eisformationen gebildet hatten.

*

Der Winter war vorüber, und Hakon war allein. Er wusste, dass er weitergehen musste. Dass er sich Trauer nicht leisten konnte. Nicht in dieser Situation. Stoisch marschierte er weiter. Zog sein Kajak hinter sich her. Versuchte, nicht an Ansgar zu denken, alles zu verdrängen. Er war im Überlebensmodus. Kälte hüllte ihn ein, Wind peitschte ihm ins Gesicht. Permanente Nadelstiche. Doch Hakon ging weiter. Stehenbleiben wäre der sichere Tod gewesen, das wusste er. Er konzentrierte sich auf seine Atmung. Ging weiter. Bloß nicht an das denken, was noch vor ihm lag. Bloß nicht an das denken, was er bereits hinter sich hatte. Einfach weitergehen. Immer nur auf den nächsten Schritt schauen. Und wieder auf den nächsten.

Er wusste, dass der Gedanke an den Weg, den er noch vor sich hatte, ihn überfordern würde, also konzentrierte er sich auf das Hier und Jetzt. Und mit jedem Schritt kam er seinem Ziel ein kleines Stück näher. Nach einigen Tagen jedoch erreichte er eine massive Wand aus Eis. Er musste daran vorbei, doch die Wand zog sich kilometerweit hin. Schon wieder kam er nicht vorwärts, schon wieder wurden seine Pläne durchkreuzt. Er ließ sich in den Schnee fallen und vergrub den Kopf in den Händen. Er hatte sich verschätzt. Er war so besessen davon, seine Grenzen zu überschreiten, dass er nie über den Preis nachdachte, den das haben würde. Bislang hatte er überlebt, aber als er nun hier im Schnee lag, vor einer mächtigen Eiswand, ohne Idee, wie es weitergehen sollte, den Handschuh seines toten Freundes in der Tasche, da wurde ihm bewusst, dass der Preis diesmal extrem hoch war.

Dennoch gab Hakon nicht auf. Jetzt erst recht nicht. Er hatte auf dieser Expedition bereits alles verloren. Nur sein Leben war ihm noch geblieben. Die Kälte war schlimm. Aber am schlimmsten war die Einsamkeit. Diese Art von Einsamkeit hatte er nie kennengelernt. Die Einsamkeit war ein Dämon. Ein Dämon, der ihn heimsuchte. Zuerst kam er in den Nächten, dann aber auch bei Tag. Die Stille, die Hakon sein Leben lang so geliebt hatte, wurde zu einem Fluch, denn sie fraß alles auf. Sie fraß nicht nur seine Gedanken, sondern auch seine Worte, seine Gebete, sein Stöhnen, jeden artikulierten Hinweis darauf, dass er noch am Leben war. Alles lief ins Nichts. Es gab keinen Resonanzraum mehr. Es war, als würde alles unter dem ewigen Eis ersticken.

Hakon spürte, dass er Gefahr lief, wahnsinnig zu werden, doch er marschierte weiter. Er marschierte gegen den Wahnsinn an, gegen die Dämonen, die ihm auf den Fersen waren. Er kämpfte sich durch die Kälte. Bestieg immer neue Berge aus Schnee und Eis, schleppte sich über die weiten Flächen aus ewigem Weiß. Das Atmen fiel ihm mit jedem Schritt schwerer.

Er atmete tief ein und hatte trotzdem das Gefühl, keine Luft zu bekommen. Er fiel hin, stand wieder auf, versank im tiefen Schnee und kämpfte sich wieder heraus, bis er vor Erschöpfung zusammensackte.

Da lag er nun in der ewigen Kälte, eingehüllt von Schnee und Eis und Einsamkeit, und starrte in den Himmel. Und als er die am Himmel dahinziehenden Wolken betrachtete, nicht sicher, ob er jemals wieder würde aufstehen können, wurden die Wolken zu Figuren, zu furchterregenden Gestalten, verkrüppelten Vögeln, die wie Monster aussahen und sich auf ihn stürzten. Die Monster hatten keine Augen, nur Löcher, schwarz und leer, und Hakon verlor sich in diesen schwarzen Löchern, fiel in sie hinein und fand sich in einem Abgrund wieder, umgeben von Felsen, die so hoch waren, dass er sie niemals würde erklimmen können. Reglos lag er da, und die Angst packte ihn. Zum ersten Mal im Leben verspürte er Angst, reine Angst. Dann sah er einen Mann auf sich zukommen. Und obwohl er diesen Mann noch nie gesehen hatte, wusste er, dass dieser Mann sein Vater sein musste, und der Mann, der sein Vater war, reichte ihm die Hand, und als er sie ergriff, veränderte sich das Gesicht seines Vaters, wurde zu einer fürchterlichen Fratze, und vor Hakons Augen zerfiel der Mann zu Staub und der Himmel färbte sich rot und blutiger Schnee fiel auf ihn herab.

Als Hakon zu sich kam, schien ihm die Sonne ins Gesicht. Sie wärmte ihn nicht, aber sie gab ihm ein wenig Hoffnung. Hatte er geträumt? Oder war das ein Vorgeschmack auf den Wahnsinn gewesen, der ihn noch ergreifen würde? Er achtete auf seine Atmung, versuchte, sich unter Kontrolle zu bekommen. Schließlich stand er auf und ging weiter. Und schon bald sah er vor sich das Meer. Er hatte es geschafft. Er hatte das Eismassiv umrundet. Jetzt konnte er den Rest der Strecke paddeln. Es war nicht mehr weit.

*

Und dann kam der dritte Winter, die dritte Polarnacht, die ihn überraschte. Er hatte die Zeit und den Wintereinbruch falsch eingeschätzt, hatte gedacht, er würde es noch schaffen. Aber jetzt hing er wieder fest. Zum dritten Mal war er einen ganzen Winter lang zur Untätigkeit verdammt, und er spürte, dass er dem Tod und dem Wahnsinn näherstand als dem Leben. Noch ein Winter im ewigen Eis. Es ging nur noch ums Überleben. Er musste das irgendwie überleben. Sobald es Frühjahr wird, sagte er sich, sobald das Licht wiederkommt, sobald das Eis zu schmelzen beginnt, kann ich die letzte Etappe in Angriff nehmen. Es war nicht mehr weit. Es waren noch einige hundert Kilometer. Zwei Wochen, vielleicht drei, dann hätte er den Pol umrundet. Dann wäre er wieder in Thule. Dann würde er dieses Kapitel für immer abschließen können. Aber von diesem Ziel trennte ihn noch der dunkelste aller Winter.

Hakon baute sich ein Iglu. Mittlerweile hatte er darin Übung. Am nächsten Morgen prüfte er seine Vorräte. Das dauerte nicht lange, denn er hatte kaum noch etwas übrig. Sie hatten einfach nicht für eine so lange Zeit geplant. Die Wahrheit war, er hatte kaum noch etwas zu essen. Die wenigen Konserven, die ihm geblieben waren, teilte er sich penibel ein. Zunächst hatte es noch eine Mahlzeit am Tag gegeben, später noch eine halbe. Und jetzt, in der dritten Woche der dritten Polarnacht, konnte er sich nur noch alle zwei Tage eine kleine Portion genehmigen. Ihm war klar, dass er das nicht lange durchhalten würde. Er musste Nahrung auftreiben. Dringend. Also nahm er Tag für Tag seine Angel, sein Jagdmesser und sein Gewehr und zog aus, um Beute zu finden. Doch er befand sich in einer der unwirtlichsten Regionen der Arktis, in die sich nur selten größere Tiere verirrten.

In den Nächten lag Hakon jetzt wach. Der Hunger ließ ihn nicht schlafen. Sein Magen krampfte sich zusammen, ihm war schlecht. Er fühlte sich matt und kraftlos. Ich werde sterben, dachte er, ich werde elendig verrecken. Doch er vertrieb diese

Gedanken sofort wieder. Nein, hielt er dagegen. Ich werde überleben. Ich werde es schaffen. Ich werde Innegred wiedersehen. Allein der Gedanke an sie hielt ihn aufrecht. Er nahm noch einmal alle Kraft zusammen und zog hinaus, um Beute zu finden. Vergebens.

Ich finde nichts mehr, dachte er, als er sich nachts in sein Iglu verkroch. Er spürte, wie die Kräfte ihn verließen. Am nächsten Tag würde er nicht mehr die Energie haben, aufzustehen und auf die Jagd zu gehen. Wenn kein Wunder mehr geschah, würde er sterben. Er schloss die Augen. Er war bereit, das Schicksal zu akzeptieren.

Seine Gedanken wanderten zu Innegred. Er dachte an ihre erste Begegnung. Dachte daran, wie er sie in sein Versteck geführt hatte, seinen Adlerhorst, wie er ihr sein ganzes Leben offenbart hatte. Er sah sie vor sich, ihre strahlend blauen Augen. Er fühlte ihre Hand auf der Wange. Wärme umgab ihn. Ein Gefühl von Glück, von Geborgenheit, das er lange nicht verspürt hatte. Alles um ihn her wurde rot und gelb und orange und …

Hakon schreckte hoch.

Was war das? Ein lautes Geräusch hatte ihn aus dem Schlaf gerissen. Ein Schnauben, wie er es noch nie gehört hatte. Ganz in der Nähe. Kraftlos steckte er den Kopf aus dem Iglu – und sah einen riesigen Eisbären vor sich.

Hakon wusste nicht, ob diese Begegnung real oder doch nur ein Traum war, aber er hatte auch keine Zeit, darüber nachzudenken. Instinktiv griff er nach seinem Gewehr und lud es durch. Das Geräusch verunsicherte den Eisbären, der eine halbe Drehung vollzog. Hakon zögerte nicht. Er feuerte. Die Kugel drang durch das Schulterblatt direkt ins Herz des Bären. Lautlos sackte das Tier zusammen.

Das Fleisch des riesigen Tieres würde Hakon über diesen Winter bringen. Doch er wusste, dass nicht die Nahrung allein sein Überleben sicherte. Er musste wach bleiben, mental fit, damit die Einsamkeit in dieser unendlichen Eiswüste ihm nicht den Verstand raubte. Er brauchte Routinen. Er musste seinen Geist wachhalten.

So begann er, seinen Tag streng zu takten. Morgens absolvierte er als Erstes sein Sportprogramm. Liegestütze, Kniebeugen, ein Rundlauf um das Iglu. Anschließend spielte er eine Runde Schach gegen sich selbst. Die Figuren schnitzte er aus den Krallen und Knochen des toten Bären. Zur Mittagszeit ging er zu dem gefrorenen Kadaver und hackte sich ein Stück Fleisch heraus. Den Nachmittag verbrachte er damit, Briefe zu schreiben. Briefe an Innegred. Zunächst wollte er bloß eine Art Tagebuch führen, aber da ein Tag hier wie der andere war und es immer nur das Gleiche zu erzählen gab, schrieb er Innegred von seinen Gedanken. Von seinen Wünschen. Von seinen Ängsten. Von seiner tiefen Trauer um Ansgar. Und er schrieb von seinen Selbstzweifeln. Hatte er wirklich den richtigen Weg gewählt? Hätte er sich nicht für sie statt für die Wildnis entscheiden müssen? Sie fehlte ihm. Je länger er im ewigen Eis war, desto mehr verblassten die Erinnerungen. Desto diffuser wurde alles. Das Einzige, was nie verblasste, war das Bild von Innegred. Er hatte es immer klar und deutlich vor Augen. Er hatte immer gewusst, dass er sie liebte, hier aber wurde ihm klar, dass es mehr war als Liebe. Innegred war seine Seelenverwandte. Er brauchte sie. Sie war sein einziger Grund, durchzuhalten. Wenn ich es wirklich schaffe, diesen letzten Winter zu überleben, dachte er, dann nur, damit ich zu Innegred zurückkehren kann. Um alles wiedergutzumachen.

Das alles schrieb er für sie auf. Seine Gefühle, seine Gedanken, Dinge, die er ihr so nie gesagt hatte, weil es ihm erst hier, in der absoluten Einsamkeit des Eises, möglich war, Worte dafür zu finden. So füllte er Seite um Seite in der festen Absicht, Innegred all diese Briefe zukommen zu lassen, sobald er wieder in Norwegen war. Dann würde sie es verstehen. Sie würde ihn verstehen. Und alles würde wieder gut werden zwischen ihnen, da war er sich ganz sicher.

So verging Tag um Tag, Woche um Woche, und eines Morgens sah Hakon, als er sein Iglu verließ, am Horizont das erste Licht des Frühlings. Ohne weitere Gefühlsregung, nur noch gesteuert von seinen Instinkten, packte er seine Sachen zusammen, zog sein Kajak zum offenen Meer und begab sich auf die letzte Etappe seiner nunmehr vierjährigen Expedition. Er war auf dem Weg nach Hause.

ZWISCHENSPIEL

Resilienz oder die Kunst, ins eigene Selbst zurückzuspringen

Ein lautes Donnergrollen riss Sverir zurück in die Realität. Er war so gebannt von der Erzählung des Alten, dass er ganz vergessen hatte, wo er war. Das Gewitter schien wieder stärker zu werden. Schwer schlug der Regen auf das Holzdach der Hytte.

Hakon hatte hier oben viele schwere Stürme erlebt, aber etwas wie das hier kannte selbst er nicht. Er spürte, dass Sverirs Ausdruck sich verändert hatte, dass er ihn nun in einem anderen Licht sah. Während seiner letzten Erzählung hatte der Junge den Atem angehalten.

»Du bist zu einem Helden geworden«, sagte Sverir ehrfurchtsvoll. »Du hast drei lange Polarnächte überlebt.«

»Als ich zurückkam«, sagte Hakon, »habe ich mich nicht wie ein Held gefühlt. Da fühlte ich mich einfach nur vernichtet.«

»Wie kann das sein?«

»Ich hatte alles verloren, Sverir. Meinen Freund Ansgar und meine große Liebe Innegred. Als ich wieder nach Norwegen kam, da war da nichts mehr. Nichts mehr von den Menschen, die mir immer Bezugspunkte waren. Es gab nur noch mich.«

Sverir erkannte den tiefen Schmerz, der noch immer in den Augen des Alten lag, wenn er darüber sprach. »Und ... wie bist du damit zurechtgekommen?«, fragte er. »Was hat dir Halt gegeben?«

»Zunächst einmal gar nichts ... Es war nicht einfach. Nein, es war sogar sehr, sehr schwer. Wenn ich zurückdenke, dann war das ganz sicher die schwerste Zeit, die ich jemals durchleben musste.« Es entstand eine lange Pause. Dann lächelte Hakon.

»Aber unser größtes Verdienst ist es nicht, niemals zu fallen, sondern immer wieder aufzustehen.«

»Wie hast du es geschafft, wieder aufzustehen?«, fragte Sverir.

»Indem ich gelernt habe, die Vergangenheit als das zu akzeptieren, was sie ist: die Vergangenheit. Es bringt nichts, darüber nachzudenken, was man falsch gemacht hat, wo man falsch abgebogen ist. Es bringt nur etwas, sich auf die eigenen Werte, auf den eigenen inneren Kompass zu besinnen und ihm wieder zu folgen.«

Davon fühlte Sverir sich besonders angesprochen. Denn während seiner langen Fahrt entlang der norwegischen Küste, während seiner wochenlangen Flucht, hatte er eigentlich an nichts anderes gedacht als an das Gestern. Hätte ich nicht doch zu Hause bleiben sollen? Hätte ich nicht ... Aber Hakon hatte recht. Gestern war gestern, und es war nicht zu ändern. Klüger war es, nach vorne zu schauen und das Morgen zu gestalten.

»Wir haben bereits von Akzeptanz gesprochen, nicht wahr?«, begann der Alte. »Die Akzeptanz deiner selbst ist genauso wichtig wie die Akzeptanz des Weges, den du gegangen bist. Dazu gehört auch die Akzeptanz deiner eigenen Fehler.« Hakon schaute ins Leere. »Ich musste erkennen, dass mein Ziel, die Umrundung des Nordpols im Kajak, nicht Ansgars Ziel war. Ich bin für seinen Tod, für sein viel zu frühes Sterben verantwortlich, weil ich ihm ein Ziel eingeredet habe, das für ihn, für das Holz, aus dem er gemacht war, nicht das richtige war. Jeder Mensch«, fuhr er fort, »wird mit Schicksalsschlägen konfrontiert. Die Frage ist, wie wir damit umgehen. Der Schlüssel ist die innere Einstellung, die Erkenntnis, dass die schwierigsten Kämpfe, die schlimmsten Katastrophen und tiefsten Tiefen allesamt ein Teil dessen sein können, was uns letztlich zu unseren größten Höhen hinführt. Erst in diesen Situationen erkennt man, dass man einen Lebensabschnitt hinter sich lassen muss.«

»Auch ich werde meine Vergangenheit wohl hinter mir lassen müssen«, sagte Sverir. »Das hätte ich aber nicht gelernt, wenn ich dich nicht getroffen hätte.«

»Weißt du, Junge, in Momenten der Ohnmacht ist es besonders schwer, klar zu denken und nach vorn zu schauen. Auch ich hätte das nicht ohne fremde Hilfe geschafft«, sagte Hakon und nahm seine Erzählung wieder auf.

VIERTER TEIL

Der Empfang war außergewöhnlich. Hakon hatte ja keine Ahnung. Er hatte nicht vorhergesehen, dass seine Expedition im gesamten Land Thema sein würde. Dass in jedem Haushalt von Ansgar und ihm gesprochen wurde. Von den Norwegern, die aufgebrochen waren, das Unmögliche möglich zu machen. Die beiden Abenteurer hatten die Fantasie der Menschen beflügelt. Auf den Schulhöfen sprachen die Kinder davon, künftig auch große Expeditionen unternehmen und etwas Außergewöhnliches wagen zu wollen. Alle Welt hatte sich gefragt, ob die Männer ihre spektakuläre Fahrt wohl überleben würden, und wenn ja, welche Geschichten sie wohl zu erzählen hätten. Doch als sie nach drei Jahren nicht zurückgekehrt waren, hatte sich eine große Ernüchterung breitgemacht. Niemand hatte mehr damit gerechnet, sie wiederzusehen; einige Zeitungen waren sogar so weit gegangen, Nachrufe zu drucken. Auf die großen Helden Norwegens. Doch als sich herumsprach, dass Hakon tatsächlich beide Passagen durchquert hatte und, wenn auch allein, nach vier langen Jahren nach Norwegen zurückkehren würde, da erfasste eine Welle der Euphorie das gesamte Land. Hatte er doch nicht nur das vermeintlich Unmögliche geschafft, sondern auch den Tod überwunden. Ohne es zu wissen, war Hakon in Norwegen zu einem nationalen Symbol geworden.

Als sein Schiff in den Hafen einfuhr, wurde er nicht nur von Tausenden begeisterten Menschen empfangen, nein, auch zahlreiche Reporter aus aller Welt waren da, um ihn willkommen zu heißen. Es waren große Transparente aufgestellt. Väter trugen ihre Kinder auf den Schultern, damit sie den großen Polhelden sehen konnten. Die Menschen jubelten ihm zu,

Fotografen drängten sich in die ersten Reihen, um Norwegens großen Helden gut vor die Linse zu bekommen.

Als Hakon das Schiff verließ, riefen die Menschen seinen Namen und applaudierten ihm. Sie feierten ihn, wie Helden gefeiert wurden. Sein Empfang wäre eines Königs würdig gewesen, doch Hakon wollte davon nichts wissen. Er fühlte sich nicht wie ein Held, sondern nur wie ein Überlebender. Sein größter Erfolg war auch seine größte Niederlage. Er hatte seinen besten Freund verloren. Er wusste, dass das Leben, das ihn in Norwegen erwartete, ein anderes sein würde als das, welches er hinter sich gelassen hatte. Ihm war nicht nach Feiern zumute.

Er kämpfte sich durch die Menschenmasse, wie er sich zuvor vier lange Jahre durch die Eismassen gekämpft hatte, durch die große, weiße Stille. Er rang sich ein Lächeln ab und schüttelte ein paar Hände. Bei sich trug er nur eine Ledertasche; darin hatte er all die vielen Briefe verstaut, die er in der Kälte und Dunkelheit der Polarnächte an Innegred geschrieben hatte. Sie waren das Manifest seiner Liebe. Und sie waren die Dokumentation eines Überlebenskampfes, den er ohne Liebe, ohne Glauben, niemals hätte gewinnen können.

Immer wieder schaute er, ob er zwischen all den Männern, Frauen und Kindern nicht doch dieses eine Gesicht entdeckte, das Gesicht, das er so gut kannte und all die Jahre so vermisst hatte. Und tatsächlich – Hakon war, als setze für einen Moment sein Herzschlag aus –, da war sie! Plötzlich wurde es ganz still um ihn herum. Er nahm die vielen Menschen, die lauten Rufe gar nicht mehr wahr. Alles verschwamm vor seinen Augen. Da war nur noch sie. Hakon blieb stehen. Innegred. Wie viele einsame Stunden hatte er nur überlebt, weil die Erinnerung an sie ihm den Willen gegeben hatte durchzuhalten! Nur noch einmal hatte er sie sehen, sie in den Arm nehmen wollen, und jetzt war sie da. War ihm nahe. Hakon machte zwei Schritte auf sie zu, doch dann blieb er abrupt stehen, denn er sah, dass sie nicht allein war. Neben ihr stand ein fein gekleideter, hochgewachsener Mann, der einen Arm um ihre Schulter gelegt hatte.

Ihre Blicke trafen sich, und er spürte, wie er innerlich zusammenbrach. Plötzlich war alles wieder da. Der Lärm, die Stimmen, die Menschen, die an ihm zerrten, einen Händedruck oder eine Umarmung wollten. Hakon fühlte einen stechenden Schmerz in der Brust. Ein Gefühl, als sei sein Herz in tausend Teile zersprungen. Nein, Innegred hatte nicht auf ihn gewartet. Ganz im Gegenteil, sie hatte einen neuen Mann gefunden. Und erst jetzt sah er, dass sie die Hände auf ihren gewölbten Bauch gelegt hatte. Das war zu viel für ihn. Ihm war, als breche ihm der Boden unter den Füßen weg. Mit letzter Kraft riss er sich zusammen, wandte sich von Innegred ab, schüttelte noch ein paar Hände und bat dann um Entschuldigung. Er sei von der großen Überfahrt sehr erschöpft, er müsse sich jetzt zurückziehen.

So floh er vor der Menschenmasse, die ihn einschloss wie einen Gefangenen. In seinem Haus angelangt, machte er die Tür hinter sich zu und durchstreifte die Räume wie eine fremde Welt. Nichts hier kam ihm vertraut vor. Nachdem er Monate, nein Jahre in der Natur, im ewigen Eis, verbracht hatte, fühlte er sich überfordert von dem, was hier auf ihn wartete, alles was ihm einst so vertraut gewesen war, schien ihm nun fremd. Er strich vorsichtig über den Sessel und beobachtete den Staub, der im Sonnenlicht zu tanzen begann. In der Küche fand er einen großen Korb mit Lebensmitteln. Dazu eine Karte: »Willkommen zurück«. Hakon ließ sich schwer auf einen der Stühle fallen, stützte die Ellbogen auf die Knie und vergrub den Kopf in den Händen. Er wollte weinen, doch er konnte es nicht.

Die Stunde seines größten Erfolges war sein absoluter Tiefpunkt. Er wusste nicht, wie es weitergehen, wie er noch weiterleben sollte. Er hatte erreicht, was er hatte erreichen wollen, und er hatte dafür einen höheren Preis gezahlt, als er es sich jemals hätte vorstellen können.

So saß er da, von der Welt gefeiert und zum Volkshelden erkoren, in Wahrheit aber so einsam und verlassen, wie er sich niemals zuvor gefühlt hatte. Er, der große Abenteurer auf dem Höhepunkt seines Erfolges, wünschte sich nichts sehnlicher, als weinen zu können, überhaupt etwas zu empfinden, doch da war nichts. In seinem Inneren war Leere, unendliche Leere. Hakon wusste nicht, was der nächste Morgen ihm noch bringen sollte, und so schloss er sich ein in seinem Haus, das ihm fremd geworden war; in einem Leben, in dem er kein Ziel mehr hatte, einem Leben, in dem er keinen Sinn mehr finden konnte.

*

Sein Haus war ein einziges Chaos. Auf dem Boden verteilt lagen diverse Papiere, auf denen er sich Notizen gemacht hatte, auf dem Tisch im Wohnzimmer war eine riesige Karte ausgebreitet, auf der er die Route noch einmal nachverfolgt hatte. So wie er es sowieso schon Nacht für Nacht im Geiste tat. Und überall lagen Fotografien herum, aufgeschlagene Bücher, leere Schnapsflaschen. Sein Haus war kein Haus mehr, sein Haus war nur noch eine Höhle. Die Vorhänge hatte er zugezogen. Seit sechs langen Monaten hielt er sich hier versteckt. Hatte sich verkrochen. Wollte niemanden sehen. Von niemandem etwas hören.

Er ließ niemanden zu sich. Nur seine greise Nachbarin durfte einmal die Woche nach ihm schauen und ihm etwas zu essen vorbeibringen. Sie redete ihm gut zu, er solle sich aufraffen, aber Hakon war müde. Er war so müde, dass er einfach nur liegenbleiben wollte. Nicht einmal Hunger hatte er. Er fühlte sich wie eine leere Hülle, hatte keinerlei Energie. Keine Hoffnung. Keine Träume. Keine Ziele. Nur diese Traurigkeit, die ihn von innen her auffraß. Er konnte sich zu nichts entschließen, zu keiner Bewegung, keiner Tat. Alles, was ihn ausgemacht hatte, war verlorengegangen. Ohne jeden inneren Antrieb lebte er vor sich hin; in ihm war eine Leere, aus der es kein Entrinnen gab. Die Reise hatte Narben hinterlassen. Er hatte keine Schuld an dem Tod seines Freundes, aber er trug die Verantwortung. Das wusste er. Und er musste lernen, mit dieser Verantwortung zu leben. Nur wie? Er hätte Ansgar nicht mitnehmen dürfen. Er hätte es besser wissen müssen. Er hätte Ansgar retten können. Er hätte … Hätte er?

Das Schlimmste war, dass es niemanden gab, der ihn hätte auffangen können. Dass er Innegred an einen anderen Mann verloren hatte, verursachte ihm einen beinahe körperlichen Schmerz. Immer wieder hatte er das Bild vor Augen. Diesen Mann, der, gepflegt und mit ausgeruhtem Gesicht, neben ihr stand. Das hatte ihm den Boden unter den Füßen weggezogen, hatte ihm den letzten Rest Hoffnung genommen, jede Perspektive für sein weiteres Leben vernichtet. Er hatte den Pol gewonnen. Und dafür einen unendlich hohen Preis bezahlt. In diesen dunklen Tagen hätte Hakon seinen Tod als Erlösung empfunden. Immer wieder dachte er darüber nach. Dachte daran, es einfach zu beenden. Allem ein Ende zu machen. Aber irgendetwas hielt ihn zurück. Vielleicht das Gefühl, dass der Freitod eine Feigheit gewesen wäre, die die Unsterblichkeit seiner Seele beschädigt hätte.

An einem dieser ungezählten Tage in niederschmetternder Dunkelheit hörte er plötzlich Schritte. Es waren nicht die Schritte der Greisin, das erkannte er gleich, denn die hatte einen leisen, schleppenden Gang. Nein, es waren leichte Schritte. Hakon hörte, wie jemand an die Tür klopfte. Drei schwere Schläge. Sie rissen ihn aus seinen Gedanken, aber nicht aus dem Loch, in dem er sich befand. Wer das wohl war? Egal. Er war nicht fähig aufzustehen. Die Tür zu öffnen. Er wollte auch niemanden sehen. Wollte allein sein. Das Zimmer war abgedunkelt. Ein Spiegel seiner Seele. Er schloss die Augen und döste weiter vor sich hin. Als er die Augen wieder öffnete, sah er die Silhouette einer Frau. Sie ging zum Fenster und zog die Vorgänge auf. Staub wirbelte im einfallenden Licht. Geblendet kniff Hakon die Augen zusammen. Das Tageslicht war grell. Als er sich schließlich an die Helligkeit gewöhnt hatte, erkannte er, wer das war. Innegred. Hakon lag in dem Haus, das er für sie gebaut hatte, auf dem Boden.

»Du siehst fürchterlich aus«, sagte Innegred und sammelte ein paar leere Flaschen auf.

»Was willst du hier?« Hakon zog sich ein Kissen übers Gesicht. Es war ihm unangenehm, dass sie gekommen war. Er wollte nicht, dass sie ihn so sah. Er wollte nicht, dass ihn irgendjemand so sah. Und Innegred hatte er eigentlich überhaupt nie wieder begegnen wollen.

»Ich sorge mich um dich …«, sagte sie. »Ich habe gehört, dass du seit Monaten das Haus nicht mehr verlassen hast.«

»Ich wüsste nicht, was da draußen noch von Wert für mich wäre …«

Innegred stemmte die Hände in die Hüften und schaute ihn streng an. »Red keinen Unsinn. Da draußen gibt es für jemanden wie dich mehr als nur eine Welt zu entdecken. Was ist mit dir los? So kenne ich dich gar nicht.«

Hakon nahm das Kissen von seinem Gesicht und starrte an die Decke. »Nein, so kennst du mich nicht. Ich bin vielleicht einfach nicht mehr der Mann, der ich einmal war.«

Innegred kniete sich zu ihm und betrachtete ihn mitleidig. »Was ist nur am Nordpol mit dir geschehen?«, fragte sie leise.

»Ich habe meinen besten Freund verloren. Und ich habe dich verloren. Ich weiß nicht, wofür es sich noch zu leben lohnt.«

Sein Ton war ihr unheimlich. »Du hast mich nicht verloren«, sagte sie sanft und bewegte Hakon dazu, sich mit ihr an den Tisch zu setzen. »Unsere Wege sind auseinandergegangen, weil ich mir ein anderes Leben gewünscht habe als du. Wären wir zusammengeblieben, dann wäre keiner von uns glücklich geworden. Weil einer von uns beiden nicht das Leben hätte führen können, das er sich aus tiefstem Herzen gewünscht hat …«

Hakon spürte, wie ihm eine Träne über die Wange lief. Er vermisste Innegred. Er vermisste sie unendlich. Was hätte er dafür geben, dass sie bei ihm blieb, dass sie für immer seine Hand hielt! Dass einfach wieder alles wäre wie früher.

»Aber auch wenn wir heute verschiedene Wege gehen, werden wir für immer miteinander verbunden bleiben. Unsere Vergangenheit wird immer ein Teil von uns sein. Und die Liebe, die ich für dich empfinde, wird niemals vergehen. Du wirst mir immer sehr viel bedeuten.«

Sie betrachtete den Mann, der ihr einmal so nahegestanden hatte. Es tat weh, ihn so zu sehen. Die Vorstellung, dass er weiter so vor sich hinvegetierte, war unerträglich. Sie musste etwas tun.

»Das, was uns verbindet, Hakon, das ist aufrichtig und stark. Aus Respekt dafür und weil unsere Verbindung niemals vergehen soll, ist es wichtig, dass du aufstehst.« Sie machte eine Pause. »Und wenn du es nicht aus Respekt uns gegenüber tust, dann tu es aus Respekt vor dir selbst! Du hast alles gewagt. Von tausend Männern, die deinen Weg gegangen wären, hätte keiner es geschafft, zurückzukehren. Aber du bist zurückgekehrt. Du bist am Abgrund entlanggegangen und nicht hinabgestürzt. Du hast eine Schwelle übertreten und einen Splitter göttlicher Kraft in dir entdeckt und zur Entfaltung gebracht. Gib dich jetzt nicht auf, Hakon! Geh deinen Weg weiter. Du hast drei Polarnächte überlebt, da wirst du auch diese vierte und dunkelste Nacht überleben.« Sie legte ihm vorsichtig die Hand auf die Schulter. »Ich schaue zu dir auf, obwohl du am Boden liegst. Meine Liebe zu dir ist ungebrochen, und ich weiß, dass du das Gleiche für mich empfindest. Steh auf! Aus Respekt vor allem, steh auf! Die Nacht ist vorbei. Jetzt beginnt ein neuer Tag.«

Zweifelnd sah Hakon sie an. Aus dem fröhlichen jungen Mädchen war eine voll erblühte kluge Frau geworden. Sie hatten sich in den vergangenen Jahren beide sehr verändert. Ihm hatte das ewige Eis die Veränderung beschert, ihr die Erfüllung ihres Lebensentwurfes. Mit hängenden Schultern saß er da und blickte Innegred an. Die Haut seines Gesichts war aschfahl. Sein Bart reichte bis zur Brust.

Dennoch erkannte Innegred, dass sich in seinem Blick etwas veränderte. Sie nahm einen feinen Funken wahr. Einen Funken, den sie wiederentfacht hatte. Sie spürte, dass es nur noch eines weiteren Impulses bedurfte, damit dieser Funke wieder zu einer lodernden Flamme wurde.

»Als du weg warst, haben die Menschen über dich gesprochen. Keiner weiß, wie du diese Nächte überleben konntest, nur ich weiß es. Ich weiß es, denn du bist Hakon.« Sie erhob sich. »Schreib es auf, Hakon! Gib den Menschen da draußen die Antwort. Berichte der Welt, wie es dir möglich war, das Außergewöhnliche zu leisten, das nicht Überlebbare zu überleben. Zeig der Welt, dass der Wille eines Mannes die einzige wirkliche Freiheit ist, die er besitzt. Dass allein der Wille Taten ermöglicht, die für die meisten Menschen unvorstellbar sind. Schreib es auf! Präzise und mit aller Aufrichtigkeit. Schreib von deiner Freude, deinem Schmerz, allem, was dich zu dem Mann gemacht hat, der du heute bist.«

Hakon stand auf, straffte langsam die Schultern und holte tief Luft.

Vor Innegred stand ein völlig verwahrloster Mann. Doch er schien bereit, wieder aufzustehen. Sie hatte sich an einen anderen vergeben, aber sie hatte alles bewahrt, was sie mit Hakon verband. Sie trug es im Herzen wie in einer Schatzkiste, und diese Schatzkiste hatte sie gerade für ihn geöffnet.

»Ich werde bald wiederkommen und nach dir schauen.« Sie strich ihm über die Arme und ließ ihn allein.

Als sie in der nächsten Woche wiederkam, fand sie einen anderen Mann vor als den, den sie zurückgelassen hatte. Hakon saß an seinem Schreibtisch. Er hatte sich den Bart zu einem Zopf geflochten und das lange Haar zurückgekämmt. Sein Haus war aufgeräumt. Er schrieb. Goss seine Gedanken in Sätze, und aus den Sätzen entwickelte sich etwas Größeres. Er schrieb alles nieder, was ihm auf seiner Seele lag. So ging es Tag und Nacht. Erst nach einer Woche erkannte er, dass das, was er festhielt, nicht bloß lose Gedanken waren, sondern seine ganze Geschichte. Denn die Geschichte seiner Polarexpedition war zugleich die Geschichte seines Lebens. Niemals wäre er der Mensch geworden, der er nun war, hätte er nicht das Leben gelebt, das er hatte leben wollen, das er hatte leben müssen.

*

Es waren die ersten Sonnenstrahlen des Tages, die ihn weckten. Hakon brauchte einen Moment, um zu sich zu kommen. Er richtete sich auf und streckte sich. Er war eingeschlafen. Über seinem Schreibtisch. Sein Blick fiel auf die vielen Blätter, die vor ihm lagen, unzählige Papiere, alle vollgeschrieben. Etliche Wochen hatte er gebraucht. Er nahm das zuoberst liegende Blatt zur Hand und las sich selbst noch einmal vor, was da stand.

Gut, dachte er, genau so wollte ich es haben. Dann nahm er die nächsten Blätter auf, überflog, was er geschrieben hatte, sortierte die Seiten und klopfte sie zu einem geordneten Packen zusammen. Dann nahm er einen Umschlag aus der Schublade und steckte die Blätter hinein. Noch heute, sagte er sich, bringe ich diesen Umschlag zur Post.

Nur einen Titel brauchte er noch. Er überlegte. Strich sich über den geflochtenen Bart. Schließlich kam ihm eine Idee.

»Die Geschichte einer außergewöhnlichen Polarexpedition, die auch die Geschichte meines Lebens ist«, schrieb er auf die erste Seite und lächelte. Ja, genau das war es. Hakon war zufrieden. Er schob noch einen Brief in den vorbereiteten Umschlag, öffnete die Tür seines Hauses und nahm einen tiefen Atemzug. Dann trat er über die Schwelle und machte einen langen Spaziergang in die Stadt.

Es war das erste Mal seit vielen Monaten, dass er das Haus verlassen hatte. Am Vorabend hatte es geregnet. Die Wiesen waren noch feucht, aber die Luft war klar und rein. Hakon entschied sich für einen Umweg durch die Wälder. Unter seinen Schritten raschelte das frisch gefallene Laub. Der harzige Geruch der Föhren weckte neue Lebensgeister in ihm. Er hatte diese Zeit gebraucht. Diese Zeit, in der er nur für sich gewesen war und sein Leben reflektiert hatte. Sein bisheriges Leben, das nun zu einem Ende gekommen war. Es brach ein neuer Abschnitt an, das wusste er. Wie genau dieser Abschnitt seines Lebens aussehen würde, wusste er nicht, aber er machte sich keine Sorgen. Er war sicher, dass das Leben etwas für ihn bereithielt. Er fühlte sich ausgeruht. Es gab nur eine Sache, die er noch hinter sich bringen müsste.

Er erreichte das Postamt und gab den Umschlag mit seinem Manuskript auf.

*

Hakon ließ sich in den großen, schweren Sessel fallen und sank sofort etwas ein. Er befühlte das hochwertige Leder. Es war bequemer, als es aussah.

»Möchten Sie etwas trinken?«, fragte ihn eine junge Frau.

»Danke, nein«, sagte Hakon freundlich und schaute sich um. Das Zimmer war riesig. Zwei komplette Wände waren mit Regalen zugestellt, und die Regale quollen über vor Büchern. Hakon legte den Kopf ein wenig schräg und versuchte, Titel zu erkennen. Es war alles dabei, von den alten griechischen Sagen über die Klassiker der Weltliteratur bis hin zu zeitgenössischen Werken. Als er Homer entdeckte, musste er lächeln. Er dachte zurück an den Sommer, in dem er diese Werke zum ersten Mal gelesen hatte, erinnerte sich an die Gespräche mit Heimdall. Und an die Nächte, die er in seinem Internatszimmer damit zugebracht hatte, Seite für Seite zu verschlingen. Diese Bücher hatten ihn in eine andere Welt versetzt. Hatten in ihm die Lust nach Abenteuer geweckt. Kaum zu glauben, dass er nur wenige Jahre später selbst in die Welt hinausgezogen war und seine eigene Odyssee durchlebt hatte.

Hakon schüttelte die Erinnerungen ab. Am anderen Ende des Raumes stand ein großer Schreibtisch, auf dem sich ebenfalls Bücher stapelten. Vielleicht sind das auch Abenteuergeschichten, dachte er.

»Es dauert nur noch einen kleinen Moment«, entschuldigte sich die junge Frau. »Er ist gleich bei Ihnen.«

Hakon nickte freundlich und sank noch ein wenig tiefer in den Sessel ein. Er mochte dieses Büro. Dieser Bücherort sprach eine Seite von ihm an, die er viel zu lange vernachlässigt hatte. Schließlich war auch die Literatur immer ein Teil seines Lebens gewesen.

Als er eine Hand auf seiner Schulter spürte, drehte er sich um.

»Schön, dass Sie da sind.« Hinter ihm stand ein kleiner Mann in feinem Tuch. Er hatte strenge Gesichtszüge, und die kleine, runde Brille auf seiner Nase verlieh ihm etwas Professorales.

Hakon gab ihm die Hand. Frode Groten. Er erkannte ihn sofort, natürlich tat er das. Frode Groten war berühmt.

»Es ist mir eine große Ehre, Sie endlich persönlich kennenzulernen. Hakon, der Polarheld.« Frode Groten lächelte. »Ich habe so viel von Ihnen gehört.«

»Ich aber auch von Ihnen«, erwiderte Hakon. Frode Groten war der bekannteste Verleger im Land. Viele Bücher, die in seinem Verlag erschienen, wurden zu Bestsellern. Er hatte es in den vergangenen zwanzig Jahren geschafft, der norwegischen Literaturszene durch erlesenen Geschmack und ausgeprägten Geschäftssinn seinen ganz eigenen Stempel aufzudrücken. Bücher, die Frode Groten verlegte, mussten gelesen werden. Er schaffte es immer wieder, den Zeitgeist nicht nur einzufangen, sondern auch zu beeinflussen. Dass dieser Mann sich Zeit für ihn nahm, war ein großes Privileg, das wusste Hakon.

Frode Groten setzte sich auf den zweiten Sessel in der Besprechungsecke und legte einen Stapel Papier auf den Tisch. Hakons Manuskript. »Ich habe es gelesen«, sagte er, »von der ersten bis zur letzten Seite.«

Der kleine Mann schaute ihm in die Augen, versuchte wohl, ihn zu lesen. Hakon hielt seinem Blick stand. Wahrscheinlich waren andere Autoren, die hier saßen, sehr aufgeregt. Verständlich war das, Frode Grotens Urteil konnte für einen Schriftsteller von existenzieller Bedeutung sein. Hakon aber war vollkommen ruhig. Natürlich interessierte ihn, was Frode Groten dachte, aber er war kein Schriftsteller. Er war ein Abenteurer, der sich als Schriftsteller versuchte, und kein Schriftsteller, der auf eine Veröffentlichung angewiesen war.

»Ich sage es ganz offen«, begann Frode Groten: »Ich liebe Ihre Geschichte, und ich würde sie sehr gern veröffentlichen.« Der Verleger lächelte ein wenig schräg. »Vorausgesetzt, Sie wären mit einigen Änderungen einverstanden?«

»Was denn für Änderungen?«

Frode Groten bedeutete ihm, sich das Manuskript genauer anzuschauen. Hakon nahm ein paar Seiten in die Hand und blätterte sie durch. Der Verleger hatte zahlreiche Anmerkungen an den Rand geschrieben. Das ist schon erstaunlich, dachte Hakon und fühlte sich geschmeichelt. Der Mann hat sich offenbar wirklich intensiv mit meinem Werk auseinandergesetzt.

»Das meiste«, sagte Frode Groten »ist stilistischer Natur. Ich würde ein paar Stellen kürzen, ein paar Sätze umbauen und Ihren Stil insgesamt ein wenig schleifen.«

»Einverstanden«, sagte Hakon. Er war nicht eitel. Er wusste, dass es professionelle Schreiber gab, die mehr von Sprache und Ausdruck verstanden als er.

»Und es gibt ein inhaltliches Problem«, ergänzte Frode Groten. »Und zwar die Geschichte von Ihrem Freund. Von Ansgar.«

»Was ist damit?«

»Sie ist ein Bruch in der Story.«

»Wie meinen Sie das?«

»Sie haben Ansgar überredet, Sie auf dieser Expedition zu begleiten, das wird man Ihnen als Fehler ankreiden. Die Leute werden Ihnen vorwerfen, Sie seien schuld am Tod ihres Freundes.«

»Es *war* ein Fehler. Und ich *bin* für seinen Tod verantwortlich.«

Frode Groten schüttelte energisch den Kopf. »Nein, nein. Sie verstehen nicht. Wir wollen hier eine Heldengeschichte erzählen. Die Leute lieben Heldengeschichten. Und ein wahrer Held macht keine Fehler. Jedenfalls nicht solche. Eine Schwäche zuzugeben ist kein Problem, aber es muss eine sympathische Schwäche sein. Schreiben Sie lieber, Ansgar hätte Sie angefleht, mitfahren zu dürfen. Und dass Sie es als Ihren Fehler betrachten, ihm diese Bitte gewährt zu haben.«

»Nein«, sagte Hakon entschieden. »So war es nicht.«

»Das mag sein«, entgegnete Frode Groten kühl. »Aber wer weiß das schon? Denken Sie nach. Es geht ja nicht bloß um eine gute Geschichte, sondern auch um das Bild von Ihnen, das diese Geschichte vermittelt. Glauben Sie mir, Hakon, ich bin lange genug in diesem Geschäft. Ich weiß, wie es läuft. Die Leute kaufen lieber ein Buch von einem Helden als von …«

»Ich bin kein Held. Und ich will auch keiner sein.«

Frode Groten massierte sich die Schläfen. Er hatte befürchtet, dass es zu einer solchen Diskussion kommen würde. Dabei hatte er ja noch nicht einmal alle Änderungswünsche auf den Tisch gepackt. Über die Umstände von Ansgars Tod wollte er auch noch reden. So wie sie jetzt waren, konnte man das nicht schreiben. Er hätte sich einen heldenhafteren Tod gewünscht. Nicht bloß ein nächtliches Verschwinden. Langweilig. Unbefriedigend.

Sein Ton wurde etwas schärfer. »Schauen Sie«, begann er. »Stellen Sie sich vor, wir beide, Sie und ich, wären auf einer Kajak-Tour. Ich würde Ihnen da völlig vertrauen, Hakon, weil ich weiß, dass Sie der vielleicht beste Kanute des Landes sind. Und genauso bitte ich Sie, dass Sie mir vertrauen, wenn ich sage, dass ich weiß, was das Beste für ein Buch ist.«

»Verstehen Sie mich nicht falsch«, erwiderte Hakon. »Ich vertraue Ihnen. Ich bin bereit, Änderungen vorzunehmen. An der Sprache, den Formulierungen. Aber nicht an der Geschichte. Denn diese Geschichte ist genau so passiert, mit all ihren Höhen und Tiefen. Mit allen großen Momenten und tiefen Abgründen. Und ich will sie nicht beschönigen oder fälschen.«

Die Laune von Frode Groten verschlechterte sich zusehends. »Es geht nicht um Ihre Geschichte, es geht um Literatur. Um ein Buch, das sich verkaufen soll. Das die Leser fesseln und befriedigen soll.«

»Ich werde meine Geschichte nicht beschönigen. Ich will nicht als jemand wahrgenommen werden, der ich nicht bin«, sagte Hakon. Nein, dachte er. Völlig unvorstellbar, hier zu lügen. Er würde das Andenken seines Freundes nicht beschädigen, niemals.

Frode Groten nahm die Brille ab, kniff genervt die Augen zusammen und massierte sich mit kreisenden Bewegungen die Schläfen. »Ich kann mich nur wiederholen. Ich weiß, was gut für ein Buch ist und was nicht. Ich werde dieses Werk nur veröffentlichen, wenn Sie sich auf die Änderungen einlassen.«

»Dann werden Sie es wohl nicht veröffentlichen können«, sagte Hakon schlicht.

Frode Groten schaute ihn verblüfft an. Offenbar war ihm so etwas noch nicht begegnet. Die Menschen, die sonst zu ihm kamen, waren vermutlich zu allem bereit, um in seinem Verlag publizieren zu können. Vielleicht gab es anstrengende Gespräche, aber mit einem »So oder gar nicht« setzte er sich in der Regel wohl durch. Nicht bei Hakon.

Hakon stand auf, packte sein Manuskript ein und streckte dem Verleger die Hand hin. »Ich danke Ihnen wirklich vielmals dafür, dass Sie sich die Zeit genommen haben. Ich weiß das sehr zu schätzen.«

Zögerlich ergriff Frode Groten seine Hand. »Denken Sie noch einmal darüber nach«, sagte er. »Es ist eine einmalige Chance, die wir Ihnen hier bieten können.«

»Es gibt keine einmaligen Chancen, es gibt nur eine Unmenge an Gelegenheiten. Welche uns wohin führt, das wissen wir nicht«, erwiderte Hakon und verabschiedete sich mit einem Lächeln.

Er fühlte sich gut, als er das Verlagsgebäude verlassen hatte. Er war sich treu geblieben, hatte sich nicht verkauft, hatte nicht einen seiner höchsten Werte aufgegeben. Und die Arbeit an dem Buch war trotzdem nicht umsonst, dachte er. Es hatte gutgetan, sich alles einmal von der Seele zu schreiben. Das Schreiben hatte seinem Leben eine Struktur gegeben, und er hatte gelernt, sich selbst zu reflektieren.

Er ging durch die Straßen der großen Stadt, bewunderte die alten Häuser. Es war schön, wieder unter Menschen zu sein. Auf einem Platz saßen drei Kinder auf dem Boden und spielten mit bunten Murmeln, ließen die feinen Glaskugeln hin und her rollen. Paare schlenderten Hand in Hand vorbei. Als Hakon durch eine Gegend mit engeren Gassen bummelte, fiel ihm ein kleines Gebäude auf. Es war mehr ein Schuppen als ein Haus, in eher schlechtem Zustand, aber in bester Lage.

Davor stand ein Schild: »Til salgs«, zu verkaufen. Hakon lächelte, denn er erkannte, dass das Leben ihm vielleicht gerade eine neue Gelegenheit geboten hatte. Die würde er nutzen.

*

Er war schon ein wenig stolz. Nie hätte er gedacht, dass sich aus der heruntergekommenen Holzhytte noch so viel würde machen lassen. Und jetzt war sie sogar richtig gemütlich. Hakon stand im Hauptraum. Er hatte sich wirklich Mühe gegeben, alles zu renovieren und behaglich einzurichten; er hatte ja auch sonst nicht viel zu tun. Natürlich war das winzige Haus nicht vergleichbar mit Frode Grotens prunkvollem Büro ein paar Straßen weiter. Aber es war gemütlich, und Hakon fühlte sich wohl darin. An den Wänden hingen Bilder von Kajakfahrern im Wildwasser, uralte kolorierte Fotografien von den ersten Polarexpeditionen, die er für viel Geld ersteigert hatte. Und über die Eingangstür hatte er sein altes Holzpaddel gehängt. Er fuhr zwar noch immer regelmäßig Kajak, aber die großen Fahrten lagen hinter ihm. Eine weitere Expedition würde er nicht mehr machen.

Er hatte nur ein kleines Regal aufgestellt, das mit wenigen, aber auserlesenen Büchern gefüllt war. Es waren seine Klassiker, die Bücher, die ihn schon sein ganzes Leben begleiteten. Und neben den Klassikern stand noch ein anderer Band. Eine ganz besondere Ausgabe. Mit sehr viel Liebe hergestellt, besonderes Papier, besonderer Umschlag. Eine Ausstattung, die etwas hermachte. Er zog das Buch aus dem Regal und betrachtete den Einband. *Die Geschichte einer außergewöhnlichen Polarexpedition, die auch die Geschichte meines Lebens ist* stand drauf. Und darunter: *Hakon Boker*. Hakon Boker, das war sein Verlag.

Dass er sich mit Frode Groten nicht einig geworden war, hatte ihn veranlasst, einen anderen Weg einzuschlagen. Sicher, er hätte noch an andere Verlage im Land herantreten können, aber auch da hätte er wahrscheinlich Kompromisse eingehen müssen. Warum also nicht einfach selbst einen Verlag gründen? Warum sich von anderen abhängig machen, wenn man es auch selbst in die Hand nehmen konnte? Er hatte ja Zeit. Und genug Erspartes, das er investieren konnte. Er brauchte einen neuen Sinn im Leben, und einen Verlag zu gründen war ihm interessant erschienen. Er hatte keine großen Pläne, er war ein bescheidener Mann geworden. Die Erlebnisse in der Wildnis und im ewigen Eis hatten ihn demütig gemacht. Zunächst war es ihm bei der Verlagsgründung nur darum gegangen, sein eigenes Buch herauszubringen. Und danach, hatte er gedacht, würde er vielleicht noch Bücher von anderen Menschen veröffentlichen, die waren wie er. Er gab *Hakon Boker* ein Motto: Authentische Abenteuerliteratur. Das war es, was ihn von anderen Verlagen unterschied. Wahrscheinlich, dachte Hakon, ist das nur eine Nische, aber das war ihm egal. Er wollte authentisch sein.

Der Verlag war mit nur einem Buch gestartet, mit seinem eigenen. Es war nach seinem Erscheinen zunächst nicht groß beachtet worden. Hakon hatte nicht genügend Geld, um eine Werbekampagne anzuschieben. Er hatte alles in den Druck und den Erwerb und die Renovierung des kleinen Verlagsgebäudes gesteckt. Vielleicht, so hatte er gedacht, bringt *Hakon Boker* nur ein einziges Buch heraus und geht danach pleite. Dieses Riskio war er bereitwillig eingegangen. Die Vorstellung, zu scheitern, hatte durchaus etwas gehabt. Es wäre irgendwie konsequent gewesen.

Doch es war anders gekommen. Ganz anders. Nach ein paar Wochen nämlich hatte sich herumgesprochen, dass *Die Geschichte einer außergewöhnlichen Polarexpedition, die auch die Geschichte meines Lebens ist* kein gewöhnliches Buch war. Keine Geschichte wie tausend andere. Nein, die Geschichte von Hakon war ehrlich und authentisch. Sie zeigte einen zerrissenen Mann, der, nachdem er ein großes Abenteuer bestanden hatte, gezwungen war, mit einer schweren Bürde zu leben. Mit der Verantwortung für den Tod seines besten Freundes. Viele Menschen waren ergriffen von der Offenheit dieses Mannes, der sich eben nicht als großen Helden darstellte.

So hatte Hakon auch nie gesehen werden wollen. Er war einfach einer, der seinen Weg ging. Dass sein Buch so anders war als viele andere, hatte sich herumgesprochen, und so war die Nachfrage gestiegen. Sehr bald war die erste Auflage verkauft gewesen, und er hatte nachdrucken müssen. Zweite Auflage. Dritte Auflage. Zehnte Auflage.

Es schien, als wollte jeder Mensch in Norwegen die Wahrheit über die große Polarexpedition erfahren, von der im Vorjahr so viel gesprochen worden war. Hakon hatte damit großen Ruhm erworben, aber da er sich zurückgezogen und nie über das gesprochen hatte, was wirklich geschehen war, war die Neugierde der Menschen groß. Schließlich hatten auch die Zeitungen berichtet. Sie hatten das Buch gelobt. Die vielleicht holprige, dafür aber authentische, ungeschliffene Erzählweise des Autors.

Hakon war zufrieden. Genau das hatte er erreichen wollen. Sein Leben lang hatte er für das gemocht werden wollen, was er eigentlich war. Ganz unverstellt.

»Sie sind da …«, riss ihn eine Stimme aus den Gedanken. Greta. Greta war die einzige Angestellte seines Verlags. Die gute Seele, die Frau für alles.

Hakon ging hinüber in das kleine Vorzimmer. Tatsächlich bestand das Verlagshaus nur aus diesen beiden Räumen.

»Und?«, fragte er neugierig. »Ist etwas gekommen?«

»Das kann man wohl so sagen«, seufzte Greta.

Hakon war aufgeregt. Nach dem Erfolg seines Buches wollte er nun auch andere Autoren unter Vertrag nehmen. Darum hatte er in der größten Wochenzeitung des Landes einen

Aufruf gestartet, eine ganz simple Anzeige, nur Text, keine Bilder. »*Hakon Boker* sucht neue Autoren. Echte Abenteurer, die echte Geschichten erzählen können. Literatur aus dem Leben.« Dazu eine Postfachnummer. Mehr nicht. Er hatte nicht gewusst, was geschehen würde. Ob es Interesse gab. Ob es Menschen gab, die bei ihm publizieren wollten.

»Ich komme direkt vom Postamt«, sagte Greta. »Und na ja, sehen Sie selbst.« Sie zeigte auf vier große Säcke, die an der Wand lehnten.

»Was ist das?«, fragte Hakon, der nicht verstand. Er ging zu einem der Säcke hin und öffnete ihn. Er war voller Manuskripte. »Donnerwetter.«

»Sie haben jetzt auf jeden Fall zu tun«, sagte Greta. »Ich hoffe, Sie haben genügend Zeit.«

*

Der Gestank war kaum auszuhalten. Hakon hatte in seinem Leben vieles gesehen, aber das hier brachte selbst einen gestandenen Mann wie ihn an seine Grenzen. Der schwere Wellengang rüttelte den alten Kutter durch, das Oberdeck war nass und rutschig, und mit dem Wasser des kalten Nordmeeres vermengte sich das Blut, das hier alles bedeckte. Hakon hielt sich an einem Schiffstau fest.

»Es ist uns eine große Ehre, Sie hier zu haben, Hakon«, brüllte der Kapitän gegen das Tosen der See an. Er war ein grobschlächtiger Mann, klein und untersetzt. Sein Gesicht war gezeichnet von einer Narbe, die schräg von der Stirn bis zur Wange reichte. Er trug eine Augenklappe, denn er hatte sein linkes Auge auf der Jagd verloren, wie er wieder und wieder stolz erzählte. »Wir haben nicht so oft Gäste auf unseren Schiffen, müssen Sie wissen.«

Hakon nickte und schaute zu Sigurd Fongen hinüber. Sigurd Fongen war ein stattlicher Mann. Hochgewachsen und breit, das lange, lockige Haar zum Zopf gebunden. Und obwohl seine Statur die eines Athleten war, hatte sein Gesicht ungewöhnlich feine Züge. Er sah aus wie ein Intellektueller im Körper eines Kämpfers. Eine Erscheinung, die Hakon beeindruckte. Sigurd Fongen hatte ihn eingeladen, an dieser Fahrt teilzunehmen. Das, was er hier zu sehen bekommen werde, hatte er Hakon in einem sehr kurzen Brief geschrieben, werde für sich sprechen und sein Anliegen verdeutlichen. Und er sollte recht behalten.

»Ich hoffe, dass wir Sie nicht enttäuschen, Hakon«, sagte der einäugige Kapitän, »aber ich schätze, wir werden Ihnen gleich ein Spektakel bieten, das Sie niemals vergessen.«

Hakon verzog das Gesicht. Sigurd stand regungslos neben ihm. Schwerer Regen prasselte auf das Schiff, das durch die raue See stampfte. Hakon sah es sich genauer an. Es war alt und heruntergekommen. An vielen Stellen hatte sich Rost angesetzt. Dennoch sprach der Kapitän mit großem Stolz von seinem Schiff. Es war eine eigene Welt, das hatte Sigurd schon im Vorfeld gesagt. Eine Welt, auf die man sich einlassen musste, um sie ertragen zu können.

Gerade wollte Hakon den Einäugigen etwas fragen, da erschallte aus dem Ausguck ein lauter Ruf: »Er bläst!«

Der Kapitän strahlte. Dann sahen auch Hakon und Sigurd den Blas des Wales, die meterhohe Fontäne, die mit hohem Druck beim Ausatmen ausgestoßen wird.

»Es geht los, es geht los«, rief der Kapitän. »Schauen Sie genau zu, Hakon, Sie erleben jetzt die besten Jäger des Landes bei der Arbeit.«

Es dauerte nur wenige Sekunden, bis sich vom Achterdeck zwei Dutzend Männer einfanden und die vier Jagdboote besetzten.

»Fieren«, rief der Kapitän, worauf die Boote ins Wasser hinabgelassen wurden und Kurs auf die Stelle nahmen, an der der Wal gesichtet worden war. »Wale müssen regelmäßig auftauchen, um Luft zu holen«, erklärte der Kapitän. »Die Kunst der Jäger ist es, zu erspüren, an welcher Stelle er auftauchen wird.«

»Und wie erspüren sie das?«

»Man kann das nicht lernen. Es ist mehr ein Instinkt, den die Harpuniere im Laufe der Jahre in sich schärfen.« Und nach einer kurzen Pause fügte er hinzu: »Jeder Wal hat einen eigenen Charakter. Es gibt neugierige Wale, es gibt scheue Wale, und es gibt erfahrene Wale. Jedes Tier verhält sich anders. Die Aufgabe des Harpuniers ist es, das Tier zu lesen. Sein Verhalten vorherzusehen. Nur dann kann er es erfolgreich jagen.«

Hakon und Sigurd wechselten einen Blick. Hakon ging an die Reling und schaute auf das offene Meer hinaus. Er sah, wie die vier Jagdboote über das Wasser glitten. Langsam. Suchend. Abwartend. Es verging Zeit. Immer noch peitschte Regen herab. Und dann sah er es. Eine riesige blaue Fläche, die sich aus dem Wasser erhob und eine Fontäne in die Luft pustete. Das musste ein Blauwal sein. Sofort erinnerte Hakon sich an seine Englandreise, auf der er das erste Mal einem dieser wunderschönen Geschöpfe begegnet war. Einem weißen Beluga-Wal. Jenem überirdisch schönen Wesen, das ihm in seiner Einsamkeit begegnet war. Er dachte zurück an die Sommernacht, die er schlafend auf seinem Kajak verbracht hatte, an die große Überfahrt und …

»Wal auf Steuerbord!«, riss ihn der Ruf des Kapitäns aus seinen Gedanken. Es dauerte nur Sekunden, bis er in die harte Realität zurückgekehrt war. »Da ist er!«

Die Boote wendeten. Keines war nahe genug, um die erste Harpune zu schleudern.

Der Wal tauchte wieder unter, die Jagdboote schwärmten erneut aus und verteilten sich an die Stellen, an denen sie das nächste Auftauchen erwarteten. Und tatsächlich, es dauerte nicht lange, bis sich der majestätische Wal wieder zeigte.

Dieses Mal weit weg von den Jagdbooten, die ihren Kurs sofort anpassten.

»Es scheint sich um ein erfahrenes Tier zu handeln«, sagte der Einäugige. »Ist wahrscheinlich schon mal harpuniert worden.«

»Woher wisst ihr das?«, fragte Hakon.

»Er ist nervös«, erklärte Sigurd. »Wale können lange unter Wasser bleiben, wenn sie müssen. Aber wenn sie nervös sind, tauchen sie öfter auf. Sie verhalten sich wie ein Mensch auf der Flucht. Ihre Atemfrequenz erhöht sich.«

Tatsächlich verging nur sehr wenig Zeit, bis sich das große Tier erneut zeigte. Es war ein nervenzerfetzendes Treiben. Insgeheim hoffte Hakon, dass es dem Wal gelang zu entkommen. Aber je häufiger er auftauchte, desto näher kamen die Jagdboote an ihn heran. Und schließlich hatten sie ihn. Der Wal kam an die Oberfläche, und eins der Boote hatte die Position richtig vorhergesehen. Es war nur etwa fünfzehn Meter vom Wal entfernt und hielt direkt auf ihn zu. Der Harpunier, der im Bug stand, schleuderte die schwere Harpune mit solcher Kraft, dass sie bis weit über die Wiederhaken tief in den Körper des Tiers eindrang. Der Wal tauchte ab. Die lange Leine der Harpune begann surrend von der Rolle zu laufen. Einmal getroffen, würde der Wal nicht weit kommen. So verteilten sich die restlichen Jagdboote in der Nähe und erwarteten ihn. Als er das nächste Mal an die Oberfläche kam, trafen ihn gleich drei weitere Harpunen.

»Wir haben ihn, wir haben ihn!« Erfreut beobachtete der Kapitän, wie die Jagdboote den Wal zum Mutterschiff schleppten, wo er mit dem Kopf nach Achtern auf der Steuerbordseite vertäut wurde.

Das harpunierte Tier lebte noch. Hakon hörte es keuchen.

»Flensstelling abfieren«, brüllte der Kapitän, und einige Seemänner ließen ein schweres Metallgestell zu Wasser. »Flensen!«, schrie er, und grobe Männer mit langen Messern sprangen hinunter auf den Wal und begannen ihn aufzuschneiden.

Mit Messern, Haken und Gabeln schnitten sie ihm den Speck vom Körper.

Hakon wurde schlecht. Er konnte diesen Anblick nicht ertragen und ging unter Deck.

Sigurd folgte ihm. »Habe ich zu viel versprochen?«, fragte er.

Hakon schaute ihm in die Augen. Er hatte viel gesehen in all den Jahren, aber diese Brutalität, diese Grausamkeit machte ihn sprachlos.

Sigurd sagte: »Für diese Männer ist der Wal nur eine Beute. Eine natürliche Ressource, die allerdings im Schwinden ist. Diese Männer sind Walfänger seit Generationen, und sie sind stolz auf diese Tradition. Sie haben es ja gehört. Es ist eine Kunst, einen Wal zu lesen. Aber kaum jemand weiß, wie bestialisch diese Kunst ist. Was den Tieren angetan wird. Wie sie leiden müssen.« Er machte eine lange Pause. »Ich komme selbst aus einer Walfängerfamilie. Mein Vater hat diese Tiere gejagt, wie es auch sein Vater getan hat. Aber ich habe das Leid und den Schmerz in den Augen dieser Wesen gesehen. Ich bin davon überzeugt, dass das ein Ende finden muss.«

Hakon machte einen Schritt auf ihn zu. »Schreiben Sie Ihr Buch! Schreiben Sie auf, was Sie wissen. Führen Sie es in all seiner Drastik aus. Ich werde es verlegen. Und ich werde alles dafür tun, dass es gelesen wird. Vielleicht bringt es die Menschen dazu, umzudenken«, sagte er.

»So schnell werden sie das nicht tun. Aber wir können einen ersten Schritt gehen, sie an die Realität heranzuführen.«

»Genau dafür habe ich meinen Verlag gegründet«, sagte Hakon.

*

Es war ein merkwürdiges Wiedersehen. Hakon erkannte den Mann, der das Restaurant betrat, kaum wieder. Sie hatten sich mehrere Jahre nicht gesehen. Nur die kleine Rundbrille war noch die gleiche. Frode Groten war alt geworden. Er ging gebückt, schien noch dünner und schmächtiger, als er es damals schon gewesen war. Hakon erhob sich und lud ihn mit einer einladenden Geste an seinen Tisch. Frode Groten zog einen Stuhl zurück und nahm ihm gegenüber Platz.

»Es ist lange her«, sagte Hakon. »Schön, Sie zu sehen.«

Frode Groten nickte und neigte leicht den Kopf. Er musste beinahe achtzig sein, und dennoch blitzten seine blauen Augen zuweilen auf und verrieten, dass in ihm noch dieselbe unstillbare Neugierde war, die ihn sein Leben lang angetrieben und dazu gebracht hatte, Bücher zu verlegen. Hakon bewunderte Frode Groten. Auch wenn sie nun schon seit Jahrzehnten Konkurrenten waren. Auch wenn er Frode Groten mit seinem eigenen Verlag an der Spitze abgelöst hatte. Auch wenn sie ganz unterschiedliche Vorstellungen davon hatten, welche Bücher es wert waren, dass man sie veröffentlichte und wie man sie vermarktete, war Frode Groten seiner Linie immer treu geblieben. Er hatte eine Vision, und an dieser Vision hatte er festgehalten. So wie Hakon auch. Hakon wusste, dass sein größter Konkurrent genau so ein leidenschaftlicher Verleger war wie er selbst. Jemand, der mit dem Herzen dabei war. Darum hatte er ihn immer respektiert, und das beruhte offensichtlich auf Gegenseitigkeit.

Sie lebten in unterschiedlichen Welten, aber es verband sie eine Leidenschaft, die sie miteinander teilten. Daher freute sich Hakon, dass der große Verleger ihn zu diesem Abendessen getroffen hatte.

»Wissen Sie, Hakon«, sagte Frode Groten, »es gibt nicht viele Dinge in meinem Leben, die ich bereue. Aber dass ich Sie damals habe gehen lassen, dass ich Sie nicht unter Vertrag genommen habe … das war eine Fehlentscheidung, die ich mir nicht verzeihen kann.«

Hakon lächelte. »Es gibt viel wichtigere Dinge im Leben als ein Geschäft, das nicht funktioniert hat.«

Frode Groten winkte ab und lächelte charmant. Er mochte mittlerweile ein alter Herr sein, aber er war in Würde gealtert. Wie auch Hakon, der eine Woche zuvor seinen sechzigsten Geburtstag gefeiert hatte und noch immer die Statur eines nordischen Wikingers hatte. So als könnte er jederzeit in die Schlacht ziehen. Wenn er gewollt hätte, doch Hakon wollte nicht mehr. Er konnte auf ein langes, ereignisreiches Leben zurückblicken, aber erfüllt war es noch nicht, das spürte er. Etwas fehlte noch. Er musste noch etwas tun, das er bislang nicht getan hatte.

»Darf ich Ihnen etwas zu trinken bringen?«, fragte die Kellnerin und riss Hakon aus seinen Gedanken.

»Ein Glas Wein«, sagte Frode Groten.

»Für mich ein Wasser«, fügte Hakon milde hinzu.

Die Kellnerin lächelte ihn an.

»Ich bewundere Sie dafür, dass Sie das alles so durchgezogen haben, Hakon. Als ich hörte, dass Sie einen eigenen Verlag gründen, war ich voller Hochachtung. Immerhin war das eine wahnwitzige Idee! Ein Kajakfahrer, der zum Nordpol reist, will plötzlich Bücher verlegen. Völlig irre. Aber es sind genau diese Momente, in denen wirklich Großes entsteht.«

»Ich bin damals einfach nur meinem Herzen gefolgt. Die Welt der Bücher war immer auch ein Teil meiner Welt, und damals hatte ich den Eindruck, es sei der richtige Zeitpunkt, mich dieser Leidenschaft zu widmen.«

»Und jetzt«, fragte Frode Groten höflich und nippte an seinem Rotwein, »ist der Zeitpunkt gekommen, dieses Kapitel zu schließen?«

»Genauso ist es«, sagte Hakon.

Es war kein Geheimnis mehr. Die Gerüchte, die schon seit Monaten kursierten, beruhten auf Wahrheit: Er hatte seinen Verlag verkauft.

»Das ist der nächste Wahnsinn«, lächelte Frode Groten. »Auf dem Höhepunkt des Erfolges stoßen Sie alles ab.«

»Sie wissen doch, alle Dinge auf dieser Welt sind vergänglich. Nichts ist für immer. Das gilt auch für den Erfolg. Ich habe in einem Kajak den Nordpol umrundet. Ich war der Erste, dem das gelungen ist, aber ich weiß, dass es andere geben wird, die mir folgen. Und dass Männer kommen werden, denen es vielleicht noch sehr viel schneller gelingt als mir. Sei's drum. Das, was ich erreicht habe, wird man mir nicht mehr nehmen können.« Hakon machte eine Pause. »Und das, was Sie erreicht haben, das wird man Ihnen nicht mehr nehmen können.«

»Wissen Sie, Hakon, ich will ehrlich sein. Ich wollte Sie heute auch treffen, weil ich eine Sache nicht verstanden habe.«

Hakon legte den Kopf schräg.

Frode Groten faltete die Hände und beugte sich leicht vor. »Ich verstehe nicht, warum Sie nicht an mich verkauft haben. Wir hätten Ihnen ein gutes Angebot gemacht, das wissen Sie. Bestimmt ein besseres als das, welches Sie angenommen haben.«

Nun beugte sich auch Hakon vor. »Mein Verlag war so etwas wie mein Baby. Ich weiß, dass er bei Ihnen in guten Händen gewesen wäre. Aber, Frode, machen wir uns nichts vor, Sie sind achtzig Jahre alt, und auch wenn Sie bis an Ihr Lebensende Bücher verlegen – diese Zeitspanne ist leider überschaubar geworden.«

»Ich werde noch so lange leben, wie die Götter es mir erlauben«, sagte Frode Groten gespielt theatralisch und riss sein Glas Wein in die Höhe.

»Sie werden irgendwann Platz machen für jemanden, der jünger ist. Und ich weiß nicht, ob *Hakon Boker* dann auch noch in guten Händen wäre. Ich habe mich für einen Käufer entschieden, der … anders ist.«

»Anders?«

»Einen, der nicht Verleger ist, sondern Abenteurer. So wie ich. Ob der Verlag dann weiterhin erfolgreich sein wird, das weiß ich nicht, aber er wird weiterhin meinen Werten entsprechen.« Hakon trank einen Schluck von seinem Wasser.

»Natürlich respektiere ich Ihre Entscheidung«, sagte Frode Groten. »Dennoch hätte ich Ihren Verlag gern gekauft.«

»Sie werden auch so in die Geschichtsbücher unseres Landes eingehen.« Hakon hob sein Glas. »Lassen Sie uns anstoßen, Frode. Darauf, dass ich diesen Abschnitt meines Lebens abgeschlossen habe.«

Auch Frode Groten hob das Glas.

»Es bedeutet mir viel, dass wir gemeinsam hier sitzen«, sagte Hakon. »Wissen Sie, Sie waren der erste und einzige Mensch, dem ich mein Manuskript damals geschickt habe.«

»*Die Geschichte einer außergewöhnlichen Polarexpedition, die auch die Geschichte meines Lebens ist*, ich erinnere mich sehr gut.«

»Sie haben es gründlich gelesen und kommentiert und …«

»… und ich bin immer noch davon überzeugt«, fiel ihm der Alte charmant ins Wort, »dass es sich mit der Umsetzung meiner Anmerkungen noch besser verkauft hätte.«

»… und Sie haben mir eine Chance gegeben. Sie haben mich in Ihren Verlag eingeladen. Dass wir damals nicht zusammengefunden haben«, fuhr Hakon fort, »halte ich für eine Fügung des Schicksals. Für mich war ein anderer Weg vorgesehen.«

Die Kellnerin kam wieder und nahm ihre Bestellung auf. Sie orderten das Gericht des Tages, eine Fischplatte mit Gemüse.

»Meine neue Tätigkeit im Verlagswesen hat dafür gesorgt, dass sich unsere Wege gelegentlich gekreuzt haben. Ja, wir waren Konkurrenten. Aber ich habe Sie nie als Gegner gesehen, sondern immer als den Mann, der mir – bewusst oder unbewusst – diese neue Tür geöffnet hat. Dafür möchte ich Ihnen danken.«

Frode Groten kniff die Augen zusammen und funkelte Hakon durch die Gläser seiner kleinen runden Brille an.

»Erlauben Sie mir noch eine Frage«, sagte er. »Was macht ein Mann wie Sie jetzt?«

Hakon lächelte und schenkte sich noch ein Glas Wasser ein. »Ich habe meine Pläne.«

»Etwas mit Büchern?«

»Etwas mit Walen.«

Frode Groten lachte. »Mit Walen? Sie überraschen mich immer wieder. Ich bitte Sie ... erzählen Sie es mir.«

Hakon zögerte kurz, entschloss sich dann aber, seinen früheren Konkurrenten ins Vertrauen zu ziehen. »Wissen Sie, als ich das Nordmeer von England nach Norwegen überquert habe, war ich sehr einsam. Ich hatte die Fahrt mit meinem Freund angetreten, aber er hat sich dann entschieden, mich auf dem wichtigsten, schweren Stück nicht mehr zu begleiten. Damals bin ich in einer Vollmondnacht bei völliger Windstille ...«

»... einem Beluga-Wal begegnet, ich erinnere mich. Sie haben das in Ihrem Buch sehr ausführlich beschrieben.«

»Ich war wirklich fasziniert von der Schönheit dieser Geschöpfe, Frode. Dieser Wal, der mich in meiner großen Einsamkeit besucht und ein Stück begleitet hat, der so vorsichtig mit meinem zerbrechlichen Kajak umging, hatte für mich etwas Mystisches.«

Frode Groten nickte. Er war zwar nie mit einem Kajak auf den Meeren dieser Welt unterwegs gewesen, aber Wale hatte er in seinem langen Leben sicher auch gesehen. Und offenbar teilte er Hakons Auffassung, dass diese Geschöpfe mit ihrer eindrucksvollen Größe und zugleich so zarten Wesensart etwas ganz Besonderes waren.

»Die Begegnung damals«, sagte Hakon, »war nur die erste von vielen. Und jedes Mal, wenn ich auf diese majestätischen Wesen traf, wusste ich, dass sie die ungekrönten Könige unserer Meere sind.«

»Und was haben Sie nun also mit Walen vor, Hakon?«

»Ich will sie retten. Ich habe mich in den vergangenen Jahren sehr intensiv mit dem Walfang hier in Norwegen auseinandergesetzt. Mit den Methoden, wie man die Tiere harpuniert und zerlegt.«

»Ich erinnere mich gut an die Bücher von Sigurd Fongen, die Sie herausgegeben haben. Die waren ja sehr erfolgreich. Nur war mir nicht klar, dass das Thema Sie auch privat so beschäftigt.« Frode Groten nahm noch einen Schluck Wein und musterte sein Gegenüber beeindruckt. »Was haben Sie geplant?«

»Ich werde den Walfängern an der Westküste ihre Schiffe abkaufen.«

»Und weiter?«

»Nichts weiter. Keine Schiffe, keine Jagd.«

Frode Groten lachte laut auf. »Nicht Ihr Ernst! Das ist Ihr Plan?«

Hakon kratzte sich etwas verunsichert den Bart. »Was stimmt nicht mit dem Plan?«

»Und wovon sollen die Walfänger ihre Familien ernähren?«

»Sie können sich von dem Geld eine neue Existenz aufbauen.«

»Sie wollen also aus Walfängern Bauern machen?«, lachte Frode Grote. »Dass daraus nichts wird, sollten Sie doch besser wissen als jeder andere, Hakon. Sie können einem Fischer seine Netze nehmen, und er wird trotzdem ein Fischer bleiben. Und genauso wird ein Walfänger immer ein Walfänger sein.«

»Ich werde mit ihnen reden«, beharrte Hakon. »Sie werden doch verstehen, dass das, was sie machen, falsch ist. Sie töten Wale. Sollen sie doch von dem Geld, das ich ihnen biete, etwas Besseres tun. Von mir aus Wälder bewirtschaften und Sägewerke betreiben.«

»Kaufen Sie einem Walfänger Land und einen Wald, und er bleibt dennoch ein Walfänger«, beharrte Frode Groten kopfschüttelnd. Dann fixierte er Hakon. »Seien Sie doch nicht naiv.

Sie reden mit Seemännern, die ihr Leben lang nichts anderes getan haben, als Wale ausfindig zu machen und zu töten. Das ist ihr Leben. Ihre Identität. Für sie ist nichts falsch daran. Mir können Sie etwas vom Wunder der Natur erzählen, ich verstehe das, ja, aber ein Walfänger wird das nicht verstehen. Für ihn ist der Wal nur eine Beute, eine Ressource und seine wirtschaftliche Lebensgrundlage.«

Hakon biss sich auf die Lippe. Frode Groten hatte recht. Bislang war er wohl sehr naiv an die Sache herangegangen.

»Verstehen Sie mich nicht falsch. Ich teile Ihre Auffassung, ich finde Ihre Idee gut. Aber Sie müssen das anders anpacken, Hakon. Sie müssen diesen Leuten eine Perspektive bieten, die zu ihrer Lebenswirklichkeit passt.«

ZWISCHENSPIEL

Dem eigenen Leben einen wahren Sinn geben

Langsam wich die Nacht einem neuen Tag. Das Unwetter beruhigte sich, erste helle Schlieren durchzogen den dunklen Himmel, und auch in der Hytte hatte sich die Atmosphäre gewandelt. Hakon und Sverir waren einander in ihren Erzählungen so nahe gekommen, dass es dem jungen Ausreißer erschien, als kenne er den Alten schon sein Leben lang. Es herrschte eine große Vertrautheit zwischen ihnen.

»Ich könnte mir kein schöneres Ende eines erfüllten Lebens vorstellen«, sagte Sverir, »als im fortgeschrittenen Alter alles zu verkaufen und mir mit dem Geld einen schönen Lebensabend zu machen.« Er lehnte sich zurück, schloss die Augen und lächelte. Vor seinem geistigen Auge zogen all die Dinge vorbei, die er sich würde kaufen können, wäre er in der Situation von Hakon. Ein riesiges Haus direkt an der Küste. Ein Kajak und ein hochseetüchtiges Boot. Und ich hätte Angestellte, dachte er, die sich um alles kümmern, was mir eine Last ist.

»Als ich in deinem Alter war«, sagte Hakon, »habe ich auch so gedacht. Aber es wird der Tag kommen, an dem du feststellst, dass du niemals ein glückliches, selbstbestimmtes Leben führen kannst, wenn du dich nur an Besitztümer klammerst. Die wenigsten Dinge, die wir besitzen, bewahren sich den Zauber, den sie hatten, als wir nach ihnen gestrebt haben. Geld und Besitz werden immer nur kurzfristig ein Bedürfnis stillen können. Sie werden dich nicht erfüllen.«

»Das kann ich mir kaum vorstellen«, sagte Sverir und dachte zurück an das kleine Holzhaus, in dem er hatte leben müssen. An die ärmlichen Verhältnisse, denen er entstammte.

»Gehabt zu haben befreit vom Habenwollen. Das ist eine Erfahrung, die du selbst machen musst, Sverir. Wenn du einen Gipfel erklimmst, dann wirst du von dort nur den Blick auf einen weiteren Gipfel haben. Es ist eine Spirale, die dich niemals wirklich glücklich machen wird. Weil du immer wieder nach mehr streben wirst. Die Befriedigung, die du vielleicht empfindest, ist immer nur eine Befriedigung für den Moment.«
»Aber erfüllt dich nicht allein der Blick zurück auf dein langes und ereignisreiches Leben? Auf das, was du geschaffen hast? Du wirst auf dieser Welt Spuren hinterlassen.«
»Von außen mag das vielleicht so wirken. Dass ich alles erreicht habe. Dass ich meine Ziele verwirklicht habe. Dass ich wohlhabend geworden bin. Aber das, mein Junge, ist nur die Sicht von außen. Es ist nur die Oberfläche.«
»Die Oberfläche?«
»Ja. Es hat keine Bedeutung. Taten von Bedeutung sind solche, die nicht *in* dieser Welt, sondern *für* diese Welt Sinn ergeben.« Hakon lächelte. »Damals, in meiner dritten und schwersten Polarnacht, da wurde mir eine Sache deutlich bewusst: Ich wurde nackt geboren und werde nackt sterben. Was werde ich hinterlassen? Ein paar Bücher und ein paar Abenteuergeschichten, über die man vielleicht noch einige Jahre später sprechen wird. Aber nichts davon hat einen wirklichen Wert für diese Welt und die nachfolgenden Generationen.«
»Aber was ist denn dann etwas wert?«
Hakon richtete sich schwerfällig auf. Sein Körper war alt geworden, und jede Bewegung bereitete ihm Schmerzen. Er versuchte, sich nichts anmerken zu lassen. Langsam ging er zu einem der Fenster und öffnete es. Der Sturm hatte sich fast gelegt.
»Reichtum ist kein Wert an sich. Finanzielle Unabhängigkeit ist allerdings eine Grundvoraussetzung für persönliche Freiheit.« Er machte eine kurze Pause. »Wenn du wirklich ein sinnerfülltes Leben führen möchtest, dann musst du etwas

tun, das diese Welt ein wenig besser zurücklässt, als du sie vorgefunden hast, wenn du gehst.« Er dachte eine Weile nach. »Erinnerst du dich, dass wir über die Notwendigkeit gesprochen haben, zu akzeptieren, aus welchem Holz wir gemacht sind? Darüber, dass wir aus dem, was wir sind, die beste Version unserer selbst machen müssen, indem wir uns eigene Ziele setzen, die von niemandem als uns selbst bestimmt werden dürfen?«

Sverir nickte.

»Das sind wichtige Schritte zu einem selbstbestimmten Sein. Zu einem Leben in Freiheit. Aber dieses Leben wird dir keine Befriedigung verschaffen, wenn du dir an seinem Ende nicht die eine große Frage beantworten kannst.«

»Welche Frage ist das?«

Hakon schaute den Jungen an. »Welchen Nutzen hatte meine Existenz? Welchen Nutzen hatte sie für andere Menschen, für die Natur, für die Erde? Was bleibt von mir, wenn ich diese Welt verlasse? Wen kannst du und wie kannst du andere teilhaben lassen? Denn am Ende des Lebens geht es darum, weiterzugeben. Weiterzugeben, was du gewonnen oder erfahren hast. Was nützt die Erleuchtung des Einsiedlers in der Wüste, wenn der Erleuchtete sein Wissen nicht weitergibt?«

»Wir werden nackt geboren, und wir werden nackt von dieser Welt gehen«, sagte Sverir nachdenklich.

Hakon lächelte.

»Erinnerst du dich, dass ich dir von meiner Liebe zu den alten Sagen und Mythen erzählt habe?«

»Natürlich«, sagte Sverir.

»Alle diese Sagen fußen im Grunde auf der gleichen Struktur. In der Mythologie gibt es den Archetypen des Helden und die immer gleichen Stationen seiner Reise.«

Sverir hörte gebannt zu.

»Dadurch, dass der Held den Mut hat, seinen ganz eigenen Weg zu gehen, dadurch, dass er die Kraft hat, sich zu bewähren, kann er Erfahrungen sammeln, die anderen nicht zugänglich sind. Und die Erkenntnisse, die aus diesen Erfahrungen resultieren, muss er weitergeben. Indem er zurückgibt. Und das ist ihm nur möglich, weil er sein ganz eigenes Potenzial errungen hat, eins, das kein anderer erringen konnte. Erst im Moment des Zurückgebens erfüllt der Held den Sinn seiner Existenz.«

Das erste Licht des Morgens fiel durch das Fenster herein.

»In der Mythologie geht der Held einen weiten Weg. Auch ich bin einen weiten Weg gegangen. Aber der weiteste Weg, den ich gegangen bin, war der zu mir selbst. Hin zur Wahrheit des eigenen Herzens.

»Und wie hast du diese Wahrheit des Herzens gefunden?«, fragte Sverir.

»Indem ich einen letzten großen Kampf gekämpft habe.«

FÜNFTER TEIL

Ein kalter Wind kam auf. Hakon zog sich den Schal noch ein wenig enger um den Hals und ließ seinen Blick über den weitläufigen Hafen schweifen, der sich vor ihm erstreckte. Es regnete. Das Grau des Himmels und das Grau der See vermengten sich und wurden zu einer einzigen trostlosen Fläche. Hakon drehte sich um und ging mit festen Schritten über den Holzsteg zurück zu der kleinen Holzhytte unterhalb des Leuchtturms. In die alte Hafenkneipe. Für einen kurzen Moment erinnerte er sich an das erste Mal, als er hier eingekehrt war. In einem der kältesten Winter, die Norwegen je erlebt hatte. Es kam ihm vor, als blicke er auf ein anderes Leben zurück. Er vermisste Ansgar. In den letzten Monaten hatte er oft an seinen alten Freund gedacht. Vielleicht, dachte er, einfach nur, weil ich zu viel Zeit hatte.

Er betrat die Schenke, und eine angenehme Wärme schlug ihm entgegen. Im Kamin brannte ein Feuer. Es war ungewohnt, diesen Ort so zu sehen. Ohne Gäste, ohne Leben. Die Stühle waren auf die Tische gestellt, und der dickbäuchige Wirt, der mittlerweile hoch betagt war, kehrte den Dreck zusammen. Nur an einem Tisch saßen, Schulter an Schulter, sieben massige, grobe Männer. Sie drehten sich zu Hakon um und musterten ihn misstrauisch. Hakon ging auf sie zu, griff sich einen Stuhl, schob ihn an den Tisch und setzte sich zu ihnen.

Wortlos nickte man einander zu. Die Männer waren alle im mittleren Alter, nur einer war wohl noch ein paar Jahre älter als Hakon. Das war Svargord, einer der namhaftesten Walfänger der Stadt. Er besaß mehrere Fangschiffe. Seit Generationen jagte seine Familie die Tiere. Der alte Wirt kam und stellte Hakon ein Glas Grog hin. Hakon lächelte. Er war lange nicht mehr an diesem Ort gewesen, aber manche Dinge, das wusste er, änderten sich nicht.

»Danke, dass ihr gekommen seid.«

»Bin neugierig, was du uns zu sagen hast«, brummte der Alte, der wohl so etwas wie ein Wortführer war.

Tatsächlich hatte Hakon um dieses Treffen gebeten. Er hatte die alte Kneipe für diesen Abend sogar gemietet. Bei dem, was er hier zu besprechen hatte, wollte er ungestört bleiben. Er wusste, dass das, was er plante, ein Wagnis war. Aber war nicht sein ganzes Leben ein einziges Wagnis gewesen?

»Ich komme gleich zur Sache«, sagte Hakon. »Ich will, dass ihr mit dem Walfang aufhört.«

Schweigen. Dann fingen die Männer an zu lachen. Erst war es ein vorsichtiges, ein ungläubiges Lachen, doch bald wurde es laut und höhnisch.

»Hakon«, sagte der Alte. »Du hast uns doch nicht hier versammelt, um dich über uns lustig zu machen, oder?«

Hakon legte seine mächtigen Unterarme auf den Holztisch und beugte sich vor. »Ich habe mich in den letzten Jahren sehr intensiv mit dem Walfang auseinandergesetzt«, sagte er. »Er hat keine Zukunft. Ihr habt keine Zukunft.« Er legte eine Pause ein, um seine Worte wirken zu lassen. »Der Bestand der Tiere ist rückläufig. Ihr wisst selbst, wie schwer es geworden ist, sie zu jagen. Svargord, du wirst dich an andere Zeiten erinnern, nicht wahr?«

Der Alte lehnte sich in seinem Holzstuhl zurück und blickte etwas verloren in die Ferne. »Da hast du recht. Ich erinnere mich gut an eine Zeit, in der die Meere so prall gefüllt waren mit Walen, dass es reichte, seine Harpune hineinzustechen …«, er machte eine schnelle, ruckartige Handbewegung, um seine Worte zu illustrieren, »… und schon steckte sie in einem fetten Walrücken.«

Die Männer lachten.

Hakon lächelte pflichtschuldig. »Diese Zeiten sind vorbei«,

sagte er. »Ich kenne eure Fangquoten. Oystein, ihr habt diese Saison zwei Grauwale gefangen, eine magere Ausbeute.«

Oystein, einer der jüngeren Kapitäne in der Runde, zog die Mundwinkel nach unten.

»Seht den Tatsachen ins Gesicht. Ihr betreibt ein Geschäft, das nicht nachhaltig ist. Bis eure Söhne alt genug sind, eure Schiffe zu führen, werden keine Wale mehr da sein, die sie jagen können. Der Grönlandwal ist so gut wie ausgestorben, Blauwale gibt es hier schon lange nicht mehr.«

»Und die restlichen Tiere wollt Ihr jetzt retten, großer Hakon?«, warf Svargord spöttisch ein.

»Ich will euch retten. Euch eine andere Perspektive aufzeigen.«

Er drückte den Rücken durch und setzte sich aufrecht hin, während die anderen Männer ihn ablehnend, aber auch neugierig in den Blick nahmen.

»Es gibt viele Menschen auf dieser Welt, die Wale für besondere Lebewesen halten. Die von ihrer Schönheit fasziniert sind und sich nicht nur für ihren Tran interessieren. Diese Menschen wären bereit, viel Geld dafür zu zahlen, dass sie die Wale einmal in ihrer natürlichen Umgebung sehen können.«

»Was willst du damit sagen?«

»Dass ich eure Schiffe umbauen will. Von Walfängern zu Walbeobachtungsschiffen.«

Wieder lachten die Männer schallend. »Dann bist du wohl doch wahnsinnig geworden, als du den Nordpol umrundet hast.«

»Im Gegenteil, Svargod. Ich sehe heute so klar wie nie zuvor in meinem Leben, das könnt ihr mir glauben. Und das solltet ihr auch. Ich biete euch als Eigentümer an, eure Schiffe zu pachten. Für drei Jahre. Ich zahle euren Mannschaften ein sehr gutes Gehalt. Ich übernehme sämtliche Betriebskosten der Schiffe. Und ich bezahle die Umbauten, die notwendig sind.«

»Was …«, fragte Oystein etwas kleinlaut, »was verstehst du unter einem sehr guten Gehalt?«

Hakon zog sieben Briefumschläge aus der Tasche. Auf jedem stand der Name eines Kapitäns. »Ich kenne eure Schiffe«, sagte er und verteilte die Umschläge. »Ich kenne ihren Wert. Und ich weiß, was ihr mit ihnen verdient.«

Die Männer öffneten die Umschläge.

»Ihr werdet sehen«, sagte Hakon, »dass die Angebote, die ich euch gemacht habe, mehr als großzügig sind.«

Er wartete ab und beobachtete die Gesichter, während die Kapitäne die Schriftstücke studierten. Einige hoben die Augenbrauen, aber es lachte keiner mehr.

Hakon hatte auf jedes Blatt ein Angebot und eine Zahl geschrieben.

»Das ist nicht dein Ernst.«

»Es ist mein voller Ernst«, sagte Hakon mit klarer Stimme und beugte sich vor. Er wollte, dass keiner der Männer an seinen Absichten zweifelte.

Die Kapitäne hielten die Luft an.

»Hört zu. Ich habe einen Plan, und ich glaube, dass dieser Plan gut ist. Aber dafür brauche ich euch. Ihr seid die besten Jäger des Landes. Ihr wisst besser als irgendwer sonst, wo die Wale sind. Ich will, dass ihr sie auch weiter jagt. Ihr sollt sie nur nicht mehr töten.«

Die Männer schauten einander an.

»Ihr werdet mehr Geld verdienen, als ihr je verdient habt. Lasst uns Partner werden!«

»Das Angebot gilt für drei Jahre?«

»Ja.«

»Und was ist nach diesen drei Jahren? Was ist, wenn es nicht funktioniert? Dann haben wir Schiffe, die keine Harpunen mehr haben.«

»Es wird funktionieren«, erwiderte Hakon, bemüht, die ganze Autorität seiner Person und seiner Geschichte einzubringen. »Und wenn nicht, bezahle ich euch den Rückbau eurer Schiffe in den Ausgangszustand. Ihr könnt bei diesem Geschäft nicht verlieren.« Er blickte den Männern entschlossen ins Gesicht.

»Wir müssen beraten«, sagte Svargod schließlich.

»Ich weiß«, sagte Hakon und erhob sich.

Es gefiel ihm, wie es hier lief. Er sprach mit den Männern nicht, wie er als Verleger gesprochen hatte, sondern so, wie man unter Seeleuten sprach. Geradeaus und direkt. Klar und bestimmt. Auf Augenhöhe. Niemand war besser als der andere. Es tat ihm gut, sich wieder in dieser Welt zu bewegen. Dieser Welt, die ein Stück weit immer seine wahre Heimat gewesen war.

Er trat vor den Kamin. »Wisst ihr«, sagte er, »hier an diesem Ort habe ich mich einmal entschlossen, das Leben zu führen, das ich dann tatsächlich viele Jahre geführt habe. Wäre ich nicht in einer tiefen Winternacht mit meinem besten Freund hier eingekehrt, dann wäre aus mir ein anderer Mann geworden.« Er ließ einen Moment vergehen. »Das ist nun mehr als vierzig Jahre her. Und nichts hier hat sich seitdem verändert.« Er fuhr mit der Hand über den alten Kaminsims, auf dem noch immer der antike Vendelhelm stand. Dann strich er über den Rahmen des dunklen Gemäldes, das ein Drachenboot auf rauer See zeigte. »Aber manchmal sind Veränderungen gut. Manchmal sind Veränderungen nötig. Ich biete euch mit meinem Angebot die Chance, dass auch eure Familien eine Zukunft haben. Dass eure Schiffe auch in der nächsten Generation noch auf See sein werden.«

Dann ging er vor die Tür und ließ die Männer unter sich. Er drehte eine kleine Runde um den Hafen. Lehnte sich mit seiner mächtigen Statur gegen die Sturmböen und blickte auf das unruhige Meer. An den Schiffen, die hier ankerten, brachen sich große Wellen. Die Luft schmeckte nach Salz. Er wusste, dass er ein Risiko einging. Wenn es nicht funktionierte, würde er den Großteil dessen, was er bei dem Verlagsverkauf erhalten hatte, verlieren, aber das war ihm egal. Selbst wenn er alles verlor – dann würde er eben wieder das Leben eines einfachen Mannes führen. Als er den Hafen einmal umrundet hatte, ging er zurück in die Kneipe und setzte sich zu den Männern.

Er sah an ihren Gesichtern, dass sie eine Entscheidung getroffen hatten. Es waren entschlossene Mienen. Er konnte nur hoffen, dass sie sich für die Veränderung entschieden hatten. Sicher war das nicht. Die meisten Menschen klammerten sich an die Tradition. An das, was sie schon immer hatten. Nichts im Leben fällt so schwer wie loszulassen, das wusste Hakon ja selbst.

»Und?«, fragte er.

»Wir werden auf dein Angebot eingehen«, sagte Svargod. »Wir ziehen alle mit. Über einige Punkte müssen wir noch sprechen, aber wir ziehen mit.«

Hakon lehnte sich zurück.

»Aber du sollst wissen, dass wir das tun, weil wir dir vertrauen. Weil du nicht irgendwer bist, sondern Hakon. Weil wir wissen, dass du Dinge erreichen kannst, die andere nicht erreichen.«

»Das hier hängt nicht nur von mir ab, sondern auch von euch. Wenn ihr auf das Meer hinausfahrt, um anderen Menschen die Wale zu zeigen, und keine findet, werden die Leute enttäuscht sein und nicht wiederkommen. Wir können das nur gemeinsam schaffen. Ich vertraue auf euch, dass unsere Passagiere begeistert sein werden.«

Hakon gab dem Wirt ein Zeichen, dass er eine Runde Bier bringen solle. Die Männer erhoben die schweren Krüge und stießen damit an.

»Auf die Zukunft«, sagte Hakon.

»Auf die Zukunft«, bekräftigten die anderen.

Die Sonne war bereits untergegangen, als die Männer die alte Leuchtturm-Schenke verließen. Sie zogen sich die schweren

Wetterjacken fest um den Körper, um sich vor den starken Böen zu schützen. Es war eine unangenehme, kalte Nordnacht, in die sie hinaustraten.

Svargord nahm eine Laterne und entzündete sie. Dann ging er vor und leuchtete den anderen den Weg. Obwohl es nass und rutschig war, fanden sie sicher ihren Weg über die Hafenpromenade. Echte Seeleute, dachte Hakon und musste lächeln. Ein kleiner Sturm konnte Männer wie sie nicht zum Wanken bringen.

Die Straßen waren wie leergefegt. Auch in den Häusern in der Hafengegend brannte kein Licht mehr. Wie spät es wohl war? Hakon hatte sein Zeitgefühl verloren. Wie lange hatte er mit den Männern gesprochen und getrunken? Drei Stunden? Vier? Er wusste es nicht mehr.

»Das ist schon eine erstaunliche Entwicklung«, sagte Svargord. »Erst umrundest du den Nordpol, dann verkaufst du Bücher. Und dann tauschst du die Bücher gegen Wale ein.«

»Vielleicht ist das, was ich heute tue, das erste Sinnvolle, das ich überhaupt jemals getan habe«, erwiderte Hakon ernst und blickte hinüber zu den Walfangschiffen, die bald ihre letzte Fangfahrt gemacht haben würden.

*

Was für ein Anblick, dachte Hakon. Er stand an die Holzbrüstung einer kleinen Anhöhe gelehnt und schaute auf den Hafen hinab. So, wie er es während der vergangenen Wochen und Monate oft getan hatte. Es war für ihn zu einem kleinen Ritual geworden. Morgens, wenn die Sonne aufging, drehte er seine Runde und verweilte dann für ein paar Stunden hier. Das Privileg des Alters: Er hatte Zeit. Von dieser Aussichtsplattform hatte er den perfekten Blick auf die Docks. Von hier konnte er sehen, wie seine Vision Wirklichkeit wurde. Tag für Tag ein Stückchen mehr.

Er beobachtete, wie die Arbeiter die alten Schiffe nach und nach umbauten. Ein halbes Jahr war vergangen, seit er sich mit den Walfängern geeinigt hatte. Mittlerweile hatte sich sein Vorhaben in ganz Norwegen herumgesprochen. Viele hielten ihn für verrückt, andere hielten ihn für genial. Ihm war das egal. Sollten die Menschen doch sagen und denken, was sie wollten, was am Ende zählte, waren die Ergebnisse, die er vorzuweisen haben würde. Und er würde alles in seiner Macht Stehende tun, um zu den Ergebnissen zu kommen, die ihm vorschwebten. Er würde die Menschen schon noch von seiner Vision überzeugen, da war er sich ganz sicher.

Während er so über die Zukunft nachdachte, hörte er plötzlich eine Stimme hinter sich.

»Ich bin sehr stolz auf dich, Hakon.«

Jemand legte ihm die Hand auf den Rücken. Er brauchte sich nicht umzudrehen, um zu wissen, wer das war. Er lächelte. Was für eine Überraschung!

»Was machst du hier, Innegred?«

»Ich habe von deinen Plänen gehört und wollte es mit eigenen Augen sehen.«

Innegred stellte sich neben ihn, lehnte sich an die Holzbrüstung, und gemeinsam sahen sie zu, wie die Arbeiter die Harpunen von den alten Schiffen demontierten.

»Ich habe in der Zeitung davon gelesen. Das sind ambitionierte Pläne, die du da hast.«

»Das hier ist nur der Anfang«, sagte Hakon. »Ich will, dass es in ganz Norwegen so wird.« Allein der Gedanke gab ihm Kraft, die Vorstellung, dass es in einigen Jahren keine Walfänger mehr gab. Dass er es tatsächlich schaffen könnte, diese unglaubliche Quälerei zu beenden. Allein bei dem Gedanken empfand er eine tiefe Befriedigung. Etwas, das er schon seit vielen Jahren nicht mehr empfunden hatte.

»Ich zweifle nicht daran, dass du erreichst, was du erreichen willst. Aber es wird noch ein langer Weg sein.«

Hakon wandte sich zu Innegred um. Sie war alt geworden, genau wie er. Aber sie war rüstig. Sie versprühte immer noch jugendliche Leichtigkeit, und auch jetzt konnte er sich noch in ihren strahlend blauen Augen verlieren.

»Darf ich dich auf diesem Weg ein wenig begleiten?«

Hakon lachte. »Mich begleiten? Wie stellst du dir das vor?«

»Nun«, sagte sie. »Du hast dir vorgenommen, den Walfang in Norwegen zu beenden. Deine Aktion ist sicher ein erster Schritt, aber ein zweiter muss es doch sein, politisch die richtigen Weichen zu stellen, und da kann ich dir helfen. Die Kapitäne der Walfänger konntest du überzeugen, aber dahinter steht eine große verarbeitende Industrie, die von ihnen profitiert. Das macht politisches Handeln erforderlich.«

Hakon wusste, dass Innegreds Mann ein angesehener Politiker war. Einer, der gute Kontakte hatte, der vernetzt war. Er selbst dagegen war ein Mann der Tat. Er war kein Diplomat. Er taktierte nicht.

»Lass mich dir helfen«, sagte Innegred. »Ich kann dir einige Türen öffnen, die dir weder dein Name noch dein Geld öffnen können.«

Hakon nickte. »Warum sollte dein Mann mir helfen?«

Innegred schaute ihn an. »Mein Mann ist schon vor einigen Jahren verstorben. Aber ich war lange genug an seiner Seite, um über diese Kontakte zu verfügen.«

»Das tut mir sehr leid, Innegred.« Es entstand eine lange Pause. »Aber warum willst du das tun?

»Ich habe drei Söhne, die mittlerweile erwachsen sind. Sie stehen auf eigenen Füßen. Ich habe sie großgezogen, habe ihnen beigebracht, was ich ihnen beibringen konnte. Sie sind in die Welt hinausgezogen und gehen ihren eigenen Weg. Ich bin eine alte Frau mit sehr viel Zeit. Und diese Zeit würde ich gern in eine gute Sache investieren.« Sie schwieg einen Moment. »Jeder Mensch braucht eine Aufgabe, oder?«

Hakon spürte, dass ein Schatten auf Innegreds Seele lag. Das war nicht bloß Einsamkeit, es war noch etwas anderes. Etwas, das er selbst nur allzu gut kannte. Es war das Gefühl der Leere. Das Gefühl, keine Aufgabe mehr zu haben. Es war ein fürchterliches Gefühl, das wusste er. Ihm war klar, dass sie etwas brauchte, das ihrem Leben einen Sinn gab. So wie er damals und auch jetzt nach einem neuen Sinn gesucht hatte.

»Und außerdem: Hast du vergessen, was wir einander versprochen haben?«

Nein, das hatte er nicht vergessen. Hakon erinnerte sich genau an den Schwur, den sie geleistet hatten. Er erinnerte sich, wie sie in seinem Adlerhorst gelegen hatten, jung und wild und frei und den Kopf voller verrückter Ideen. Er erinnerte sich, wie er ihre Hand gehalten und wie sie sich zu ihm gedreht hatte. Wie sie ihn geküsst hatte. Er spürte seine Haut auf ihrer Haut. Wusste, wie sie roch. Wie sie schmeckte. Wie sie sich anfühlte. Er erinnerte sich an alles. Auch daran, wie sie da gelegen und sich angeschaut und einander ein Versprechen gegeben hatten. »Eines Tages«, hatte er damals gesagt, »da werden wir beide die Welt retten.« Und sie hatte sein Gesicht gestreichelt und seinen Blick festgehalten. »Einverstanden«, hatte sie gesagt. »Eines Tages werden wir die Welt retten.«

Einen Moment lang fühlte es sich so an, als sei er noch immer jung. Als sei er noch der, der gerade von seiner großen Englandreise zurückgekehrt ist. Entwurzelt und ohne echte Perspektive, aber hungrig aufs Leben.

»Ich habe nichts vergessen«, sagt er sanft. »Komm mit, ich will dir zeigen, was ich vorhabe.«

Und so gingen die beiden langsam, aber mit sicherem Schritt zum Hafen. Wer sie so sah, musste sie für ein altes Paar halten, und das waren sie ja auch. Nicht verbunden in der Ehe, aber vereint durch ein Band, so fest, dass es nicht durchschnitten werden konnte. Am Hafen angelangt, gingen sie an Bord eines der Schiffe.

»Eins habe ich im Leben gelernt«, sagte Hakon. »Du kannst die Menschen nur dann dazu bringen, etwas zu ändern, wenn du ihnen eine Vision gibst. Und das hier, das ist meine Vision. Ich baue diese Schiffe zu Walbeobachtungsschiffen um. Die Menschen sollen auf die offene See hinausfahren und die Wunder der Natur erleben können. Sie sollen die Wale sehen.« Er schaute Innegred an. »Ich glaube daran, dass das funktioniert. Ich glaube daran, dass mit den Schiffen mehr Geld verdient werden kann, wenn Menschen durch sie Wale in ihrem natürlichen Element erleben können. Statt sie zu töten.«

»Ich wäre sehr glücklich, wenn ich dich unterstützen dürfte«, sagte Innegred.

»Warum eigentlich nicht?«, erwiderte Hakon. »Es geht schließlich darum, die Wale zu retten. Ich gebe zu, dass ein wenig Hilfe nicht schlecht wäre. Ich bin keine zwanzig mehr.«

Innegred nahm seinen Arm. »Dann haben wir eine Mission.«

*

»Hast du es gesehen?« Innegred betrat das kleine Büro, das Hakon angemietet hatte, und breitete eine Zeitung vor ihm aus. »Zwei Seiten. Nur über das Projekt.« Sie strich das Papier auf dem Schreibtisch glatt.

Hakon beugte sich schwerfällig vor und sah sich den Artikel im *Morgenbladet* an. Der Chefredakteur des Wochenblattes war nicht von allem begeistert, was Hakon unternahm. Immer wieder einmal war er in seiner Zeit als Verleger scharf angegriffen worden, und jede seiner Veröffentlichungen war kritisch begleitet worden. Keine Zeitung hatte die Bücher, die Hakon publizierte, zuverlässiger und leidenschaftlicher verrissen als das *Morgenbladet*. Aber dieser Artikel war anders. Er war wohlwollend, positiv. Eine echte Überraschung. *Norwegens größter Abenteurer verändert das Land* stand in großen

Lettern über dem Text. Dazu ein Foto von Hakon, wie er am Hafen stand und seine stolze Flotte von Walbeobachtungsschiffen präsentierte.

Hakon nahm die Zeitung hoch und las den Text Wort für Wort. »…mittlerweile haben die Betreiber weiterer Walfänger in ganz Norwegen angekündigt, dem Beispiel zu folgen und ihre Schiffe ebenfalls umbauen zu lassen. Sie nehmen dafür das Angebot an, die Umrüstung der Schiffe durch den *Hakon-Boker*-Fonds finanzieren zu lassen.«

Er hatte recht behalten. Eine Vision war nur so gut wie ihre Umsetzung. Und der beste Weg, eine Veränderung durchzusetzen, war es noch immer, sie den Menschen schmackhaft zu machen. Hakon ließ die Zeitung sinken und ging zum Fenster, von dem aus er auf den Hafen blicken konnte.

Das war nicht mehr der kleine Hafen, den er als Junge gekannt hatte. Es gab mittlerweile nicht nur mehrere Docks, sondern auch eine riesige Promenande. Menschen aus den umliegenden Städten und aus dem Ausland kamen eigens angereist, um auf den umgebauten Walfängern Ausflüge auf die offene See zu unternehmen. Davon profitierte die gesamte Stadt. Es eröffneten neue Restaurants und Cafés. Fremdenführer richteten ihre Büros am Hafen ein. Hakon hatte es geschafft. Er hatte es tatsächlich geschafft, etwas zu verändern.

*

Es war ein ungewohnter Anblick. Hakon stand vor dem Spiegel und verzog das Gesicht. Er schien ein wenig verwirrt von dem, was er da sah.

»Jetzt schau nicht so grimmig«, sagte Innegred und wischte ihm mit der Hand über die Schulter. »Du siehst gut aus.«

Gut. Na ja, das ist wohl Ansichtssache, dachte er. Er fühlte sich nicht wohl. Nicht in diesem Aufzug. Er schüttelte den Kopf und quittierte das Kompliment mit einem Schulterzucken.

Nein, der Mann, der ihm da aus dem Spiegel entgegenblickte, war nicht er. Nie zuvor hatte er so eine – er suchte nach dem passenden Wort – Verkleidung getragen! Nicht einmal, als er vor den großen Literaten des Landes Reden gehalten hatte, auf Galas und Empfänge eingeladen worden war und sich mit Politikern und Wissenschaftlern getroffen hatte. Egal, was er in seinem Leben gemacht, egal, wo er sich gezeigt hatte, er war immer er selbst, war sich immer treu geblieben. Das war ihm wichtig. Und jetzt? Ein Anzug? Ein Anzug! Sogar besonders edel, aus feinstem Stoff. Aber gut, das hier war auch kein Anlass wie jeder andere. An diesem Tag sollte ihm die größte Ehrung des Landes zuteil werden, der König persönlich würde ihm einen Orden für seine Verdienste verleihen. Dazu war er in den Palast eingeladen.

Er löste seinen Blick von dem fremden Spiegelbild und ging ein paar Schritte durch das prunkvolle Gästezimmer, in dem er untergebracht war. Allein das Badezimmer war größer als das gesamte Holzhaus, in dem er als Kind gelebt hatte. Die Wände des Zimmers waren mit kostbarem Stuck verziert, auf den Vitrinen und Anrichten standen vergoldete Schalen mit frischem Obst und feinen Pralinen. Hakon nahm einen Apfel und biss hinein.

Innegred setzte sich auf einen der antiken Stühle und beobachtete den alten Mann, der so sichtlich nervös durch das Zimmer lief.

Hakon zog seine Kreise und blieb dann noch einmal vor dem großen, gerahmten Spiegel stehen. Gleich ist es so weit, gleich kommen sie mich holen, dachte er. Er betrachtete sich. Er war ein alter Mann geworden. Gebeugt und hager. Fünfundneunzig Jahre wandelte er nun schon auf dieser Erde, und er konnte auf ein erfülltes Leben zurückblicken. Doch plötzlich verschwamm das Bild im Spiegel, wurde trüb, verwischte immer mehr. Hakon trat einen Schritt zurück. Alles um ihn her schien zu verblassen, sich immer mehr einzutrüben. Er spürte, wie er das Gleichgewicht verlor, stützte sich mit einer Hand auf der Vitrine ab, die neben ihm stand, verlor aber dennoch den Halt.

Sein Blick ging zu Innegred. Sie stand auf. Kam auf ihn zu. Sagte etwas. Er verstand sie nicht. Ihre Stimme war nur ein dumpfer, verzerrter Bass. Über den Bass legte sich ein Pfeifen. Es wurde immer lauter und lauter. Irgendwann übertönte es alles andere. Er sah Innegred auf sich zustürzen. Sah, wie die goldene Schale mit den Äpfeln auf den Boden fiel. Ihm schien, als geschehe das alles in Zeitlupe. Er sah die Schale auf den Boden fallen. Sah die Äpfel über den Marmorboden rollen. Alles drehte sich. Er spürte Innegreds Hand. Sie griff nach ihm. Zu spät. Er fiel. Dann war alles schwarz.

Langsam öffnete Hakon die Augen. Wo war er? Was war geschehen? Er versuchte, sich zu orientieren, doch er sah nichts. Da war nur dieses Licht, grelles, weißes Licht. Eine Helligkeit, die ihm in den Augen brannte. Nur allmählich erkannte er Schemen, die sich abzeichneten. Berge. Landschaften. Gletscher. Stück für Stück setzte sich vor ihm alles neu zusammen. Und dann verstand er, wo er war. Wo er wieder war. Im Eis. Im ewigen Eis. Wie konnte das sein? Hakon raffte sich auf. Er hätte nicht gedacht, dass er diesen Ort jemals wiedersehen würde. Sofort spürte er die stechende Kälte, die in seinen Körper kroch, spürte, wie der Schnee in seinem Bart zu gefrieren begann. Doch etwas hier war anders. Er schaute sich um, sah die unendlichen Weiten der Eiswüste, die sich vor ihm eröffneten. Sah die riesigen Gletscher, die sich auftürmten. Aber er hörte nichts. Da war nur Stille. Merkwürdig, dachte er, hielt die Hände trichterförmig vor den Mund und rief etwas in die Stille hinein. Doch das Eis und das Licht verschluckten seine Worte augenblicklich. Er holte noch einmal tief Luft und brüllte mit aller Kraft etwas hinaus – nichts. Stille. Es war unheimlich.

Hakon wurde unruhig. Sein Herz schlug immer schneller. Irgendetwas stimmte nicht. War er taub geworden? Er ging ein paar Schritte, stapfte durch den meterhohen Schnee, ohne dass es einen Laut gegeben hätte. Und dann sah er etwas im Schnee. Fußspuren. Er ging in die Knie und betrachtete sie. Kein Zweifel, das waren menschliche Fußabdrücke. Schwere Winterstiefel. Das Profil erkannte er gleich. Es waren genau solche Stiefel, wie Ansgar und er sie auf ihrer großen Polexpedition getragen hatten. Konnte es sein …? Hakon folgte der Spur. Er konnte gar nicht anders, es war, als würde er von einer unsichtbaren Hand gezogen. Er musste unbedingt herausfinden, was es damit auf sich hatte. Und so lief er durch den weichen Schnee, sackte immer mal wieder ein, kämpfte sich aber weiter, ging voran, weiter und weiter, spürte, wie der Weg immer steiler und steiler wurde. Es fing an zu schneien. Wind peitschte ihm ins Gesicht, jede Böe ein Hieb. Aber er marschierte weiter. Folgte der Spur. Ließ nicht ab. Weit konnte es nicht mehr sein.

»Hakon …«

Er war außer Atem. Die Kälte und der Aufstieg zehrten an seinen Kräften. Aber es war nicht mehr weit, das spürte er. Wo würden die Spuren enden? Wo führten sie ihn hin? Er ging immer weiter. Er musste bald da sein.

»Hakon …«

Und dann hatte er es erreicht. Das Plateau des Gletschers. Hier endeten die Spuren. Hakon schaute hinab. Es war ihm gar nicht bewusst gewesen, dass er so weit aufgestiegen war. Er thronte über diesem majestätischen Land aus Eis und Fels, das von kleinen Flüssen durchzogen war. Es war wunderschön. Inzwischen hatte es aufgehört zu schneien, und der Wind flaute ab. Der Himmel war strahlend blau. Hakon spürte einen tiefen, inneren Frieden. Die Schönheit dieser unberührten Natur bewegte ihn. Er schaute auf den Boden. Die Spuren endeten direkt an der Kante des Hochplateaus. Genau dort, wo er stand. Plötzlich überkam ihn ein merkwürdiges Gefühl. Er kannte diesen Ort. Er kannte diese Situation. Er wusste nicht mehr, woher, aber er hatte das schon einmal, nein, schon unzählige Male erlebt. Er war schon oft hier gewesen.

»Hakon, bitte …!«

Und dann erinnerte er sich! Das hier war die Landschaft seiner Kindheitsträume. Auf einmal war alles wieder da. Er wusste genau, was zu tun war. Eine tiefe innere Befriedigung erfüllte ihn in diesem Moment. Er machte noch einen Schritt nach vorn, schloss die Augen, atmete einmal tief durch – und ließ sich einfach fallen. Er spürte den Wind, der ihm ins Gesicht wehte, und lächelte.

»Hakon, komm zu uns zurück!«

Er breitete die Arme aus. So wie er es früher getan hatte. So wie er es in seinen Träumen getan hatte. Gleich würde er wieder abheben. Gleich würde er wieder fliegen. Doch dieses Mal war es anders. Dieses Mal erhob er sich nicht. Dieses Mal stürzte er. Immer schneller und schneller, dem Boden entgegen. Gleich würde er aufschlagen.

»Hakon, du musst aufwachen!«

Hakon riss die Augen auf und schreckte hoch. Was war passiert? Er schaute sich um. Innegred saß neben ihm. Ihre Stimme war noch immer verzerrt, wurde aber klarer und klarer. Das Pfeifen in seinem Ohr verschwand. Er spürte ihre Hand auf der Stirn, sah ihre besorgte Miene. Langsam richtete er sich auf.

»Hakon, ist alles in Ordnung mit dir?«

Es war nur ein Traum gewesen. Das hier, das war die Realität. »Was ist passiert?«

»Du bist umgekippt. Einfach so. Wir haben uns fürchterliche Sorgen gemacht.«

Hakon schaute sich um, sah, dass sich in dem Raum zahlreiche Menschen versammelt hatten. Sie standen im Halbkreis um ihn herum und musterten ihn besorgt. Einige hatten sich zu ihm auf den Boden gekniet. Eine Frau in einem Kostüm brachte ihm ein Glas Wasser. Hakon leerte es in einem Zug. Dann erhob er sich mit der Hilfe von zwei Männern, die ihn kräftig stützten.

»Es ist alles in Ordnung«, sagte er. »Das war wohl nur die Aufregung.« Er schaute Innegred an und sah, dass sie ihm das nicht abnahm. Also ging er einen kleinen Schritt auf sie zu, beugte sich zu ihr und flüsterte ihr ins Ohr: »Der Anzug hat mir die Luft zum Atmen genommen.«

Innegred war nicht nach Lachen zumute.

»Die Zeremonie beginnt in fünf Minuten«, sagte einer der Männer. »Sollen wir sie verschieben, sollen wir …«

»Nein«, fiel Hakon ihm ins Wort. »Mir geht es gut. Wirklich. Nur einen kleinen Moment noch.«

Die Männer und Frauen verstanden und verließen den Raum. Hakon blieb mit Innegred zurück.

»Geht es dir wirklich gut?«

»Mir geht es wirklich gut«, sagte Hakon, aber das war eine Lüge. Ihm ging es nicht gut. Schon seit Wochen nicht mehr. Er hatte Aussetzer. Kreislaufprobleme. Probleme mit dem Sehen. Wieder und wieder. Er schob das auf sein Alter, merkte aber, dass es von Tag zu Tag schlimmer wurde.

»Hakon, lüg mich nicht an. Ich kenne dich besser als irgendwer sonst.«

»Ich weiß nicht, was mit mir ist«, sagte er leise.

»Geh zu einem Arzt, ich bitte dich!«

Hakon konnte sich nicht erinnern, wann er das letzte Mal bei einem Arzt gewesen war. Er hatte drei Polnächte überlebt. Seitdem war er davon überzeugt, dass er alles mit sich selbst ausmachen konnte. Sein Körper hatte ihn nie im Stich gelassen. Bis jetzt.

»Hakon, versprich es mir.«

»Gut«, sagte er. »Morgen gehe ich.«

Innegred stellte sich vor ihn und gab ihm einen Kuss auf die Stirn.

Dann wurde Hakon auf den berühmten Palastbalkon geführt, wo der norwegische König ihm vor den Augen aller den Orden verlieh. Wer hätte gedacht, dachte er, dass ich eines Tages hier stehen würde? Und als er an sein langes, erfülltes Leben zurückdachte, lächelte er still.

*

Die Sonne ging auf und zauberte ein wunderschönes Farbspiel auf die ruhige See. Es war noch sehr früh, aber Hakon und Innegred standen schon an der Reling des Schiffes, mit dem sie zum kleinen Hafen des Fischerdorfes unterwegs waren. Von hier wollte Hakon ein letztes Mal zu seiner Hytte gehen, hinaus in die geliebten Wälder. Eigentlich hatte er nicht gewollt, dass sie ihn hierher begleitete, aber sie hatte darauf bestanden. Seine letzte Reise sollte er nicht alleine antreten, hatte sie gesagt.

Sie sprachen nicht viel, aber das mussten sie auch nicht. Allein der Augenblick und das Bewusstsein, dass sie beieinander waren, bedeuteten mehr, als Worte je hätten ausdrücken können.

Zärtlich berührte Innegred den alt gewordenen Hakon am Arm. »Da«, sagte sie. »Schau nur …«

Drei Buckelwale waren aufgetaucht und begleiteten das Schiff. Hakon lächelte. Seit einigen Jahren erholte sich die Population. Allein das Wissen, dass er diese eine Aufgabe, die das Leben ihm gegeben hatte, meisterte, verschaffte ihm eine unfassbare Befriedigung. Und den Frieden, nun diesen letzten Weg hier gehen zu können. Er war beim Arzt gewesen. Der Befund hatte ihn doch überrascht. Er war sehr schwer krank. Man könne noch behandeln, hatte der Arzt gesagt, den Tod zumindest um einige Wochen hinauszögern. Aber Hakon hatte abgelehnt. Er war fünfundneunzig Jahre alt. Er blickte auf ein erfülltes Leben zurück. Er hatte auch seine letzte

Herausforderung gemeistert und etwas geschaffen, das die Welt ein kleines Stück besser machte, als er sie vorgefunden hatte. Ja, er war bereit zu sterben. So wie er es immer gewesen war. Aber es sollte ein selbstbestimmter Tod sein. Er wollte nicht vor den Augen anderer zum hinfälligen Greis werden, dem die Krankheit die Kontrolle über sein Leben nahm. Er wollte sterben, wie er gelebt hatte. Selbstbestimmt und in Würde.

»Du hast mir nie erzählt, wie diese Hytte eigentlich in deinen Besitz gelangt ist«, sagte Innegred.

Hakon schwieg. Das stimmte. Er hatte wenig mit Innegred über den einsamen Ort gesprochen, an den er sich immer wieder einmal zurückzog. Seine Hytte war sein heiliges Refugium. Sein Kraftplatz. Hier kehrte er ein, wenn er Ruhe brauchte. Wenn er nachdenken musste. Nie hatte er einen Menschen an diesen Ort mitgenommen. Auch dieses Mal würde Innegred ihn nicht auf die Hytte begleiten, aber sie wollte ihn zumindest in das nahegelegene Fischerdorf bringen. Das hatte er ihr zugestehen müssen. Es war ihre Art, Abschied zu nehmen. Langsam näherte sich das kleine Schiff der Küste. Hier würde ihre gemeinsame Reise also enden.

»Ich habe diese Hytte schon sehr lange«, sagte er. »Ich habe sie als Jugendlicher von einem Mann übertragen bekommen, dem ich mehr zu verdanken habe, als du dir vorstellen kannst.«

Hakon erinnerte sich zurück an den Mann und an den Umschlag mit der vergilbten Schyte, den Eigentumsnachweis für die einsame Hytte, der sein Leben verändert hatte. Innegred schaute ihn fragend an.

»Dieser Mann hat mich gelehrt, was es heißt zu leben. Was es heißt, wirklich selbstbestimmt zu leben.«

»Du überraschst mich immer wieder«, sagte Innegred.

»Ich habe keine Geheimnisse mehr vor dir, Innegred. Nur noch das eine, das ich dir jetzt offenbaren möchte.«

»Und das wäre?«

»Dieser Mann, dieser väterliche Freund, war es, der mir den Namen Hakon gegeben hat. Denn *Hakon,* das bedeutet großer Sohn. Er hat mich gelehrt, dass jeder Mann der große Sohn seines Vaters sein kann, unabhängig davon, wer der Vater ist und welche Voraussetzungen das Leben ihm mit auf den Weg gegeben hat. Jeder Mensch kann das große Kind seiner Eltern werden, weil das nicht von den Eltern, sondern ganz allein von uns selbst abhängt. Jeder kann es sich verdienen.«

»Wie ist denn dein richtiger Name?«, fragte Innegred erstaunt. Doch in dem Moment legte das Schiff an, und der Lärm verschluckte Hakons Worte.

Gemeinsam verließen sie das Schiff und gingen ins Dorf, wo Hakon sich Vorräte zulegte. Vorräte für die letzten Tage. An einer Weggabelung schließlich verabschiedete er sich von Innegred, und dieses Mal umarmte er sie ein letztes Mal.

»Ich bin froh, dass du immer ein Teil meines Lebens warst, Innegred.«

»Und ich bin froh, dass ich dich kennenlernen durfte, großer Sohn.«

Hakon öffnete seinen Rucksack und nahm eine alte Ledermappe heraus. »Das hier wollte ich dir noch geben«, sagte er. »Sie gehören dir.« In der Mappe befanden sich die Briefe, die er Innegred in den langen Polarnächten geschrieben, ihr aber nie überreicht hatte. Es war ihm ein tiefes Bedürfnis, sie ihr jetzt, am Ende seines Lebens, zu geben.

Dann machte Hakon sich auf den Weg zu seiner Hytte. Er drehte sich nicht mehr um. Er wusste, er hatte einen langen Aufstieg vor sich. Und er sah, dass ein Sturm aufzog.

EPILOG

Langsam stieg die Sonne über den im Nebel liegenden Wäldern des hohen Nordens auf. Ein Bild für die Götter. Wie wunderschön dieser Ort, wie einzigartig dieses Land doch ist, dachte Hakon, der das Naturschauspiel durch das Fenster seiner Waldhytte verfolgte. Es sind diese kleinen Momente, die uns ein Gefühl für das Große vermitteln. Er lächelte und empfand einen inneren Frieden, wie er ihn schon lange nicht mehr empfunden hatte. Ein neuer Tag war angebrochen. Die Zeit war wie im Fluge vergangen. Die ganze Nacht über hatten der junge Reisende und er sich ausgetauscht. Einander ihre Geschichten erzählt. Sich einander offenbart. Sie hatten ein tiefes gegenseitiges Verstehen entwickelt, und Hakon hatte sein Wissen, nein, mehr als das, seine ganze tiefere Energie weitergegeben. Sverir hatte gelernt und sein Rüstzeug erhalten. Jetzt war der Sturm vorbei. Die dunkelste Nacht des Jahres war überstanden. Aber es war noch mehr: Der alte Mann hatte sich durch die Weitergabe seines Potenzials erfüllt, er war vollständig geworden.

Hakon ging in die Küche, wo er einen Kaffee aufsetzte. Seine Glieder waren schwer, die Knochen taten ihm weh, aber das war ein Schmerz, an den er sich längst gewöhnt hatte. Während das Wasser heiß wurde, betrachtete er den Jungen, der auf dem Rentierfell saß und tief in seine Gedanken versunken schien. An ihm hatte sich etwas verändert. Sein Blick. Seine Haltung. Das war nicht mehr die Haltung eines verunsicherten Jungen, der hier in den Wäldern, in einer ihm fremden Welt, gestrandet war. Es war die Haltung eines jungen Mannes, der entschlossen ist, den Weg zu gehen, den das Leben ihm ermöglicht. Hakon brachte ihm eine volle Tasse.

»Wie geht es nun weiter?«, fragte Sverir.

»Du kannst hierbleiben, solange du möchtest. Du bist mein Gast.«

Der Junge nahm einen Schluck von dem heißen Kaffee und verzog das Gesicht. Der Kaffee war stark. »Nein«, sagte er. »Ich glaube, ich muss weiter.«

»Willst du dich nicht ein wenig ausruhen? Du hast die ganze Nacht nicht geschlafen.«

Sverir blickte hinaus in die Ferne. Aber er wirkte nicht verloren. Eher konzentriert. Nachdenklich. Ernsthaft. So als wäge er genau ab, was er nun sagen wollte. Einige Sekunden vergingen, dann wandte er sich dem Alten zu. »Vielen Dank«, sagte er. »Aber ich spüre, dass es Zeit ist aufzubrechen. Loszugehen. Weiterzugehen.«

Er hatte seinen Entschluss gefasst, und Hakon wusste sofort, dass er ihn davon nicht würde abbringen können.

»Gut, dann werden wir nach deinem Kajak suchen.«

»Ich glaube nicht, dass wir es wiederfinden.«

Hakon lächelte mild. »Wir werden es finden.« Er kannte die Gegend. Er kannte sie besser als sich selbst. Er wusste, dass es eine Bucht gab, in der die Strömung alles heranspülte, was in Küstennähe umhertrieb. Meistens waren es nur Holz und alte Netze, die sich losgerissen hatten, aber er war sich sicher, dass das Kajak auch den Weg in diese Bucht gefunden hatte.

Er trank seinen Kaffee aus, richtete sich auf und zog seine Jacke über. Der Junge griff nach seinem Paddel und dem Seesack, und Hakon registrierte, mit welcher Leichtigkeit er sich den Sack über die Schulter warf.

»Geh schon mal vor«, sagte er. »Ich muss noch etwas erledigen.«

Sverir nickte und öffnete die Tür der Hytte. Sofort wehte ihm ein eisiger Wind entgegen, den er belebend fand.

Hakon ging derweil zu seinem Schreibtisch aus altem Eichenholz, öffnete eine Schublade und zog einige Papiere hervor. Er nahm sie vorsichtig, ganz vorsichtig, in beide Hände, so als seien sie etwas Heiliges, etwas sehr, sehr Wertvolles, und legte sie auf die Tischplatte. Bedächtig griff er nach seiner Schreibfeder, tunkte sie in das Tintenfässchen und schrieb ein paar Worte auf das bereits vergilbte oberste Blatt. Dann faltete er es, steckte es in einen Briefumschlag und verstaute diesen in seiner Brusttasche. Dann adressierte er einen weiteren Umschlag an den inzwischen nicht mehr jungen, aber umso erfolgreicheren Abenteurer, der vor Jahren seinen Verlag gekauft hatte. Er nahm einen neuen Bogen Papier und hielt darauf eine Bitte fest, eine Bitte, die sich eher wie ein Auftrag las. Er bat darum, dass der Abenteurer-Verleger sich des jungen Ausreißers annehmen sollte.

Ein paar Sekunden blieb er noch vor dem Schreibtisch stehen. Fuhr ein letztes Mal ehrfurchtsvoll mit der Hand über das alte Holz, atmete noch einmal den Geruch der Hytte ein. Es wird Zeit zu gehen, sagte er zu sich selbst, sammelte sich, atmete noch einmal tief durch, verließ die Hytte und zog die Tür hinter sich zu.

Die Luft war kalt. Aber sie erschien dem Alten, als sei sie von nie da gewesener Klarheit. Als habe der Sturm sie gereinigt.

»Also los«, sagte Hakon und gab den Weg vor, und die beiden marschierten los, ohne sich noch einmal umzudrehen nach dem alten Holzhäuschen, in dem sie zusammen die dunkelste Nacht des Jahres überstanden hatten.

Es war ein strammer Fußmarsch, aber nach einer guten halben Stunde hatten sie die kleine Bucht erreicht. Sie lag gut versteckt in den tiefsten Wäldern, war umrahmt von zahlreichen hochgewachsenen Föhren. Einige von ihnen haben den Sturm nicht überlebt. Sie waren umgeknickt oder durch Blitzeinschläge zerstört worden. Die kleine Lichtung ähnelte einem Schlachtfeld, und dennoch wirkte hier alles friedlich.

»Der Legende nach«, erzählte der Alte und zeigte auf die von steilen Felsen umrahmte Bucht, »haben die Wikinger hier früher ihre Langschiffe versteckt, wenn sie verfolgt wurden.«

Der Junge stemmte die Hände in die Hüften und schaute auf die Bucht. Tatsächlich wirkte sie wie ein perfektes Versteck für Piraten und Seefahrer. Was sich an diesem verlassenen Ort wohl schon an Geschichten abgespielt hatten? Für einen Moment stiegen Bilder von den alten Zeiten vor seinem geistigen Auge auf. Er sah Wikinger und mächtige Krieger, die das Land bereisten, furchtlos den größten Widrigkeiten trotzten ... Nein. Das ist nicht der Moment für Träumereien, ermahnte er sich. Er riss sich von den alten Geschichten los und konzentrierte sich wieder auf das Hier und Jetzt. Auf das, was vor ihm lag. Offenbar war über Nacht wirklich so einiges angespült worden. Einzelne Holzstücke und lose Bretter trieben in der Bucht herum. Die beiden Männer schauten aufs Wasser.

»Da«, sagte der Junge schließlich und kniff die Augen zusammen. »Da ist es ...«

Tatsächlich. Zwischen dem Treibgut war auch das Kajak zu sehen. Gerade als er ins Wasser springen wollte, um es an Land zu ziehen, hielt Hakon ihn zurück.

»Nein«, sagte er. »Komm mit.« Er führte Sverir zu einem kleinen, ganz mit Gras und Moos überwachsenen Schuppen am Rand der Bucht. Es war ein kaum noch sichtbarer Verschlag, der im Begriff war, Teil der Landschaft zu werden. Hakon öffnete die Tür. Im Inneren gab es neben einigem Werkzeug und Gerümpel auch eine Wandbefestigung – an der ein altes Kajak hing.

»Lange ist's her«, sagte der Alte und strich ehrfürchtig über sein Boot. Betrachtete es liebevoll, beinahe wehmütig. »Ich habe es schon viele, viele Jahre nicht mehr benutzt. Mal schauen, ob ich es noch kann.«

Der Junge half ihm, und gemeinsam trugen sie das schmale Kajak zum Wasser. Der Alte stieg ein, brauchte nur einen Moment, um wieder ein Gespür für das Gleichgewicht zu bekommen, und fing an zu paddeln, als hätte er sein Leben lang nichts anderes gemacht. Ein Gefühl von Glück und Freiheit breitete sich in ihm aus. Er schob das vollgelaufene Ocean-Kajak des Jungen mit dem Bug zum Ufer und brachte es so an Land.

»Na los«, sagte Hakon. »Ich werde dich ein Stück begleiten. Bis ins nächste Dorf. Von dort aus kannst du weiterreisen.«

»Bist du dir sicher?«, fragte Sverir. »Ich will dich nicht noch länger aufhalten, es war eine lange Nacht und du …«

»…bist zu alt für eine kleine Fahrt? Mein Junge, von mir kannst du noch so einiges lernen, was Kajakfahren angeht, glaub mir.«

Sverir lächelte.

Und so fuhren sie schweigend durch die Inselwelt des rauen Nordens, vorbei an Dutzenden Schären, deren blanker Fels kaum aus dem Wasser ragte, und dicht bewaldeten Inseln. Sie waren eins mit der atemberaubenden Natur, die an ihnen vorbeizog. Während der längeren Fahrt sprachen sie kein Wort miteinander. Sie hatten genug gesprochen, jetzt genossen sie einfach die klare Luft, die Kälte, die auf der Haut brannte, und die Sonne, die das Land aus Fels und eiskaltem Wasser in warmes Licht tauchte. Die Wälder reichten bis zum Wasser, und der Geruch von feuchtem Holz mischte sich mit salziger Luft. Die Stille der Inselwelt hüllte sie ein. Nur die See hob und senkte sich wie die Brust eines schlafenden Riesen. Es war die Ruhe vor einem neuen Sturm, am Horizont ballten sich bereits schwarze Wolken zusammen.

Schließlich erreichten sie das Dorf. Es war ein kleines Fischerdorf. Hundert Einwohner, wenn überhaupt. Rund um den winzigen Hafen standen weiße Holzhäuser, manche von den Jahren windschief gebogen. Netze hingen zum Trocknen. Eine sehr alte Frau saß auf einer Bank und winkte ihnen überrascht zu. Das war Innegred, die nicht erwartet hatte, Hakon noch einmal zu sehen. Er erwiderte ihr Winken mit einem leisen Nicken. Am Anlegeplatz legten die beiden Männer ihre Boote längsseits gegenüber, sodass ihre Gesichter einander nahe waren, während sie noch in ihren Booten saßen.

Sverir wurde es schwer ums Herz. Er wusste, dass nun der Moment gekommen war, da er sich von Hakon verabschieden musste. Es fiel ihm schwer. Sehr viel schwerer, als er es sich hätte vorstellen können.

»Ich danke dir für …« Er dachte nach. Er wusste nicht, wie er den Satz zu Ende bringen sollte. Er war dem Alten nicht nur für die Unterkunft dankbar. Da war so viel mehr, das er nicht in Worte zu fassen vermochte. »Ich danke dir!«

»Pass gut auf dich auf, mein Junge.«

»Ich werde zurechtkommen.«

»Das weiß ich.«

Sie schauten einander ein paar Sekunden lang schweigend an. Zwischen ihnen hing eine Schwermut, eine Traurigkeit, die beinahe mit Händen zu greifen war.

Hakon wollte sich nichts anmerken lassen. Irgendwann zog er die beiden Briefumschläge aus der Jackentasche. »Das ist für dich.«

»Was …?«

»Das wirst du sehen. Der eine Umschlag enthält eine Botschaft an einen Geschäftspartner, der sich um dich kümmern wird. Fahr zu der Adresse, die auf dem Umschlag steht, und gib den Umschlag bei ihm ab. Den zweiten Umschlag darfst du erst öffnen, wenn du das Versprechen erfüllst, das ich jetzt von dir einfordere. In der Vergangenheit haben Menschen dich sehr verletzt. Menschen, die dir eigentlich hätten nahe sein sollen und denen du anvertraut warst. Du musst diesen Menschen vergeben. Du musst ihnen radikal vergeben. Dieses radikale Vergeben bedeutet, dass du die Hoffnung aufgeben musst, die Vergangenheit könnte irgendwie anders sein, als sie war. Du musst radikal verzeihen, indem du akzeptierst, dass geschehen ist, was geschehen ist. Das bedeutet nicht, dass du akzeptieren musst, dass es in Ordnung war, aber du musst anerkennen, dass es geschehen und nicht mehr zu ändern ist. Indem du das tust, verhinderst du, dass die Vergangenheit dich gefangen hält. Du willst frei sein. Du willst nicht der Gefangene deiner Erinnerungen und Emotionen sein. Darauf könntest du kein freies Leben aufbauen. Es braucht mehr Kraft zu vergeben, als es Kraft braucht, rachsüchtig und wütend zu sein. Radikales Verzeihen exkulpiert die, die dich verletzt haben, in keinster Weise, es rechtfertigt ihr Verhalten nicht. Vergebung ist ein Geschenk, das du dir selbst machst. Noch viel schwerer als anderen zu verzeihen ist, sich selbst zu verzeihen. Nur wenn du verzeihen kannst, wirst du frei sein, Sverir. Du wirst bereit sein.«

»Bereit für was?«

»Bereit dafür, mit dir selbst Frieden zu schließen. Bist du bereit, mir dieses Versprechen zu geben? Dass du radikal verzeihst?«

Der Junge schaute verlegen auf das Vordeck seines Kajaks und blickte dann Hakon in die Augen. »Ja«, sagte er. Es war verrückt, wie dieser Mann ihn durchschaut hatte. Nicht einmal ein Tag war vergangen, seit er dem Alten begegnet war, und dennoch fühlte es sich so an, als begleite der ihn schon sein Leben lang. »Werden wir uns wiedersehen?«, fragte er.

»Nein. Ich wünsche dir alles Gute auf deiner Reise, Niemand aus Nirgendwo.«

»Ich bin nicht …«

»Das weiß ich doch.«

Der Alte lächelte ihm zu. Dann wendete er sein Kajak und fing an zu paddeln. Als er dem Jungen den Rücken gekehrt hatte, lief eine Träne über sein Gesicht. Es war das erste Mal seit vielen Jahren, dass er weinte.

Der Junge sah die Tränen nicht. Er stieg aus, setzte sich auf die Mole und schaute dem Alten nach. Er fühlte eine seltsame Verbundenheit mit diesem Mann. Wieso? Wie konnte es sein, dass ein fremder Mensch ihm so nahestand? Was war das nur für eine eigenartige Nacht, dachte er, während er verfolgte, wie der Alte weiter und weiter paddelte und langsam aus seinem

Sichtfeld verschwand. Dabei war er so in Gedanken versunken, dass es eine Weile brauchte, bis er realisierte, dass der Alte nicht denselben Weg zurückfuhr, den sie gekommen waren. Nein, er fuhr hinaus auf die eiskalte, offene See, direkt auf die schwarze Wolkenwand zu, die sich am Horizont aufbaute.

Was macht er denn da? Er bringt sich in Gefahr! Der Junge sprang auf und griff nach seinem Boot, wollte dem Alten hinterher, ihn zurückholen.

»Nein«, hörte er plötzlich eine Stimme, und eine Hand legte sich auf seine Schulter. Hinter ihm stand die alte Frau, die auf der Bank gesessen hatte. Sie gab ihm zu verstehen, dass er bleiben solle. Die Greisin war gebückt. Ihr Gesicht war von tiefen Falten durchzogen, Falten, die von einem langen, intensiven Leben zeugten.

»Aber er ...«

»Er weiß, was er tut«, sagte sie.

»Kennen Sie ihn?«

»Das tun wir alle.«

Dem Jungen schnürte sich die Kehle zu. Sein Herz krampfte sich zusammen. Seine Hände fingen an zu zittern. Nein, das könne er doch nicht ...

»Doch«, sagte die alte Frau, so als hätte sie seine Gedanken gelesen. »Er kann. Und niemand auf der Welt wird ihn davon abhalten. Es ist seine Entscheidung.«

Der Junge spürte, wie ihm Tränen übers Gesicht liefen. Nie zuvor hatte er sich so einsam gefühlt wie in diesem Moment. Und so standen die beiden an der Küste und sahen zu, wie der Alte weiter und weiter hinauspaddelte aufs offene Meer, bis er irgendwann nur noch ein kleiner Punkt am Horizont war.